지용철 목사 목양설교집

변화와 성장, 그리고…

_____ 님께

_____ 드립니다.

책 머리에

다시금 하나님의 말씀으로!

지금 전 세계는 팬데믹(pandemic) 시대를 맞이하면서 큰 위기(crisis)를 맞이하였습니다. 어느 곳 하나 위기가 아닌 곳이 없지만, 그중에서도 한국 교회는 가장 큰 말할 수 없는 큰 위기를 맞고 있습니다.

이 위기의 시대에 한국 교회는 변화해야 합니다. 이대로는 안 됩니다. 다시금 하나님의 말씀으로 변화해야 합니다. 변화만이 한국 교회가 살 길입니다. 이제 변화는 선택이 아니라 필수입니다. 변화는 우리의 생명입니다. 그래서 몇 년 전부터 설교하였던 변화에 대한 설교를 정리하여, 우리 한국 교회와 우리 교회에 주신 말씀을 정리하여 보고자 이 책을 내게 되었습니다.

어느 누군가가 말했던 한 번도 가보지 못한, 한 번도 경험하지 못한 시대를 우리가 살다 보니 우리는 갑작스러운 이 시대의 변화에 준비하지 못하였습니다. 그러다 보니 다들 당황하고 있습니다. 아니 당황을 넘어 우왕좌왕하며 갈 길을 잃어버렸습니다. 이 시대가 하나님 말씀으로 다시 회복되고 세워지기를 바랍니다. 변화되기를 바라는 마음에서 이 책을 출판합니다.

출판을 허락해주신 하나님께 감사드리며, 아울러 옆에서 물심양면(物心兩面)으로 도우며 힘을 다해 협력하는 나의 사랑하는 아내 김영미 사모와 아들 지민, 지영민, 그리고 요양원에서 늘 자식을 위하여 기도하시는 사랑하는 어머니 황윤희 권사님에게도 감사, 감사를 드립니다. 그뿐만 아니라 원주시 기독교연합회 회장 정운찬 목사님(원일교회)과, 늘 옆에서 나에게 힘을 주는 동기이며 친구인 류승관 목사(큰빛교회)에게도 감사를 드립니다. 그 외의 노회·시찰 선후배님들께 감사드리며 앞으로도 많은 관심과 기도를 부탁드립니다.

아무쪼록 이 책을 접하고 읽는 모든 분들이, 다시금 회복의 변화와 세움의 변화를 누리길 소망하며 고마움과 감사를 전하고자 합니다.

2021년 5월 지용철 목사

차 례

변화와 성장, 그리고…

책 머리에 ▶⋯⋯ 3

1장 변화하라! ▶⋯⋯ 9

1. 변화, 그리고… ▶⋯⋯ 11
2. 변화하라! ▶⋯⋯ 16
3. 변화와 성장 I ▶⋯⋯ 22
4. 변화와 성장 II ▶⋯⋯ 29
5. 변화와 성장 III ▶⋯⋯ 33
6. 변화와 성장을 다짐하며 ▶⋯⋯ 43
7. 변화와 성장, 그리고 우선순위 I ▶⋯⋯ 50
8. 변화와 성장, 그리고 우선순위 II ▶⋯⋯ 57
9. 변화와 성장, 그리고 우선순위 III ▶⋯⋯ 65
10. 변화와 성장, 그리고 우선순위 IV ▶⋯⋯ 75
11. 변화와 성장, 그리고 우선순위 V ▶⋯⋯ 86

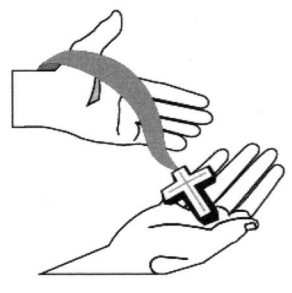

2장 변화와 성장, 그리고 성령 강림 ▶······ 93

12. 변화와 성장, 그리고 십자가 후 Ⅰ ▶······ 95
13. 변화와 성장, 그리고 십자가 후 Ⅱ ▶······ 105
14. 변화와 성장, 그리고 십자가 후 Ⅲ ▶······ 110
15. 변화와 성장, 그리고 부활 ▶······ 119
16. 변화와 성장, 그리고 미래의 희망 ▶······ 127
17. 변화와 성장, 그리고 부모공경 효 ▶······ 136
18. 변화와 성장, 그리고 성령 강림 Ⅰ ▶······ 145
19. 변화와 성장, 그리고 성령 강림 Ⅱ ▶······ 155
20. 변화와 성장, 그리고 영적 분별력 Ⅰ ▶······ 162
21. 변화와 성장, 그리고 영적 분별력 Ⅱ ▶······ 171

3장 변화와 성장, 그리고 교회 ▶······ 179

22. 변화와 성장, 그리고 기다림 Ⅰ ▶······ 181
23. 변화와 성장, 그리고 기다림 Ⅱ ▶······ 189
24. 변화와 성장, 그리고 감사 Ⅰ ▶······ 196
25. 변화와 성장, 그리고 감사 Ⅱ ▶······ 204
26. 변화와 성장, 그리고 제2의 감사 ▶······ 211
27. 변화와 성장, 그리고 같은 성정 ▶········ 217
28. 변화와 성장, 그리고 교회 ▶······ 227
29. 변화와 성장, 그리고 고난 ▶······ 233
30. 변화와 성장, 그리고 개혁 ▶······ 243

1장

변화하라!

1. 변화, 그리고…

우리는 변화가 필요합니다. 지금 우리는 한 번도 경험해 보지 못하고 한 번도 살아보지 못한 세상을 살고 있습니다. 세상은 우리를 참으로 암울하게 만들고 있습니다. 아니, 우리는 21세기를 들어서면서 이런 시대를 예견하고 있었는지 모릅니다. 그래서 전 세계에 많은 혁명이 일어났고 많은 나라에서 비상식적인 사고를 가진 대통령들이 당선되었습니다. 21세기를 들어서면서 '소통'이라는 단어가 가장 많이 들려왔지만 정작 소통하는 대통령은 없었고, 고집불통의 대통령이 새롭게 등장들을 하였습니다.

어떤 대통령은 정의(正義)와 공정(公正)을 말하였지만 정작 나라는 불공정이 판을 치는 나라가 되었습니다. 자신의 자식의 스펙(spac)을 위하여 위조와 탈선을 반복하고 거짓 프레임(frame)으로 상대를 공격하는 거짓 정의가 판을 치고 있습니다. 그렇게 국민들에게 신임을 얻고, 감히 평범한 사람들은 들어갈 수도 없는 대학의 법학교수가 법학자의 양심을 엿바꾸어 먹었습니다. 코로나는 그냥 우리의 곁에 찾아온 것이 아닙니다. 하나님의 회초리로 우리의 곁에 찾아왔습니다. 아니 무서운 불방망이로 우리에게 찾아왔습니다.

많은 사람들은 중국 사람들이 야생동물인 박쥐를 잡아먹어서 박쥐로부터 코로나바이러스가 시작되었다고 합니다. 하지만 중요한 것은 그것에 있지 않습니다. 하나님의 회초리라는 것에 있습니다. 중국은 사회주의입니다. 좋은 말로는 사회주의, 조금 더 직설적인 말은 공산주의입니다. 공산주의에게 있어서 종교는 아편이고 마약으로 인식되고 있습니다. 그래서 공산주의는 종교를 인정하지 않고 말살정책을 씁니다. 그런데 중국은 표면적으로 기독교를 받아들였습니다. 이것은 중국이 개혁정책을 쓰면서 문화와 경제발전을 이루기 위해 자본주의 정책을 받아들인 것입니다. 다시 말하여 겉으로는 받아들였지만 속으로는 거절을 하는 것입니다. 자본주의 정책과 기술로 인하여 중국은 무섭게 성장을 하였고 이제는 세계 제일의 군사·정치·경제의 나라와 맞짱을 뜰 수 있는 성장을 이루었습니다.

그러자 중국은 공산주의 본색을 드러내며 종교 말살정책을 쓰기 시작하였습니다. 그중 우한을 기독교 말세 시범지구로 정하고 우한에 있는 모든 교회를 부수고, 선교사들을 추방하고, 자국 목사들을 옥에 가두는 사건이 벌어졌습니다. 그리고 말하기를 우한에서 모든 기독교는 사라졌다고 말을 합니다. 그런데 하나님은 모른 척하지 않으셨습니다. 그 말과 함께 하나님은 코로나19의 회초리를 드셨습니다. 하나님은 악을 선용하셔서, 악으로 악을 치셨습니다. 그러자 그곳에 있던 이단 사이비 집단들이 드러나고 그들이 숨어 있다가 한국으로 들어오기 시작하였습니다. 우한 폐렴과 함께 말입니다. 그들 중 한 사람이 청도에 있는 이단 사이비 교주의 형 장례식장에 갔다가 무섭게 코로나19가 확산되기 시작하였습니다.

하나님은 악을 선용하신 것입니다. 코로나라는 악을 통하여 악을 치시고 악이 세상에 그 모습을 드러나게 하셨습니다. 그러나 아직도 그 악에 물들고 빠져 있는 사람들은 악이 악인 줄 모르고 있습니다. 나는 예전에 원주 우산동에서 목회를 할 때, 태장동 백운 아파트라는 곳이 있는데 그곳에 쌍둥이 주일학교 학생이 살고 있었습니다. 이 아동들은 할머니가 돌보았는데 그 할머니 전도를 위하여 그 집에 한 달에 한 번은 심방을 하였습니다. 그런데 그 집 문을 열면 얼마나 냄새가 심한지 모릅니다. 또 화장실을 가면 변기를 청소하지 않아서 누런 소변이 눌어붙어서 닦이지도 않았습니다. 냄새는 말로 다할 수 없었는데, 그곳에 살고 있는 할머니와 아빠와 쌍둥이 아들은 그 냄새를 맡지 못하는 것입니다. 전혀요! 놀랍지 않습니까? 그런데 우리가 그렇습니다. 악에 물들어 있는 사람들은 아무리 그곳이 잘못된 곳이라고 해도 알지도, 듣지도 않습니다. 여기서 우리에게 필요한 것이 변화입니다. 들을 수 있는 귀가 필요합니다. 객관적으로 검증된 소리를 들을 수 있는 귀가 필요합니다. 이것이 변화의 시작입니다.

이제 우리에게 변화가 필요합니다. 변화는 선택이 아니라 필수입니다. 변하지 않으면 우리는 죽습니다. 변해야 합니다. 특히 지금 같은 팬데믹 시대에 이 변화의 속도를 따라잡지 못하면 우리는 뒤처지고 죽습니다. 시대를 읽을 수 있는 눈과 귀와 마음이 필요합니다. 우리가 변화하되 성경적으로 변해야 합니다. 이단 사이비처럼 막가파식 성경해석이 아니라 성경 전체를 관통하는 성경대로의 변화가 있어야 합니다. 이 성경적 변화에는 반드시 보상이 있고 하나님의 임재하심과 역사가 있습니다. 우리 한번 성경으로의 변화를 시도하여 봅시다.

기독교의 수십 년의 역사 가운데 지금까지 수많은 도전이 있었습니다. 시대 시대마다 신흥종교들이 일어나 기독교를 공격하였습니다. 진리를 훼손하려고 하였습니다. 진리를 금수와 버러지 형상으로 바꾸려고 하였습니다. 수많은 이단 사이비들의 공격이 있었습니다. 로마의 황제 하드리아누스는 유대인들의 반란을 진압한 후에 예수님 탄생 동굴 위에 기독교 말살 정책의 일환으로 하드리아누스 신전을 세웁니다. 어디 그뿐입니까? 콘스탄티누스대제 또한 초년에는 기독교를 말살하고 '내가 기독교를 무덤에 묻고 종을 울렸다.'고 하였습니다. 하지만 그의 어머니 헬레나 성녀로 인하여 기독교는 무덤의 문을 열고 나와 그 종을 울렸습니다. 이것이 기독교입니다. 특히 한국에는 종교의 자유가 있다 보니 수많은 이단 사이비들이 나와서 자신들이 제일이고 참이고 진짜라고 사람들을 유혹합니다. 사회적 물의를 일으킵니다. 하지만 하나님은 하나님 됨을 나타내시며 악을 심판하셨습니다. 그들이 말하는 때가 되었다고 한다면, 그때는 예수님이 심판 주로 재림할 때요, 그때 그들은 심판을 견디지 못할 것입니다.

변화는 먼 곳에서 오지 않습니다. 내가 있는 지금 이 자리에서부터 옵니다. 그러기에 지금이 중요합니다. 지금 우리가 변화하여 변화된 모습으로, 먼저는 그리스도인으로서의 모습을 드러내야 합니다. 그래서 사도 바울은 우리를 가리켜 그리스도의 향기라고 하였습니다. 그렇습니다. 우리는 예수 향기입니다. 우리를 통하여 예수의 아름다운 향기가 나야 합니다. 예수 사랑의 향기가 나야 합니다. 그것을 내공이라고 합니다. 샤넬과 루이비통은 누가 "이 사람, 샤넬 들었다." 하고 소리치지 않아도 그 품위가 드러납니다. 그냥 로고와 재봉선 하나에서도 그 품위와 품격이 뿜어져 나옵니다.

우리는 그리스도인입니다. 그리스도인은 그리스도인으로서의 향기가 있습니다. 그것은 예배로부터 나옵니다. 예배를 드림으로, 예배의 참 의미와 예배를 통하여 하나님을 만나고 말씀을 듣고 회개하고 결단함으로 나오는 것입니다.
예배를 통한 성령의 임재하심에서 나오는 성령 하나님의 인도와 인격적 만남을 통하여 나오는 것입니다. 그리하여 나도 모르게 그리스도인으로 그렇게 살고자 하는 결단과 발걸음이 나오는 것입니다. 하지만 마귀는 우리를 끝없이 옛 상태로 돌아가라고 합니다. 아니, 돌아가게 합니다. 옛 것, 예수 믿기 전, 마귀의 자녀였던 옛 모습으로 돌아가게 합니다.

우리는 이런 것들과 싸워야 합니다. 나의 내적 싸움의 승리가 없이는 그리스도인의 삶을 살 수도, 드러낼 수도 없습니다. 그리고 예배자로 살아가야 합니다. 예배자의 삶은 교회 밖에서도 그리스도인으로서 거룩한 삶을 살아가며, 하나님께 예배드리며 살아가는 삶을 말합니다. 변화는 하나님을 경외하는 경외와 거룩이 없으면 이루어질 수 없습니다. 그리스도인으로 변화한 것 같은 착각이나 흉내나, 아니면 그런 척은 할 수 있어도 진정한 변화는 이룰 수 없습니다. 그러므로 경외와 거룩한 삶을 우리는 추구하며 살아야 합니다. 물론 힘이 듭니다. 힘이 들기에 말씀을 의지하고 기도로 도움을 받아야 하며, 우리를 하나님께 드리는 위탁이 필요합니다.

당신은 변할 수 있습니다. 당신의 삶은 변할 수 있습니다. 당신은 그리스도인으로, 예배자로, 전도자로 변할 수 있습니다. 우리는 변해야 합니다. 우리는 하나님이 택하시고 부르심을 받은 사람들이기에 변해야 합니다. 변하지 않으면 우리는 살 수 없는 사람들입니다. 우리가 하나님의 음성에 귀 기울이지 않고 변하지 않으면 하나님께서 무서운 회초리로 이단 사이비들을 치신 것같이, 우리에게도 사랑의 회초리로 우리를 변화시키십니다. 마귀를 통하여 든 하나님의 회초리와 하나님의 사랑의 회초리는 결과가 다르고 인도가 다릅니다. 하여간에 우리는 변해야 합니다.

2. 변화하라!
눅 5:4~10

"말씀을 마치시고 시몬에게 이르시되 깊은 데로 가서 그물을 내려 고기를 잡으라 시몬이 대답하여 이르되 선생님 우리들이 밤이 새도록 수고하였으되 잡은 것이 없지마는 말씀에 의지하여 내가 그물을 내리리이다 하고 그렇게 하니 고기를 잡은 것이 심히 많아 그물이 찢어지는지라 이에 다른 배에 있는 동무들에게 손짓하여 와서 도와 달라 하니 그들이 와서 두 배에 채우매 잠기게 되었더라 시몬 베드로가 이를 보고 예수의 무릎 아래에 엎드려 이르되 주여 나를 떠나소서 나는 죄인이로소이다 하니 이는 자기 및 자기와 함께 있는 모든 사람이 고기 잡힌 것으로 말미암아 놀라고 세베대의 아들로서 시몬의 동업자인 야고보와 요한도 놀랐음이라 예수께서 시몬에게 이르시되 무서워하지 말라 이제 후로는 네가 사람을 취하리라 하시니"(눅 5:4~10).

위기라고요? 너무 힘들어 인생이 끝난 것 같다고요? 아닙니다. 끝난 게 끝난 것이 아닙니다. 연극이 끝나고 인생의 무대가 끝나야 끝나는 것입니다. 인생에는 기적이 있고, 반전이 있습니다. 역전이 있습니다.

베드로를 보십시오. 그는 태어나면서부터 어부의 자녀로, 어부의 대를 이어 어부로 살던 사람입니다. 그런 베드로의 인생에 예수를 만남으로 기적이 일어났습니다. 반전이 일어났습니다. 그는 갈릴리 사람으로 학교의 문턱에도 못 가본 사람입니다. 그런 그에게 예수님이 찾아오자 완전히 반전의 역전 인생이 되었습니다. 변화가 일어났습니다. 그가 하나님의 말씀을 쓴 베드로 전·후서를 읽어 보면 정말이 사람이 공부를 하지 못한 사람이 맞는가 하는 의문이 듭니다. 또 베드로는 제자 중에서도 수석 제자가 됩니다. 베드로는 갈릴리 출신에 고기잡이를 하는 뱃사람이다 보니 그의 성격은 불같습니다. 그런 사람이 예수님을 만나자 완전히 인생이 변하는 일이 벌어집니다.

하루는 뜨거운 여름날 밤에 고기잡이를 나갔습니다. 깊은 바다에서는 밤에 고기가 많이 잡힌다는 것을 부모로부터 배운 베드로는 밤에 고기를 잡으러 나갑니다. 그는 수년간의 고기잡이로 갈릴리 호수의 구석구석을 다 알고 있습니다. 성경은 이 갈릴리를 호수, 또는 바다라고 합니다. 지도상으로는 호수인데 호수가 얼마나 큰지 바다라고 불렸던 것입니다. 베드로는 그곳에서 태어나고 그곳에서 자란 사람이라, 갈릴리 호수에 대해서는 손바닥을 들여다보듯이 환하게 알고 있습니다. 몇 시에 어디에서 고기가 많이 잡히는지를 누구보다도 잘 알고 있습니다. 베드로는 밤에 나아가 그물을 내리면 고기를 잡았습니다. 그런데 그날은 이상하게도 한 마리도 잡지 못합니다.

우리가 계획을 세우고 인생을 설계합니다. 그런데 이상하게도 내가 생각한 대로 안 됩니다. 결혼생활도 그렇습니다. 모든 것이 그렇습니다. 그러나 실망하지 마십시오. 당신의 인생에는 역전 현장이 있습니다. 기적이 있습니다. 당신의 인생에 기적과 변화가 일어날 수 있습니다.

어떻게 하면 기적이 일어나고 역전 현상과 변화가 일어납니까?

첫째, 예수님을 만나면 기적과 변화가 일어납니다.

베드로는 밤이 새도록 물고기를 한 마리도 잡지 못합니다. 실의에 빠져 의기소침해지고 아무것도 하기 싫습니다. 그러나 베드로는 마음을 다잡고 내일을 기대하며 그물을 정리하고 있습니다. 하지만 지금 한 마리도 못 잡은 것이 현실입니다.

그때 예수님이 찾아오십니다. 그리고 누가복음 5장 4절에서 주님은 말씀하십니다.

"깊은 데로 가서 그물을 내려 고기를 잡으라."

이 말에 베드로는 이렇게 말합니다.

"선생님, 우리들이 밤이 새도록 수고하였으되 잡은 것이 없지마는 말씀에 의지하여 내가 그물을 내리리이다."

이어서 5장 6~7절에 보면 "그렇게 하니 고기를 잡은 것이 심히 많아 그물이 찢어지는지라 이에 다른 배에 있는 동무들에게 손짓하여 와서 도와 달라 하니 그들이 와서 두 배에 채우매 잠기게 되었더라."고 했습니다. 기적이 일어나고 변화가 일어났습니다.

두 번째는 하나님을 기쁘시게 하면 일어납니다.

하나님은 우리들에게 말씀하십니다. "너희는 변화를 받아" 무엇을 하라고 하십니까? 하나님이 무엇을 기뻐하시는지를 알고, 하나님의 선하시고 기뻐하시는 일이 무엇인가 분별하여 하나님의 선하시고 기뻐하시는 일을 하라고 하십니다. 이것이 우리의 전부를 제물로 드리는 영적 예배입니다. 속죄제로 드리고 번제로 드리며 화목제물로 드리는, 나의 전부를 드리는 제물이 되어야 합니다. 하나님을 기쁘시게 하는 것이 예배입니다. 그것도 하나님이 기뻐 받으시는 제물이 되어 드리는 영적 예배입니다. 오늘 나의 예배가 영적 예배입니까? 나의 생각, 나의 자아는 그대로 살아 있고 나의 아집과 고집으로 세상을 판단하고,

나의 지성과 경험으로 예배를 판단하는 바리새적이고 형식적인 예배는 아닙니까? 그래서 예배가 끝나기만을 바라고 예배가 끝나기가 무섭게 나의 생각을 말하기를 기다리는 예배는 아닙니까? 하나님은 우리의 모든 생각까지도 다 알고 계십니다. 그러기에 그런 사람에게는 기적이 일어나지 않습니다.

영적 예배를 드리는 사람은 하나님의 은혜를 사모하고 하나님을 기쁘시게 하기 위하여 선한 일을 도모하고, 선을 위하여 자기를 죽이고 남을 높이며 하나님을 영화롭게 합니다. 내가 하는 일이 하나님을 영화롭게 하는 일인지 아닌지 분별합니다. 협력하여 선을 이룹니다.

하나님을 기쁘시게 하는 사람은 순종의 사람입니다. 변화는 순종으로부터 시작됩니다. 순종은 변화를 일으킵니다. 베드로는 이렇게 말합니다. "선생님, 우리들이 밤이 새도록 수고하였으되 잡은 것이 없지마는 말씀에 의지하여 내가 그물을 내리리이다." 하고 순종을 합니다. 아마 나 같으면 이렇게 의심을 하고 말했을 것입니다.

"아니, 여보시오. 당신이 누구요? 당신은 나사렛 사람 아니오? 당신 고기 잡아 봤소? 난 이곳에서 잔뼈가 굵은 사람이며, 평생 고기를 잡아온 사람이오. 경험이 풍부한 사람이란 말이오. 그런데 나를 가르치려고 합니까? 나보다 이곳에 대하여 알면 얼마나 안다고 그런 소리를 하시오? 저리 썩 꺼지시오."

그런데 베드로는 순종을 합니다. 그것도 '말씀에 의지하여 내리리이다.'라고 합니다. 옛날 성경은 '주께서 말씀하시니 그리하겠나이다.'입니다. 베드로는 예수님의 말씀에 순종을 하였습니다. 그랬더니 기적이 일어났습니다. 역전 현상이 일어났습니다. 변화가 일어났습니다.

그물이 찢어질 정도로 많이 물고기가 많이 잡혀서 다른 동료의 배까지 불러서 끌고 나오는 기적이 있어났습니다. 이에 깜짝 놀란 베드로가 예수님의 무릎 아래에 엎드려 말합니다.

"주여, 나를 떠나소서. 나는 죄인이로소이다."

아니, 돌연 회개를 합니다. 기고만장한 베드로가 자신의 실체를 깨닫게 됩니다. 우리가 예수를 만나면 자신을 알게 됩니다. 자신의 실체를 알게 됩니다. 교만이 깨어지고 겸손해지면 하나님의 영광을 위하여 살게 됩니다. 나의 자만이 깨지고 하나님께 의지하게 됩니다. 나의 연약함, 나의 부족함을 깨닫고 하나님을 의지하게 됩니다. 그러기에 예수님은 빛이십니다. 빛이 비추어지면 어둠이 물러가고 모든 사물의 실체가 드러납니다. 깜깜한 밤에 이 성전에 내려오면 아무것도 보이지 않습니다. 무엇이 어디에 있는지 찾을 수가 없습니다. 그러나 전등을 켜고 빛이 들어오면 모든 것의 실체가 드러납니다. 베드로가 그랬습니다. 예수님을 만나고 예수님의 놀라운 기적을 경험하자 빛 되신 주님 앞에 자신의 연약함이 드러나고 자기의 죄의 실체가 드러나 회개합니다. 자신의 잘못이 드러나 회개합니다. 회개는 놀라운 기적을 가져다 줍니다.

예수님을 만난 베드로는 인생 역전의 기적이 일어납니다. 신분이 변하는 기적이 일어납니다. 늘 배우지 못한 것에 눌려 기죽어 살던 베드로가 예수님의 제자가 되는 인생 역전의 변화가 일어납니다. 꿈에도 생각하지 못한 일이 일어납니다.

변화는 어떻게 일어납니까? 이제는 고기를 잡는 어부가 아니라 사람을 낚는 어부로 변합니다. 예전에는 고기를 잡아 팔아서 살아가는 사람에서 영혼을 사랑하고 영혼을 살리는 전도의 사람으로 변합니다. 예전에는 고기잡이고 돈만을 생각하는 사람에서 영혼을 구원하는 전도의 사람으로 기적이 일어났습니다. 인생 역전의 인생이 되었습니다.

"이는 자기 및 자기와 함께 있는 모든 사람이 고기 잡힌 것으로 말미암아 놀라고 세베대의 아들로서 시몬의 동업자인 야고보와 요한도 놀랐음이라 예수께서 시몬에게 이르시되 무서워하지 말라 이제 후로는 네가 사람을 취하리라." 마태복음 4장 19절에서 말씀하시되 "나를 따라오라 내가 너희를 사람을 낚는 어부가 되게 하리라."고 하십니다. 이에 베드로와 요한, 야고보는 배들을 육지에 대고 모든 것을 버려두고 예수를 따라갑니다. 왜 그랬을까요? 예수 안에 기적이 있고, 예수 안에 길과 진리와 생명이 있음을 알았기 때문입니다. 진리를 안 후에는 자신들의 직업도 가족도 재산도 모두 버려두고 예수님을 따르는 제자가 됩니다.

여러분, 끝난 게 끝난 것이 아닙니다. 하나님은 여러분에게 더 좋은 것을 주시는 분이십니다. 하나님은 언제나 내 편이십니다. 우리 편이십니다. "여호와는 내 편이시라!" 여러분에게 기적이 일어납니다. 여러분의 인생이 역전됩니다. 변화가 일어납니다. 여러분의 삶에 변화가 일어나고 여러분이 가는 곳곳에 변화의 역사가 일어날 줄 믿습니다. 하나님의 변화는 좋은 것입니다. 여러분이 하나님의 선하신 일이 무엇인지 분별하고, 하나님의 선한 일을 시행하고 순종할 때 하나님의 선하신 일들이 일어납니다. 기적이 일어납니다. 하나님을 기쁘시게 하면 축복의 역사들이 일어납니다. 변화의 역사들이 일어납니다. 세상 것을 본받지 말고 제발 하나님을 기쁘시게 하는 여러분이 되시길 바랍니다. 반드시 축복의 인생으로 바뀝니다. 영적 예배를 드리십시오. 하나님이 가장 기뻐하시는 일입니다.

주일은 영적 만남이 있는 날이고, 영적 예배가 드려지는 날입니다. 내 생각, 세상의 생각, 다 하나님께 내려놓고 영적 예배를 드리십시오. 나를 써달라는 간구의 기도와 함께 주님께서 사용하기에 합당한 그릇으로 영적 예배를 드리십시오. 역전 인생이 시작됩니다.

3. 변화와 성장 I
롬 12:2

"너희는 이 세대를 본받지 말고 오직 마음을 새롭게 함으로 변화를 받아 하나님의 선하시고 기뻐하시고 온전하신 뜻이 무엇인지 분별하도록 하라" (롬 12:2).

지금 이 세대는 우리가 지금까지 경험하지 못한 시대를 살고 있습니다. 한 번도 가보지 못한 시대를 가고 있습니다. 하루하루의 뉴스는 새로움의 소식들입니다. 정말 급변하고 있는 것 같습니다. 하지만 우리는 이런 빠른 변화의 시대에 나의 나 됨으로 서기 위해서라도 우리는 변하고 또 변해야 합니다. 변하지 못하면 우리는 삼킴을 당하고 맙니다. 우리의 영혼은 죽습니다. 그러므로 변화해야 합니다.

그런데 여러분은 무엇이 변화이고 어떤 것이 어떤 모습으로 변화되기를 바라십니까? 여러분, 우리는 변화 속에 살아갑니다. 이것을 역사라고 합니다. 이렇게 이 땅의 모든 것은 변합니다. 변하지 않는 것은 없습니다. 더욱더 살아 있는 것은 변화합니다. 그리고 살아 있는 것은 성장합니다. 그런데 성경은 "이 세상의 것을 본받지 말고"라고 말합니다. 물론 이 세대라고 하였습니다. 그러나 이것은 이 시대를 가리킵니다. 그러므로 "이 시대를 본받지 말라"는 '이 세상'을 말하는 것이 되기도 합니다.

왜 이 세대를 본받지 말라고 하였을까요? 세상의 풍습, 문화 등을 따르지 말 것을 말씀하시는 것입니다.

1절을 보면, "그러므로 형제들아 내가 하나님의 모든 자비하심으로 너희를 권하노니 너희 몸을 하나님이 기뻐하시는 거룩한 산 제물로 드리라."고 말씀합니다.

로마서는 1장으로부터 11장은 교리적인 부분을 다루고 있습니다. 우리가 어떻게 구원을 받으며, 우리의 구원자는 누군가를 말씀하여 주십니다. 그런데 12장부터는 이제 개인 구원에 머물지 않고 우리가 어떻게 세상에서 신앙을 지키며 신앙인으로서 살아가야 하는지를 말씀하시는 것입니다. 그래서 1절에 '그러므로'라는 말씀으로 시작하는 것입니다. 그것의 시작이 거룩한 예배자의 모습으로 시작하고 있습니다.

그리고 하신 말씀이 "이 세대를 본받지 말라"는 말씀입니다. 그 후에 하신 말씀이 '새롭게 되라'는 것입니다. 우리가 구원받기 전의 모습이 아니라 새로움을 입은 자로서, 이 세대에 매인 자가 아니라 이 세대의 썩은 마귀의 문화를 그리스도 문화로 바꾸는 위대한 하나님의 제자, 하나님의 백성, 하나님의 자녀로서의 변화를 가리킵니다. 이것이 교회의 모습이고 이것이 우리의 모습입니다. 그래서 '오직'이라는 단어를 사용하시면서 "너희는 오직 마음을 새롭게 하여 변화를 받으라."고 말씀하십니다.

이제 우리가 새롭게 되기를 바랍니다. 우리의 마음을 새롭게 하시기를 바랍니다. 예수 믿기 전이나 예수 믿고 나서나 똑같은 마음이 아니라, 예수 제자로서, 하나님의 백성으로서, 자녀로서 새롭게 되기를 바랍니다. 이것은 우리의 믿음에 있습니다. 하나님은 말씀하십니다.

"그런즉 누구든지 그리스도 안에 있으면 새로운 피조물이라 이전 것은 지나갔으니 보라 새 것이 되었도다"(고후 5:17). 또 하나님은 우리가 주의해야 할 것은 '뒤로 물러가 침륜에 빠지는 것'이라고 하셨습니다. 이렇게 우리는 예수 그리스도로 말미암아 새롭게 되었는데, 여전히 우리는 옛것에 머물러 있고 옛것으로 돌아가려고 합니다.

하나님은 "오직 마음을 새롭게 하여 변화를 받고, 하나님의 선하시고 기뻐하시고 온전하신 뜻이 무엇인지 분별하도록 하라."고 말씀하십니다.

저는 금요일날 제 아내가 수술을 받을 때, 이런 생각이 들었습니다. '하나님이 우리를 새롭게 하시는구나. 하나님이 성장의 진통을 주시는구나.' 성장통 말입니다. 그러면서 에베소서의 말씀이 생각났습니다. '하나님을 알라. 하나님의 풍성하신 능력을 알라.' 그리고 또 말씀하시는 것이 '하나님의 선하시고 기뻐하시고 온전하신 뜻을 알라.'였습니다.

사랑하는 여러분, 변화를 받아야 합니다.
이 세상의 모든 것은 변합니다. 그중에 죽음으로의 변화가 있습니다. 언제 죽음의 변화가 옵니까? 세상의 풍습을 따르고 마귀의 구습을 따를 때, 죽음으로의 변화가 옵니다. 또한 성장으로의 변화를 싫어할 때 죽음으로의 변화가 옵니다. 물은 고이면 썩습니다. 마찬가지입니다. 우리의 영도 교회도 고이면 썩습니다. 썩어 죽게 됩니다. 그러면 버리게 됩니다.
그러나 그리스도의 영은 살리는 영이십니다. 교회는 영혼을 살리는 곳입니다. 살아 있는 것은 성장합니다. 새순을 냅니다. 우리도 마찬가지입니다. 영이 깨어 있고, 영이 성령 충만으로 살아 있는 사람은 성장합니다. 살아 있는 건강한 나무는 아름다운 꽃을 피웁니다. 열매를 맺습니다.

그러므로 우리 교회는 이 세대를 본받지 말고 세상을 선도하는 하나님의 능력을 알고, 능력 가운데 살아가는 변화를 받아야 합니다. 세상을 선도하고 세상을 이끌기 위해서는 우리가 철저한 그리스도인의 삶을 살 때만이 세상 문화를 그리스도 문화로 만들 수 있습니다. 세상 문화를 그리스도 문화로 만든다는 것은 우리가 마귀의 문화를 무너뜨리는 것이고, 하나님의 나라를 확장하는 것입니다. 경외와 거룩으로 우리는 신앙의 야성을 가지고 변화해야 합니다. 주여, 나를 새롭게 하시고 나를 변화시켜 주소서!

하나님은 완전하다고 하는 사람, 잘났다고 하는 사람은 쓰시지 않습니다. 오직 변화받은 사람을 쓰십니다.

사랑하는 성도 여러분! 이 세대를 본받지 말고 변화를 받아야 합니다.

변화의 역사가 일어나기를 주님의 이름으로 축원합니다.

변화는 선택이 아니라 필수입니다. 변화는 선택이 아니라 결정입니다.

변화는 시대적 요구이며, 시대의 흐름입니다. 그러나 죽음으로의 변화가 아니라 믿음으로의 변화를 우리는 해야 합니다. 이것은 우리가 살고 세상을 살리는 것입니다.

그러기에 대체로 믿음이 없는 사람들은 눈에 보이는 이익만을 좇아삽니다. 오히려 믿음의 사람은 보이지 않는 이익을 바라보고, 눈앞에 보이는 손해를 두려워하지 않습니다. 눈에 보이는 것만 따라 살면, 그 작은 이익 끝에 언젠가 큰 손해를 겪게 됩니다.

심리학자인 폴 투르니에(Paul Tournier)는 인간에게는 존재의 불안, 도덕적 불안, 영적인 불안이 있다고 합니다. 영적인 공허가 누구에게나 있다는 것입니다. 그는 저서 「강자와 약자」에서 이렇게 말합니다. '약자는 감추고 싶은 자신의 약점을 지나치게 의식하는 데 반해 강자는 자신의 약점을 가리기 위해 남의 약점을 정죄하는 성향이 나타난다.' 한마디로 정죄지향적 인간이 된다는 말입니다. 그러므로 남을 정죄하는 사람은 불안과 초조함에 사로잡혀 있다고 합니다. 그래서 이런 사람은 자꾸 세상 탓을 하고 남의 탓을 합니다. 즉 세상이 이렇다 저렇다 원망만 합니다. 세상이 바뀌지 않는다고 탄식만 하고 있습니다. 그토록 옳은 말로 세상을 지적하고 비판해도 세상이 좀처럼 바뀌지 않는 까닭이 있습니다. 그것은 누구보다 자신이 먼저 변해야 할 사람이기 때문입니다.

이제 우리가 변할 때입니다. 그러므로 변화는 우리의 사명입니다. 참다운 선, 참다운 기쁨, 참다운 변화는 자기를 부인하는 자기 부인으로부터 시작합니다. 자기를 부인하고 자기 십자가를 지고 예수 그리스도를 따를 것인가의 철저한 자기와의 싸움이 있습니다.

'이 세대를 따를 것인가, 자기를 부인하고 자기의 십자가를 지고 예수 그리스도를 따를 것인가?'의 철저한 자기와의 싸움에 있습니다. 변화는 선택이 아니라 필수입니다. 변화는 하나님의 명령이고 뜻입니다. 하나님의 선하시고, 기뻐하시고, 온전하신 뜻으로 변화해야 합니다.

새로움은 자기를 버림과 자기를 깎는 아픔, 즉 희생에 있습니다. 이것을 우리 기독교에서는 사랑이라고 합니다. 이것이 예수 그리스도의 사랑입니다. 예수 그리스도의 사랑은 조건 없는 사랑, 아가페적인 사랑을 말합니다. 이것이 희생이고 이것이 가지 버림, 가지 비움입니다. 이것이 자기는 다 사라지고 예수 그리스도만이 존귀케 되는 자기 부인입니다. 그리고 예수 그리스도로 채우는 것이 기독교입니다. 기독교는 비우고 채우는 종교입니다. 불교는 비우고 끝이지만 우리 기독교는 자기를 비우고 예수 사랑으로 채우는 것입니다.

제1차세계대전 때 터키군이 장악한 예루살렘을 되찾기 위해 연합군이 총공격을 하게 되었습니다. 그런데 예루살렘의 문 앞에서 최종 공격명령이 떨어지기 일보 직전에 영국왕 조지 5세가 연합군 사령관인 엘렌비 장군에게 총과 칼을 쓰지 말고 예루살렘을 점령할 것을 명령합니다. 이에 연합군 사령관인 엘렌비 장군은 군인들에게 총을 다 내려놓고 기도하라고 명령했습니다. 예루살렘은 거룩한 곳이요 성지이기 때문에 총으로 그곳을 점령하지 말라는 명령이 떨어졌으니, 기도로 예루살렘을 되찾아야 한다는 것입니다.

그런데 놀라운 일은 다음날 아침에 보니, 터키군이 전부 다 사라지고 없었습니다. 이유를 알아보니까 터키군이 생각하기에 오늘밤 연합군이 공격해 올 줄 알았는데 공격을 안 하고 너무 조용해서, 불안함이 엄습함으로 사기가 저하되어 결국 철수 명령이 내려져 퇴각했다는 것입니다. 그래서 예루살렘은 총 한 발 쏘지 않고 다시 탈환하게 되었답니다.

오늘 우리에게 필요한 것은 하나님께서 기다리시는 우리의 기도입니다.
기도도 말씀을 붙잡고 함께 기도할 때 힘을 얻습니다.
"주여! 나를 변화시켜 주시옵소서!"
"주여! 나를 새롭게 하소서!"
변화로의 성장이 있기를 원합니다. 변화의 역사가 일어나길 주님의 이름으로 축원합니다. 신앙이 성장하고, 사업이 성장하고, 성적이 향상되고, 가정의 화목이 깊어지고, 하시고 바라는 모든 것이 성장하시길 축원합니다.

또한 변화를 받아 하나님의 선하시고 기뻐하시고 온전하신 뜻이 이루어지길 주님의 이름으로 축원합니다. 그뿐만 아니라 변화를 받아 하나님의 선하시고 기뻐하시고 온전하신 뜻이 무엇인지 분별하시고 행하시기를 주님의 이름으로 축원합니다. 내가 나의 일을 할 때 주님은 나를 향한 주님의 일을 하십니다. 할렐루야.

변화와 성장은 하나님의 요구이시고 명령입니다. 변화는 고통이 있습니다. 그러나 아름다운 열매가 있습니다.

그리스도를 본받고자 애쓴 성 프랜시스는 이렇게 기도했습니다.

주여, 나를 평화의 도구로 써 주소서
미움이 있는 곳에 사랑을
상처가 있는 곳에 용서를
분열이 있는 곳에 일치를
의혹이 있는 곳에 믿음을 심게 하소서.

오류가 있는 곳에 진리를
절망이 있는 곳에 희망을
어둠이 있는 곳에 광명을
슬픔이 있는 곳에 기쁨을 심게 하소서.

위로받기보다는 위로하며
이해받기보다는 이해하며
사랑받기보다는 사랑하며
자기를 온전히 줌으로써 영생을 얻기 때문이니
주여, 나를 평화의 도구로 써 주소서!

4. 변화와 성장 II
사 60:1

"일어나라 빛을 발하라 이는 네 빛이 이르렀고 여호와의 영광이 네 위에 임하였음이니라"(사 60:1).

우리 교회에 변화의 바람이 불 것입니다. 또한 여러분의 삶에 변화의 역사가 일어날 것입니다. 변화는 하나님이 선하시고 기뻐하시고 온전하신 뜻입니다.

변화는 빌립보서 2장 13절의 말씀인 자기의 기쁘신 뜻을 위하여 우리 안에 소원을 두고 행하게 하신 것입니다.

"너희 안에서 행하시는 이는 하나님이시니 자기의 기쁘신 뜻을 위하여 너희에게 소원을 두고 행하게 하시나니"(빌 2:13).

이런 말이 있습니다. '산다는 것은 변화한다는 뜻이다. 변화를 두려워하지 말라. 그대를 아름답게 만들 것이다.' 그렇습니다. 변화를 두려워하지 마십시오! 사람은 어차피 변화 속에서 살아갑니다. 이 변화를 어떻게 내 것으로 만들고, 그 변화 속에서 나를 변화시키느냐가 성공의 키워드입니다.

그러나 변화 속에는 고통이 있습니다. 고통 없는 변화는 없습니다. 변화 속에는 사랑의 수고가 있습니다. 이 세상의 많은 사람들은 꿈을 가지고 살아갑니다. 그 꿈은 크면 클수록 좋다고 말합니다. 그러나 그 꿈을 이루는 사람과 이루지 못하는 사람이 있습니다. 어떤 사람이 이루고, 어떤 사람이 이루지 못합니까? 그것은 그 꿈을 위한 대가를 지불하는 사람만이 꿈을 이룰 수 있습니다. 그러므로 우리는 믿음의 변화를 위하여 할 일이 있습니다.

그것은 첫째는 믿음의 원칙을 세우고 원칙을 지키는 것입니다. 즉 성공하는 사람들에게는 변하지 않는 원칙 3가지만 있으면 그 사람은 반드시 성공한다고 합니다.
둘째는 경외와 거룩의 삶을 살아가는 것입니다.
셋째는 꿈을 크게 가지고 그 꿈의 대가를 지불하는 것입니다. 그리고 변화를 두려워하지 않는 것입니다. 사람이 45세가 넘으면 변화를 꾀하지 않으며 안정된 것을 찾고 안주하려는 습성이 있다고 합니다. 하지만 젊은이들에게는 도전하고 싶은 도전 정신이 있다고 합니다. 변화하고자 하는 심리가 있는 것입니다.
믿음도 그렇습니다. 늙으면 안 됩니다. 끝없이 성경으로의 도전이 있어야 합니다. 믿음의 전진이 있어야 합니다. 늙은 닭은 알을 낳지 못합니다. 늙은 고목나무는 운치는 있지만 열매를 맺지 못합니다. 새로워지지 않는 한 알을 낳지 못하고 열매를 맺지 못합니다.

변화를 두려워하지 마십시오. 우리 교회의 변화를 두려워하지 마십시오. 그러나 변화에는 '죽음으로의 변화'가 있습니다. 그리고 '생명으로의 변화'가 있습니다. 생명으로의 변화는 성장과 도약으로의 변혁이고, 반대로 죽음으로의 변화는 늙어지고 쇠하고 죽어가는 변질입니다. 그런데 어떨 때 죽음의 변화가 옵니까? 세상의 풍습을 따르고 마귀의 구습을 따를 때 죽음으로의 변화가 옵니다. 또한 성장으로의 변화를 싫어할 때 죽음으로의 변화가 옵니다. 물은 고이면 썩습니다. 마찬가지입니다. 우리의 영도 교회도 고이면 썩습니다. 썩어 죽게 됩니다.

그러나 그리스도의 영은 살리는 영이십니다. 교회는 영혼을 살리는 곳입니다. 살아 있는 것은 성장합니다. 새순을 냅니다. 우리도 마찬가지입니다. 영이 깨어 있고, 영이 성령 충만으로 살아 있는 사람은 성장을 합니다. 살아 있는 건강한 나무는 아름다운 꽃을 피웁니다. 열매를 맺습니다.

그러므로 성경은 이렇게 말씀하십니다.
"오직 마음을 새롭게 하여 변화를 받으라."
그렇습니다. 이제 우리는 이 세대를 본받지 말고 오히려 이 세대를 바꾸고 선도하며 오직 마음을 새롭게 합시다. 하나님의 사람으로, 하나님의 자녀로, 크리스천으로 마음을 새롭게 합시다.
"나는 크리스천이다."
이런 분명한 정체성을 갖고, 하나님을 경외하며 거룩한 하나님의 사람으로 거룩해지십시오. 주님을 전함으로 생명을 살리는 그리스도인으로 변화를 받아 살아갑시다. 전도는 쉽습니다. 전도는 어렵지 않습니다. 우리가 전하지 않으므로 전도하지 못하는 것이지, 하나님은 예비된 영혼을 준비하여 놓으셨습니다. 우리가 전한다고 하여 다 믿는 것도 아닙니다. 하나님은 우리의 변화를 위하여, 하나님의 위대한 일을 위하여 우리가 결단하고 나아갈 때, 예비된 영혼을 만나게 하시고 생각나게 하시고 전도의 열매를 맺게 하십니다.

솔개의 수명은 70~80년이라고 합니다. 그러나 40년이 되면 부리가 구부러져 사냥을 할 수 없게 되고 먹이도 잘 먹지 못하게 된답니다. 그리고 날개는 비대해지고 무거워져 잘 날지 못하게 되고, 발톱은 오그라져 사냥을 하고 사냥감을 갈아 올리지 못하게 된다고 합니다. 이때 솔개는 선택을 해야 한답니다. 그리고 결단을 한답니다. 자신이 새로워지기 위한 고통의 결단을 하는 겁니다. 그리고는 높은 산위에 올라가 바위에 부딪치고 쪼아서 부리를 부러뜨리면 40일이 지나 새부리가 나온답니다. 새 부리가 나오면 이번에는 부리로 발톱을 다 뽑아버리는 것입니다. 그렇게 하면 또 새 발톱이 나온답니다. 이번에는 날개를 다 뽑아 버리면 다시 새 날개가 나온다고 합니다. 이렇게 하여 130일이 지나면 완전히 새롭게 변화되는 것입니다. 새 부리, 새 발톱, 새 날개를 가지고 40년을 더 사는 것입니다.

   사랑하는 성도 여러분, 우리에게도 변화가 필요합니다. 우리 교회에도 변화가 필요합니다. 하나님은 말씀하시길, "일어나라 빛을 발하라 이는 네 빛이 이르렀고 여호와의 영광이 네 위에 임하였음이니라", "일어나 빛을 발하라"고 하셨습니다.

   이제 하나님의 선하시고 기뻐하시고 온전하신 뜻이 무엇인지 알아 변화를 받아 일어나 빛을 발할 때입니다. 더 이상 앉아 있을 때가 아닙니다. 일어나 빛을 발할 때입니다. 앉아 있는 것은 변화를 거부하는 것입니다. 고이는 물은 썩습니다. 물은 흘러야 합니다.
   성도도 교회도 일어나 빛을 발해야 합니다. 신앙에 불의한 것 ,죽음의 변화로 신앙을 방해하는 것은 거부하고 뽑아내야 합니다. 그 고통은 잠시지만 행복은 영원할 것입니다.

5. 변화와 성장 Ⅲ
눅 9:23

"또 무리에게 이르시되 아무든지 나를 따라오려거든 자기를 부인하고 날마다 제 십자가를 지고 나를 따를 것이니라"(눅 9:23).

에리히 프롬은 이렇게 말했습니다.
'사랑한다는 것은 관심을 갖는 것이며 존중하는 것이다. 사랑한다는 것은 책임감을 느끼는 것이며 이해하는 것이고 사랑한다는 것은 주는 것이다.'

사랑하면 관심을 가지게 됩니다. 이것은 존중이며, 사랑한다는 것입니다. 사랑하면 책임감을 느끼게 됩니다. 그러므로 책임감은 공동체와 나를 지켜주는 든든한 울타리가 됩니다.

여러분, 사랑하십시오. 하나님과 교회, 그리고 가족과 가정·이웃을 사랑하십시오. 그리고 가장 소중한 것을 주십시오! 나는 이것을 복음이라고 생각합니다.

사랑하는 여러분, 우리는 변해야 합니다. 변화와 성장은 우리의 사명입니다. 변화와 성장은 하나님의 명령이며 하나님의 뜻입니다. 변화가 없이 우리는 아무것도 할 수가 없습니다. 변화라는 시대적 흐름을 즐길 줄 알아야 성공할 수 있습니다. 변화에 빠르게 대처하고, 변화를 위한 대처 능력이 없으면 이 시대에 뒤떨어지고 도태됩니다. 아니, 살 수가 없습니다. 물론 세상의 것이 다 변해도 변할 수 없는 것이 있습니다. 그것을 가리켜 진리라고 합니다. 진리가 변하면 더 이상 진리가 진리일 수 없습니다. 그러나 그것을 담는 그릇은 변해야 합니다. 그래서 성경은 말씀하시길 "새 술은 새 부대에 담으라"고 하셨습니다. 우리의 잘못된 것들은 수정되고, 버리고, 변해야 합니다.

사랑하는 여러분! 우리는 이제 과감히 변화와 성장을 시도해야 합니다. 변화를 시도하지 않는데 어찌 변할 수 있습니까? 성장을 시도하지도 않는데 어찌 성장할 수 있습니까? 우리 교회가 성장하기 위하여 해야 할 것은 무엇입니까? 우리는 너무나 잘 알고 있습니다. 그런데 생각뿐이고 말뿐입니다. 어떤 사람은 말하기를 "난 자신 없다."고 합니다. 또 어떤 사람은 말하기를, "당신이 열심히 해 봐!"라고 합니다. 할 말이 없습니다. 자존감이 바닥인 사람의 모습입니다.

사랑하는 여러분! 변화와 성장을 시도하십시오. 하나님의 뜻대로 변화와 성장을 해야 합니다. 우리 교회가 변해야 할 것은 무엇입니까? 우리가 성장해야 할 것은 무엇입니까? 왜 우리가 변하고 성장해야 합니까? 하나님의 말씀이기 때문입니다. 하나님의 뜻이요, 명령이기 때문입니다. 왜입니까? 우리는 하나님의 위대한 사명에 위대한 헌신을 감당하는 하나님의 위대한 일꾼이기 때문입니다.

그러기에 살인자요, 도망자인 모세도 하나님은 변화시키셔서 사용하셨습니다. 의리도 없고, 형제 우애도 없는 배반자요 야비한 야곱도 사용하셨습니다. 하나님은 이렇게 변화시키셔서 사용하십니다. 성경에는 변화의 역사로 가득 차 있습니다. 오늘 하나님은 우리를 변화시키셔서 하나님의 선한 일을 이루는 선한 일꾼으로 사용하시고자 합니다.

하나님 나라의 확장을 이루며, 세상의 어둠의 영을 좇지 않으며, 어둠의 일을 행하지 않고 도리어 책망하며, 귀신을 쫓아내며, 병든 자를 고치며, 복음을 전파하는 하나님의 위대한 일을 이루는 하나님의 위대한 일꾼으로 사용하시고자 합니다. 왜입니까? 하나님은 우리를 통하여 영광 받으시기 위해서입니다. 그러므로 우리는 우리가 행하는 모든 일이 하나님께 영광인가, 아닌가를 생각해보면서 살아가야 합니다.

이것을 위해서는 첫째, 하나님의 말씀에 철저한 순종이 필요합니다. 말씀은 곧 하나님이시기 때문이고, 말씀에는 능력이 있기 때문입니다. 그러므로 말씀이 전해지는 곳에는 능력이 나타납니다. 그래서 많은 그리스도인들이 교회에 나와 말씀을 듣고 "아멘"으로 화답하는 것이고 또 말씀의 능력 가운데 놀라운 일을 체험하였습니다. 이 말씀의 능력이 여러분의 삶에도 나타나길 바랍니다. 뿐만 아니라 성령님은 말씀과 함께 일하시고 활동하십니다. 성자 예수님도 말씀대로 이 땅에 오셨고 말씀을 응하게 하셨으며, 말씀의 성취를 이루셨습니다.

둘째는 믿음이 있어야 합니다. 100% 신뢰하고 믿는 큰 믿음이 있어야 합니다. 조금도 의심하지 않는 믿음이 있어야 합니다. 인간의 생각으로 판단하고 믿는 믿음이 아니라 "하나님이 말씀하시니 그리하겠나이다." 하는 베드로와 같은 믿음이 있을 때, 놀라운 변화의 역사가 일어나는 것입니다. 믿음에는 역사가 있습니다.

예수님께서는 "무리가 나를 누구라 하더냐?" 하고 제자들에게 물으십니다. 이때 제자들이 이렇게 대답합니다. "어떤 이는 세례 요한이라 하고 더러는 엘리야라, 더러는 옛 선지자 중의 한 사람이 살아났다 하나이다." 이에 제자들에게 또 물으십니다. "너희는 나를 누구라 하느냐?" 이때 "베드로가 대답하여 이르되 하나님의 그리스도시니이다."라고 하는 위대한 신앙 고백을 합니다. 이 말을 들은 주님은 이 말을 누구에게도 알리지 말라고 경고하십니다. 그 이유는 아직 때가 아니기 때문입니다. 그러시면서 고난과 십자가의 죽음과 부활에 대하여 말씀하십니다.

본문의 말씀, 누가복음 9장 23절에서 "또 무리에게 이르시되 아무든지 나를 따라오려거든 자기를 부인하고 날마다 제 십자가를 지고 나를 따를 것이니라." 하고 말씀하시면서 이것이 얼마나 귀하고 가치 있는 것인지를 말씀하십니다.

사랑하는 여러분! 하나님의 사람으로의 변화와 성장은 하나님의 명령이며 세상의 목숨보다도 귀하고 가치 있는 일입니다. 그러기에 하나님의 사람으로의 변화와 성장은 하나님이 부르시고 행하심입니다. 또한 지금도 하나님이 요구하시는 하나님의 명령입니다. 하나님의 사람으로 변화하고 성장하시길 바랍니다. 하나님은 언제나 여러분과 함께 하시며 여러분을 사랑하십니다.

오늘 하나님은 무리와 제자들에게, 그리스도인으로서 어떻게 변화와 성장을 할 것인가 말씀하십니다. 자기의 십자가를 지는 삶으로의 변화와 성장을 말씀하십니다.

첫째는 '아무든지'입니다.

그 누구도 예외가 없습니다. 부름받은 모든 자들을 가리킵니다. 하나님의 부르심에는 우리를 향하신 분명한 목적이 있습니다. 그냥 부르시지 않으셨습니다. 우리를 구원하시고, 부르심에는 영생과 더불어 주신 사명이 있다는 말씀입니다. 이것이 성경이 말씀하시는 부르심입니다. 세상 기업에는 낙하산도 있지만 하나님은 낙하산이 없습니다. 물론 성경에 보면 부끄러운 구원도 있습니다. 그러나 우리를 이렇게 부르심에는 분명한 목적을 가지고 있습니다. 우리는 이것을 거역하거나, 마다할 수 없습니다. 그것을 거역하고, 마다하면 고통만 더 클 뿐입니다. 스스로 자립할 수 없는 어린아이가 부모의 말을 거역하고 집을 나가면 어떻게 됩니까? 개고생을 하게 될 뿐입니다. 미성숙한 그리스도인의 모습입니다. 또 성숙하여 나이가 들어 결혼을 하고 자녀를 낳아 길러보면 부모의 마음을 그때 이해하게 됩니다. 영적 아이를 임신하고 출산하고 돌보아 봐야 아버지의 마음, 어머니의 마음을 조금이나마 알 수 있습니다. 이것을 기독교에서는 성숙한 그리스도인이라고 합니다. 그런데 나이가 들어도 변하지 않고 여전히 자기 앞가림도 못하는 사람을 가리켜 미숙아, 또는 성인아이라고 합니다.

그런데 놀라운 것은 우리 기독교에 신앙의 성인아이들이 너무 많다는 것입니다. 이 사람들은 어린아이처럼 늘 자기를 알아달라고 울어댑니다. 불평과 불만이 가득하고 늘 달라고 울어댑니다. 신령한 젖만을 사모합니다. 인내가 없습니다. 소화 기능이 부족합니다. 때로는 옆집 아주머니의 젖, 소젖 등등 탐내기도 합니다. 그래서 다른 교회를 기웃거리고 정착을 하지 못하고, 이리저리 밀려다닙니다. '어떤 교회가 능력이 있다더라.' 하면 그 교회로 몰려갑니다. '어떤 교회가 어떻더라.' 하면 또 몰려갑니다. 이것이 영적 유람이고 영적 방황입니다. 은혜받는 것도 좋습니다. 그러나 언제까지 은혜만 받으려고 하십니까? 이제는 은혜를 끼치는 자가 되어야 합니다. 언제까지 나만 알아달라고 보챌 것입니까? 남을 돌보는 성인이 되어야 합니다. 축복받는 것도 좋습니다. 그러나 언제까지 축복만 받으려고만 하십니까? 하나님이 축복하셨고 지금도 축복하시고 계시는데 말입니다.

이제는 축복을 나누는 사람이 되어야 합니다. 옛날에는 상투를 틀어야만 어른이라고 하였습니다. 물론 상투를 틀었다고 다 어른은 아니지만 그래도 결혼을 하면 생각이 많이 달라집니다. 성인이 되었다는 것이지요. 그런데 믿음의 성인아이들이 너무나 많습니다. 이제 믿음의 성인으로 변하고 성장해야 합니다. 하나님이 기뻐하시고 온전하신 뜻을 이루시는 사람으로 변하고 성장해야 합니다. 우리는 자기의 십자가를 져야 합니다. 그리고 주님을 따라야 합니다. 이 길은 생명의 길이고, 축복의 길입니다. 어느 누구도 예외는 없습니다.

둘째는 '자기 부인'입니다.

자기가 죽어야 합니다. 자기가 살아 있으면 절대 그리스도인으로 살아갈 수 없습니다. 우리는 우리의 고집과 아집, 자아를 십자가에 못 박아야 합니다. 십자가에 죽여야 합니다. 그리고 예수 그리스도로 살아야 합니다. 사도 바울의 고백입니다.

"내가 율법으로 말미암아 율법에 대하여 죽었나니 이는 하나님에 대하여 살려 함이라 내가 그리스도와 함께 십자가에 못 박혔나니 그런즉 이제는 내가 사는 것이 아니요 오직 내 안에 그리스도께서 사시는 것이라 이제 내가 육체 가운데 사는 것은 나를 사랑하사 나를 위하여 자기 자신을 버리신 하나님의 아들을 믿는 믿음 안에서 사는 것이라"(갈 2:19~20).

나는 죽고 내 안에 그리스도께서 사는 것입니다. 이것이 십자가의 길입니다. 순교적 신앙은 도리어 우리를 살리는 길이고, 은혜의 길이며, 축복의 길입니다. 24절에 말씀하십니다. "누구든지 제 목숨을 구원하고자 하면 잃을 것이요 누구든지 나를 위하여 제 목숨을 잃으면 구원하리라."

셋째는 '날마다'입니다.

오늘은 컨디션이 나쁘다고 하지 않고, 좋다고 하는 것이 아니라 '날마다'입니다. 이것이 진정한 그리스도인의 모습입니다. 성숙한 믿음을 가진 자의 모습입니다.

하나님의 기뻐하시고 온전하신 뜻이 무엇인지 분별하여 하나님의 위대한 일을 행하는 하나님의 위대한 일꾼들이 되시기를 바랍니다. 이것은 하나님의 명령입니다. 하나님의 사람으로 변화하시기를 바랍니다. 그 기뻐하시고 온전한 것이 무엇일까요? 그것은 예배·헌신·교제·전도·양육(훈련)입니다. 이것이 기독교적 가치관입니다.

사랑하는 여러분! 성장은 우리의 사명입니다.
예배·헌신(이웃 사랑)·전도·교제·양육(제자훈련)의 삶을 살아가는 사람으로 성장해야 합니다. 이것을 교회의 다섯 가지 존재 목적이라고 합니다.

교회의 다섯 가지 존재 목적

첫 번째 목적은 "네 마음을 다하여 주님을 사랑하라"(마 22:37~40), 이 목적을 묘사하는 단어는 '예배(worship)'입니다. 하나님을 예배하는 것은 교회의 첫째 존재 목적이고 나의 존재 목적입니다. 우리의 삶 가운데 봉사보다 우선되는 것이 예배입니다. 예배는 하나님께 사랑을 표현하는 것입니다.

두 번째 목적은 "네 이웃을 네 자신처럼(내 몸같이) 사랑하라", '사역(ministry)'이라는 단어로 묘사됩니다. 사역은 예배 가운데서 표현한 하나님의 사랑을 네 이웃에게 베푸는 구체적인 사랑의 행위입니다. 영적 · 정서적 · 관계적 · 육체적인 돌봄의 사역입니다.

세 번째 목적은 "가서 제자를 삼으라", '전도(evangelism)'라는 단어로 묘사됩니다. 교회는 하나님의 말씀을 전하기 위해 존재합니다. 전도는 우리의 책임일 뿐 아니라 또한 특권입니다. 우리는 사람들을 하나님의 영원한 가족으로 끌어오는 일의 한 부분을 담당하도록 초대 받은 것입니다. 교회는 전도라는 목적을 완수하면서 계속 자라가야 하는 의무를 가지고 있습니다. 성장은 선택사항이 아니라 필수사항입니다. 왜냐하면 예수님께서 우리에게 명령하셨기 때문입니다. 교회는 하나님의 명령을 이 세상에서 수행하는 공동체이기 때문입니다.

네 번째 목적은 "세례를 주라", 즉 '교제(fellowship)'이며, 이는 그리스도의 몸과 하나 됨을 상징하기 때문입니다. 그리스도인으로서 우리는 단지 믿을 뿐 아니라 '소속되라'고 부르심을 받은 것입니다. 우리는 그리스도의 가족에 속해서 그의 몸의 지체가 되어야 합니다. 세례는 구원의 상징일 뿐만 아니라 또한 교제의 상징입니다. 교회는 믿는 자들에게 믿음의 교제를 제공하기 위해 존재합니다.

다섯 번째 목적은 "가르쳐 지키게 하라"는 '제자훈련(discipleship)'입니다. 교회는 하나님의 백성을 세우고 교육하기 위해 존재합니다. 제자훈련은 사람들이 그들의 생각과 감정과 행동에 있어서 그리스도를 닮아 가도록 돕는 과정입니다.

　이것이 교회의 5가지 존재 목적입니다. 이것이 우리가 변하고 성장해야 할 우리의 가치관입니다. 사도행전 2장에 묘사된 예루살렘 교회의 모델인 것입니다. 우리들의 교회도 5가지 목적을 우리 교회에 맞도록 프로그램을 개발하고, 우리의 공동체가 같이 달려간다면 교회성장이라는 열매를 맛볼 수 있다는 확신이 생깁니다.

무관심과 부주의

　1923년 영국에서 대서양을 횡단하는 초호화 유람선 타이타닉호가 있었습니다. 타이타닉호가 빙산을 들이받아 침몰하기 시작했을 때, 그곳에서 불과 50km 떨어진 곳에서 캘리포니아호가 항해하고 있었습니다. 사고 현장으로부터 채 한 시간도 걸리지 않는 가까운 거리였습니다.

　배가 기울기 시작하자 타이타닉호 무선사들은 필사적으로 구조요청을 보냈습니다. 그런데 캘리포니아호에도 무선사 한 사람이 타고 있었으나 그는 무전기를 꺼놓은 채 잠이 들어 있었습니다. 캘리포니아호는 대형 참사를 까맣게 잊은 채 정해진 항로를 따라 이동했습니다. 만약 무선사가 무전기를 켜놓았더라면 '타이타닉 참사'는 존재하지 않았을 것입니다. 무선사 한 사람의 무책임이 엄청난 희생을 낳은 것입니다.

　인간 세상의 대형사고는 보통 작은 부주의 하나에서 비롯됩니다. 사람들 간의 갈등과 싸움도 무관심과 부주의에서 시작되는 경우가 많습니다.

　하나님을 향한 우리의 무관심과 부주의가 변화와 성장을 가로막기도 합니다. 하나님께 안테나를 고정하시고, 하나님을 향한, 교회와 주위를 향한 관심과 주의를 기울이고 사랑과 열정으로 변화와 성장을 위하여 집중하시고 최선을 다하시기 바랍니다.

내 주위를 살펴보십시오. 조금만 주의하여 관심을 가져보십시오. 우리가 할 일이 얼마나 많은지 모릅니다.

사랑하는 성도 여러분, 변화와 성장은 하나님이 뜻입니다. 그러기에 우리는 하나님의 뜻대로 변해야 하고 성장해야 합니다. 우리 교회와 여러분의 삶에 반드시 변화와 성장의 역사가 일어날 것입니다. 놀라지 마십시오. 성장의 기회가 오거든 놀라거나 두려워하지 마십시오. 여러분, 성장은 우리의 사명입니다.

변화와 성장을 위한 도전을 멈추지 마십시오. 그리고 도전을 두려워하지 마십시오. 두려움은 마귀가 주는 것입니다. 믿음으로 승리하십시오. 여러분, 하나님을 위하여, 교회를 위하여, 가정을 위하여 무엇에 도전하시겠습니까?

6. 변화와 성장을 다짐하며
딤후 4:7~8

"내가 선한 싸움을 싸우고 나의 달려갈 길을 마치고 믿음을 지켰으니 8 이제 후로는 나를 위하여 의의 면류관이 예비되었으므로 주 곧 의로우신 재판장이 그날에 내게 주실 것이니 내게만 아니라 주의 나타나심을 사모하는 모든 자에게니라"(딤후 4:7~8).

사도 바울은 바울이 되기 전에 사울이었습니다. 즉 스스로 교만한 자였습니다. 바울은 주님을 믿는 사람들을 박해하고 핍박했습니다. 남녀노소를 가리지 않고 잡아 옥에 가두고 돌로 쳐 죽이는 박해를 자행하였습니다. 자신의 이성의 논리와 자신의 철학과 사상에 맞지 않는다고 무차별적으로 잡아 박해를 가하던 사람입니다.

그런 그가 예수님을 직접 만나고 완전히 변하였습니다. 그리고 아라비아에 가서 3년 동안 신앙의 훈련을 하고 성장하였습니다. 그렇습니다. 주님 안에는 변화가 있습니다. 성장이 있습니다. 이것이 살아 계신 하나님의 역사입니다. 오늘은 은혜가 넘치는 주일입니다. 우리는 매 순간 변화를 위하여 무엇을 했으며, 또 얼마나 많은 변화와 성장을 거두었습니까? 어떤 변화와 성장을 이루고 싶습니까?

사도 바울은 그의 인생을 뒤돌아볼 때, 참으로 가치 있는 삶을 살았다고 회고하고 있습니다. 그가 산 인생의 길은 바로 하나님의 영광을 위한 길이요, 성령에 이끌림을 받은 길이요, 복음을 위한 전적인 헌신의 길이요, 선교의 길이요, 참 삶의 길을 인생에게 제시한 길이기에 참으로 의미와 보람이 있었을 것이지만, 그의 삶에 가장 중요한 것은 참다운 목표에 최선을 다하였기에 후회함이 없는 개선의 길이 되었던 것입니다. 오늘 우리도 한 해를 마무리하면서 하나님과 사람 앞에서 바울 사도와 같은 자신감에 넘치는 믿음이 되도록 새로운 각오로 다짐하는 시간이 되어야겠습니다.

1. 변화와 성장을 위한 선한 싸움을 다짐하십시오!

사도 바울은 '내가 선한 싸움을 싸웠다'고 말하고 있습니다. 이것은 영적 전쟁입니다. 그리스도인의 삶은 승리할 수밖에 없는 선한 싸움을 싸우는 영적 전쟁의 삶입니다. 이것이 피할 수 없는 우리의 인생입니다. 그리스도가 없는 가슴, 복음이 없는 인생, 그리고 지역은 사탄에 매인 것입니다. 여기에 복음을 전하고 그리스도를 심는 것은 바로 복음의 선한 싸움을 싸우는 것이고, 영적인 전쟁의 현장이 되는 것입니다. 그러기에 그의 힘과 능력이 필요합니다. 이것을 위한 기도가 필요합니다.

또한 영혼구원의 하나님 나라의 확장이라는 미션(명령)을 받은 우리의 삶은, 사탄 마귀와의 선한 싸움을 싸워야 합니다. 그러기에 전신갑주로 완전무장하고 영적 싸움을 싸워 승리해야 합니다. 우리가 기도하지 않고 예배하지 않고, 전도하지 않는 것은 영적 싸움인 마귀와의 싸움에서 진 것입니다. 우리는 변화와 성장을 위한 선한 싸움을 다짐해야 합니다.

저와 여러분은 하나님의 십자가 군병들입니다. 십자가 군병으로서 이길 수밖에 없는 싸움을 싸우며, 사탄 마귀를 소탕하라는 미션을 받은 사람들입니다. 그리하여 하나님 나라를 확장하라는 미션을 부여받은 자들입니다. 그러므로 최선을 다하여 마귀와의 전쟁준비를 하고 전쟁에는 한시도 소홀함이 없이 임해야 할 것입니다. 바울 사도는 에베소 교회를 향하여 영적 전쟁에 대비하도록 했던 것입니다.

에베소서 6장 10~20절 말씀을 보십시오.

"종말로 너희가 주 안에서와 그 힘의 능력으로 강건하여지고 마귀의 궤계를 능히 대적하기 위하여 하나님의 전신갑주를 입으라 우리의 씨름은 혈과 육에 대한 것이 아니요 정사와 권세와 이 어두움의 세상 주관자들과 하늘에 있는 악의 영들에게 대함이라 그러므로 하나님의 전신갑주를 취하라 이는 악한 날에 너희가 능히 대적하고 모든 일을 행한 후에 서기 위함이라 그런즉 서서 진리로 너희 허리띠를 띠고 의의 흉배를 붙이고 평안의 복음의 예비한 것으로 신을 신고 모든 것 위에 믿음의 방패를 가지고 이로써 능히 악한 자의 모든 화전을 소멸하고 구원의 투구와 성령의 검 곧 하나님의 말씀을 가지라 모든 기도와 간구로 하되 무시로 성령 안에서 기도하고 이를 위하여 깨어 구하기를 항상 힘쓰며 여러 성도를 위하여 구하고 또 나를 위하여 구할 것은 내게 말씀을 주사 나로 입을 벌려 복음의 비밀을 담대히 알리게 하옵소서 할 것이니 이 일을 위하여 내가 쇠사슬에 매인 사신이 된 것은 나로 이 일에 당연히 할 말을 담대히 하게 하려 하심이니라"(엡 6:10~20).

사도 바울은 비진리에 맞서 선한 싸움을 싸웠습니다. 우리도 올 한 해 동안 얼마나 많은 선한 싸움을 싸웠습니까? 믿음이 없었다면 당장이라도 그만두고 싶은 일들이 얼마나 많았나요? 주님의 사명이 아니라면 당장이라도 때려치우고 싶은 일들이 한두 가지가 아니었을 것입니다. 마귀는 우리를 삼키려고 하고, 우리의 삶을 요절내려고 덤벼들었지만 우리는 이 싸움에서 승리하고 마지막 주를 맞이하였습니다. 믿음의 승리가 있은 줄 믿습니다.

에베소서는 주 안에서 그의 힘과 능력으로 강건하여지라고 말씀하십니다. 전신갑주를 입고 마귀를 대적하며, 성령 안에서 기도로 깨어 구하고 담대히 선한 싸움을 싸우며 선한 영향력을 끼치라고 하셨습니다. 또 사도 바울은 이것을 위하여 기도한다고 말하고 있습니다. 이것을 요약하면 이런 것입니다. "나는 구원받은 백성으로서 복음을 전하기 위하여 산다." 이것을 위한 선한 싸움이요 이것이 선한 영향력입니다. 그러므로 우리는 변화와 성장을 위한 선한 싸움을 다짐하고, 1년에 한 사람이 한 사람 이상 반드시 전도합시다.

2. 변화와 성장을 다짐하며 우리의 인생길을 달려가야 합니다.

여러분, 인생을 다 산 뒤에 달려갈 길을 다 마치고 "나의 인생은 승리의 길이었다."고 자랑할 사람이 우리 인생 가운데 몇 사람이나 될까요? 그런데 사도 바울은 달려갈 길을 다 마치고 승리의 삶을 살았다고 말하고 있습니다.

1923년 시카고의 에지와트 비치 호텔에 당시 미국 최대 부호였던 9명이 자리를 같이했을 때, 미국의 대표적인 신문들이 '20세기의 신화'라고 보도했습니다. 그때는 황금만능 시기였습니다. 그들은 돈만 번 것이 아니라 큰 회사의 사장들이었기 때문에 교육도 많이 받았고 명성도 있는 성공한 사람들이었습니다. 세상 표준으로 볼 때 스타이고 부러울 것이 없는 사람들이었습니다. 그러나 25년 후인 1948년에 그들이 어떻게 되었느냐 하면 하나는 미치고, 셋은 파산해서 빚에 쫓겨 도피 생활을 하다 죽었으며, 둘은 출옥해서 자살 직전에 있었고 셋은 자살했습니다. 한 사람도 행복한 사람이 없었습니다.

왜 그렇게 되었습니까? 인생의 삶의 목적이 선하지 못하였기 때문입니다. 목적이 선하지 못하니 당연히 목표도 선하지 못하였습니다. 그 인생은 파멸과 멸망의 길은 걸을 수밖에 없습니다.

많은 유명한 사람들이 인생의 목표를 잃어버리고 비참한 최후를 마쳤거나 허무주의로 살고 있습니다. 동양 최대의 성자이고 인도인의 태양이었던 간디도 죽기 전에 자신은 괴로운 사람이라는 말밖에 할 말이 없었습니다. 부지런히 뛰어보았지만 그것은 궁극적인 목표가 아니었습니다. 그러나 예수님을 만난 사람은 그가 왕후장상이든지, 창녀든지 세리든지 구두닦이든지 간에 자기의 길을 또박또박 걸어갈 줄 압니다. 푯대가 있고 초점이 있고 뚜렷한 목표가 있습니다.

우리는 목적이 분명해야 합니다. 목표보다 더 중요한 것은 목적입니다. 우리 삶의 방향인 목적이 선하고, 분명하며, 하나님 보시기에 합당하면, 우리의 목표 또한 선하고 분명하며 하나님 보시기에 합당합니다. 가장 가치 있고, 가장 고귀하며, 가장 귀한 일이 무엇인지 알아 하나님께 영광 돌리는 삶에 목적과 목표를 정하고 달려갑니다.

사도 바울은 내가 전할 것은, 그리고 내가 자랑할 것은 십자가밖에 없다고 하였습니다(갈 6:14, "그러나 내게는 우리 주 예수 그리스도의 십자가 외에 결코 자랑할 것이 없으니"). 이 복음을 전하는 삶을 살며 선한 싸움을 싸우고 이제 인생의 마지막에 선 것입니다. 그리고 자랑스럽게 자신의 인생을 이렇게 말합니다. "내가 달려갈 길을 마치고 믿음을 지켰으니 이제 후로는 나를 위하여 의의 면류관이 예비되었으므로 주 곧 의로우신 의로우신 재판장이 내게 주실 것이라."

3. 변화와 성장을 이룰 것을 다짐하며 더욱 믿음을 지켜야 합니다.

사람이 끝까지 자신을 지킨다는 것은 아름다운 일입니다. 하나님을 향한 믿음을 지킨다는 것은 더욱 아름다운 일입니다. 삶의 현장에서 중요한 것은 우리가 약속을 따라 산다는 것입니다. 약속은 중요한 것입니다. 믿음은 바로 하나님과의 약속입니다. 그 약속을 세상 끝날까지 지킨다는 것은 바로 생명의 보장이요, 영생의 보장이요, 천국의 보장인 것입니다. 이 약속은 세상의 그 무엇과도 비교할 수 없는 보화입니다.

그런데 우리는 이 보화를 잃고 후회하는 일들이 많습니다.

북아메리카 서북쪽에 있는 넓은 알래스카 주는 1867년까지는 러시아의 땅이었습니다. 그런데 러시아는 알래스카를 별로 가치가 없는 땅으로 여겨 720만 달러를 받고 미국에다 팔아 넘겼습니다.

미국은 알래스카를 산 지 13년 만에 무려 3억 달러어치의 황금이 묻혀 있는 것을 발견하였습니다. 러시아는 땅속에 3억 달러어치의 황금이 묻혀 있는 것을 모르고 당장에 손에 쥘 수 있는 720만 달러에 유혹된 것입니다. 더군다나 금 못지않게 귀중한 석유와 천연가스가 엄청나게 땅 밑에 저장되어 있었습니다. 눈앞에 있는 것, 현실적인 것에만 전념하여 살다가 영원한 값진 보화를 잃어버리고 후회할 우매자의 삶이 이러합니다. 그러므로 끝까지 믿음을 지켜야 합니다.

사도 바울은 "믿음을 지켰으니"라고 말하고 있습니다. 좌로나 우로 치우치면 안 됩니다. 오직 예수만 바라보고 믿는 믿음의 정조, 믿음의 의리가 있어야 합니다. 간신배 같은 믿음, 배신자의 믿음이 아니라,

굳은 믿음을 가져야 합니다. 참 믿음을 가져야 합니다. 사도 바울은 믿음을 지킨 사람입니다. 포기하지 말고 끝까지, 끝까지 달려가는 것입니다. 비바람이 불고, 눈보라가 앞길을 막아도 가는 것입니다.

변화와 성장을 이룰 것을 다짐하며 더욱 믿음을 지켜야 합니다.

아름다운 꿈을 이룹시다. 교회도 더 좋은 곳으로 이전하고, 변화와 성장을 이룰 것을 다짐하며, 한 사람이 한 사람 이상씩 전도도 많이 하여 크고 좋은 교회를 만들어 봅시다. 그리고 미션을 수행하여 마지막에 주님 앞에 섰을 때, 주님으로부터 '착하고 충성된 종'이라는 칭찬을 받는 저와 우리 모두가 되시기를 바랍니다. 이런 사람을 위해 하나님은 '의의 면류관'을 예비하여 놓으셨습니다. 할렐루야.

7. 변화와 성장, 그리고 우선순위 I
눅 5:1~11

"무리가 몰려와서 하나님의 말씀을 들을새 예수는 게네사렛 호숫가에 서서 호숫가에 배 두 척이 있는 것을 보시니 어부들은 배에서 나와서 그물을 씻는지라 예수께서 한 배에 오르시니 그 배는 시몬의 배라 육지에서 조금 떼기를 청하시고 앉으사 배에서 무리를 가르치시더니 말씀을 마치시고 시몬에게 이르시되 깊은 데로 가서 그물을 내려 고기를 잡으라 시몬이 대답하여 이르되 선생님 우리들이 밤이 새도록 수고하였으되 잡은 것이 없지마는 말씀에 의지하여 내가 그물을 내리리이다 하고 그렇게 하니 고기를 잡은 것이 심히 많아 그물이 찢어지는지라 이에 다른 배에 있는 동무들에게 손짓하여 와서 도와 달라 하니 그들이 와서 두 배에 채우매 잠기게 되었더라 시몬 베드로가 이를 보고 예수의 무릎 아래에 엎드려 이르되 주여 나를 떠나소서 나는 죄인이로소이다 하니 이는 자기 및 자기와 함께 있는 모든 사람이 고기 잡힌 것으로 말미암아 놀라고 세베대의 아들로서 시몬의 동업자인 야고보와 요한도 놀랐음이라 예수께서 시몬에게 이르시되 무서워하지 말라 이제 후로는 네가 사람을 취하리라 하시니 그들이 배들을 육지에 대고 모든 것을 버려 두고 예수를 따르니라"(눅 5:1~11).

어제 중고등학생 예배가 끝나고 묵상을 하던 중, 하나님이 주시는 말씀이 있어서 컴퓨터 앞에서 워드로 적고 있는데 밖에서 "목사님! 목사님!" 하고 부르는 소리가 들렸습니다. 나갔더니, 어떤 청년이 인력회사에서 먹고, 자며 일을 하다가 나가라고 하여 갈 곳이 없어서 왔는데 영접기도를 받고 싶다는 것입니다.

"어떤 사람들이 하는 말이, 영접기도를 받으면 일이 잘 풀리고 변화가 온다고 해서요."

그 말을 듣고 나는 청년을 교회로 인도하여 기도를 해 주었습니다. "어제는 죽으려 하다가, 그러면 너무 비겁한 것 같아서 안 죽었습니다. 먹을 것이 있으면 조금만 주세요."

냉장고에서 비스킷을 찾아서 주고 잘 곳이 있느냐고 물었더니 없다고 해서 잠 잘 곳을 소개해 주었습니다. 그 청년에게 있어서 가장 절박한 것은 변화였습니다. 마치 물이 포도주가 되는 신비의 변화가 아니라 삶의 변화였습니다.

요즈음 경제적 한파 속에 인터넷의 키워드 검색에서 가장 많이 검색되는 말 가운데 하나가 '변화'입니다. 우리는 지금 변화의 쓰나미 속에서 살고 있다고 해도 과언이 아닙니다. 변화의 물결에 저항하다가는 홀로 고립되거나 도태될 수도 있습니다. 그러나 그리스도인은 급변하는 사회에서 불변하는 말씀의 진리를 지키고 살아야 합니다. 그런데 이 변화의 물결 속에서 예수님께서는 "새 포도주는 새 부대에 담으라"(마 9:17)고 가르치셨습니다. 새 포도주는 숙성이 덜 되어 발효가 진행되는 과정에 있기 때문에 부글부글 끓습니다. 따라서 신축성이 떨어진 낡은 가죽 부대에 담으면 가죽 부대가 견디지 못해 터져 버리게 됩니다. 그래서 새 부대에 담으라고 하신 것입니다.

포도주와 부대, 이 두 가지, 즉 소프트웨어와 하드웨어는 함께 변해야 합니다. 어느 것 하나만 변하면 오히려 문제가 생기고 갈등만 증폭됩니다. 정치·교육·사회뿐만 아니라 우리 교회도, 가정도 마찬가지입니다. 소프트웨어와 하드웨어가 함께 변화해야 합니다. 변화의 물결에서 살아남으려면 함께 변해야 합니다. "이 세상을 정복하고 다스리라."는 하나님의 창조명령은 변화를 다스리라는 것도 포함됩니다. 변화를 다스리는 자에게 성공의 열쇠가 주어집니다. 다스림이 있어야 합니다. 변화를 다스리는 다스림의 능력, 믿음이 있어야 합니다.

그런데 혹자들은 말하기를, 개혁은 한 나라를 세우는 것보다 더 힘들다고 합니다. 그러나 우리 기독교는 개혁의 종교입니다. 이것을 개혁주의라고 합니다. 개혁주의란 세상적 사고, 인본주의 사고에서 신본주의로의 전환입니다. 하나님 말씀으로의 삶입니다. 이것이 개혁주의입니다. 이것이 또 변화입니다. 그러기에 기독교는 변화의 종교입니다. 어둠에서 빛으로, 사망에서 생명으로의 변화가 있는 곳이 기독교입니다. 그러므로 거짓 마귀의 영에서 진리의 영으로 나오는 것이 기독교입니다. 진노의 영에서 생명의 영으로 나아가는 것이 기독교입니다.

마치 고기를 잡는 어부에서 사람을 낚는 전도자로 나아오는 것이 변화입니다. 이것은 엄청난 변화입니다. 그런데 여러분, 이것이 우리들입니다. 변화는 순식간에 옵니다. 마치 밀물과 썰물처럼 순식간에 밀려옵니다. 어느 사람의 "자고 나니깐 내가 스타가 되었어요!"라는 고백처럼 찾아옵니다. 그래서 '기회는 토끼같이 왔다가 화살같이 달아난다.'는 말이 있습니다.

이렇게 온 변화에 우리는 어떻게 해야 합니까?

1. 변화를 다스려야 합니다.

변화를 다스리지 못하면 우리는 이 변화의 물결에 잠식당하고 맙니다. 변화를 내 것으로 만들고 변화를 제어하여 선한 것으로 만들고, 변화를 기회로 삼아야 합니다.

2. 변화를 맞이하기 위한 준비가 필요합니다.

말씀으로 준비하고, 기도로 준비하고, 실력으로 준비해야 합니다. 실력만 있고 믿음의 능력과 기도가 없으면 변화에 잠식당하여 이용만 당하든지, 아니면 잡지도 못합니다.

3. 대처 능력을 길러야 합니다.

말씀을 통하여 기도를 통하여 예배를 통하여 우리는 변화에 대한 대처 능력을 길러야 합니다. 변화에는 두 가지가 있습니다. 악한 변화와 선한 변화가 있습니다. 여러분에게 유익한 변화가 있는가 하면, 삶을 파괴하여 어렵게 하는 악한 변화가 있습니다. 그러므로 이것을 분별하는 분별의 영이 있어야 합니다. 이것은 오직 말씀과 기도와 예배를 통해서 얻어집니다. 이것을 분별하고 대처해야 합니다. 말씀과 기도와 능력으로 선포함으로 대처해야 합니다.

오늘 베드로는 이것이 갖추어져 있었습니다. 오늘 본문의 말씀을 보십시오. 예수님께서 갈릴리 호수라고도 하고, 게네사렛 호수라고도 하는 곳에서 하나님의 말씀을 전파하셨습니다. 마태복음 4장 18절은 갈릴리 호수라고 나와 있습니다. 이때 무리들이 몰려와서 하나님의 말씀을 들었습니다. 예수님께서 말씀을 전파하시다가 호숫가에 서서 배 두 척이 있는 것을 보시니, 어부들은 배에서 나와서 그물을 씻고 있었습니다. 이에 예수님께서 그중 한 배에 오르시니 그 배는 시몬의 배였습니다. 그리고 육지에서 조금 떼기를 청하시고 앉으사 배에서 무리를 가르치셨습니다. 예수님은 말씀을 마치시고 시몬에게 이르시되 깊은 데로 가서 그물을 내려 고기를 잡으라 하십니다. 이렇게 주님은 때와 장소를 가리지 않으시고 말씀을 전파하시고 가르치셨습니다. 왜 이렇게 하셨을까요? 이것은 우리가 무엇으로 살아야 하는가를 가르쳐 주시고 있습니다. 또한 우리의 사명이 무엇인지를 가르쳐 주시는 것입니다. 이것에 본을 보여주신 것입니다.

4. 순종이 있어야 합니다.

베드로의 반응을 보십시오! 주님의 말씀에 순종합니다. 기독교는 순종으로부터 시작됩니다. 순종은 하나님의 역사를 일으킵니다. 내 생각, 내 마음, 내 뜻을 내려놓고 순종하고 믿고 따르면 하나님의 역사는 일어납니다. 자꾸 내가 하려고 하면 처음에는 잘되지만 끝이 안 좋습니다. 처음에는 잘되는 것같이 보이지만 일이 자꾸 꼬입니다. 이렇게 말씀에 순종하였더니 어떤 결과가 일어났습니까? 6절을 보십시오. "그렇게 하니 고기를 잡은 것이 심히 많아 그물이 찢어지는지라." 그물이 찢어지는 역사가 일어났습니다. 순종에는 목마름의 자유를 주십니다. 여러분에게도 그물이 찢어질 정도로 부어주시는 하나님의 축복이, 이 교회와 여러분 위에 있기를 주님의 이름으로 축원합니다.

5. 긍정적이고 적극적인 믿음을 가져야 합니다.

사실 5절의 말씀은 순종과 더불어 긍정적인 믿음을 보여주고 있습니다. "시몬이 대답하여 이르되 선생님 우리들이 밤이 새도록 수고하였으되 잡은 것이 없지마는 말씀에 의지하여 내가 그물을 내리리이다." 이 얼마나 긍정적이고 적극적인 믿음입니까? 지금 베드로는 밤새도록 일했지만 고기를 잡지 못한 상태로, 몸과 마음이 매우 지친 상태입니다. 그물을 정리하던 상태입니다. 그럼에도 불구하고 주님의 말씀에 순종하였습니다. 이 얼마나 긍정적이고 적극적인 믿음입니까?

6. 변화는 합력해야 더 큰 역사를 일으킵니다.

7절입니다. "이에 다른 배에 있는 동무들에게 손짓하여 와서 도와달라 하니 그들이 와서 두 배에 채우매 잠기게 되었더라." 주님은 말씀하시기를 협력하여 선을 이루라고 하였습니다. 하나보다 둘이 낫습니다. 함께 협력해야 합니다. 말씀에 순종한 베드로에게는 그물이 찢어질 정도로, 동료의 배까지도 가득 채워질 정도로 큰 축복의 역사가 일어났습니다. 사실 이 말씀은 초자연적인 하나님, 자연만물까지도 다스리시는 하나님임을 보여주십니다. 그 하나님께 순종만 하면 우리도 얼마든지 하나님의 위대한 역사를 이루어 주실 줄 믿습니다.

이때 나타난 것이 회개입니다. 지금까지 자기 힘만 의지하고 자기 실력만 의지하고 살아온 자신을 보며 회개한 것입니다. 자신의 어리석음을 회개합니다. 8절입니다. "시몬 베드로가 이를 보고 예수의 무릎 아래에 엎드려 이르되 주여 나를 떠나소서 나는 죄인이로소이다 하니 이는 자기 및 자기와 함께 있는 모든 사람이 고기 잡힌 것으로 말미암아 놀라고." 어찌 놀라지 않을 수 있겠습니까? 어찌 회개하지 않겠습니까? "주여! 나를 떠나소서. 나는 죄인이로소이다." 이것이 우리의 고백이 되기를 주님의 이름으로 축원합니다.

마지막은 우선순위입니다.

신앙에서, 아니 인생에서 여러분의 삶의 방향을 잡아주고 변화시키는 것은 순종과 우선순위입니다. 무엇에 순종하느냐는 여러분의 삶을 결정합니다. 우선순위를 어디에 두느냐는 여러분의 삶을 변화시키고 여러분의 삶의 방향을 인도합니다. 우리는 첫째도 둘째도 셋째도 하나님을 우선순위에 두어야 합니다. 우리는 첫째도 둘째도 셋째도 말씀을 우선순위에 두어야 합니다. 이것이 신본주의의 모습입니다. 회개한 베드로의 모습을 보십시오. 주님은 베드로에게 이렇게 말씀하십니다. "나를 따라오너라!" 10절입니다. "세베대의 아들로서 시몬의 동업자인 야고보와 요한도 놀랐음이라 예수께서 시몬에게 이르시되 무서워하지 말라 이제 후로는 네가 사람을 취하리라 하시니." 헬라어로는 "네가 사람을 사로잡으리라"고 하십니다. 마태복음 4장 19절에서는 이렇게 말씀합니다. "말씀하시되 나를 따라오라 내가 너희를 사람을 낚는 어부가 되게 하리라 하시니" 사명을 주시는 것입니다. 우리가 무엇을 하느냐는 중요하지 않습니다. 하지만 우리가 어떻게 살고 있는가는 매우 중요합니다. 이것이 우리의 소명입니다. 하나님은 우리가 어떤 자들인지를 알아 우선순위를 분명히 하면서 살아가기를 바라십니다. 마태복음 4장 20절을 보면 "그들이 곧 그물을 버려두고 예수를 따르니라."고 하였습니다.

    오늘 하나님의 말씀 11절입니다. "그들이 배들을 육지에 대고 모든 것을 버려두고 예수를 따르니라." 세상의 가치와 기준까지도 버려두고, 부모와 형제, 세상의 가치인 재산까지도 다 버리고 예수를 따릅니다. 이것이 예수님의 가치이고 생명의 가치입니다. 배는 그들의 삶의 전부지만, 이것까지도 버려두고 따른다는 것은 세상의 가치보다 예수님의 가치의 고귀성을 알기 때문입니다. 세상의 가치와 비길 수 없는 예수님이시라 그들의 전부를 맡기는 것입니다. 우리의 목자가 되시며 쉴 만한 물가로 인도하시는 주님께 나의 삶 전부를 맡겨보시기 바랍니다. 그는 우리를 푸른 풀밭에 누이시고 의의 길로 인도하시는 분이십니다. 이것이 우선순위입니다. 인생에서도 그렇지만 신앙에서도 믿음의 우선순위가 가장 중요합니다. 순종과 우선순위는 믿음의 역사를 주십니다. 축복을 주십니다. 우리 인생의 방향을 결정하게 하시고, 우리의 분명한 삶을 결정합니다. 변화의 역사 순종, 그리고 우선순위입니다.

8. 변화와 성장, 그리고 우선순위 II
막 5:25~34

"열두 해를 혈루증으로 앓아 온 한 여자가 있어 많은 의사에게 많은 괴로움을 받았고 가진 것도 다 허비하였으되 아무 효험이 없고 도리어 더 중하여졌던 차에 예수의 소문을 듣고 무리 가운데 끼어 뒤로 와서 그의 옷에 손을 대니 이는 내가 그의 옷에만 손을 대어도 구원을 받으리라 생각함일러라 이에 그의 혈루 근원이 곧 마르매 병이 나은 줄을 몸에 깨달으니라 예수께서 그 능력이 자기에게서 나간 줄을 곧 스스로 아시고 무리 가운데서 돌이켜 말씀하시되 누가 내 옷에 손을 대었느냐 하시니 제자들이 여짜오되 무리가 에워싸 미는 것을 보시며 누가 내게 손을 대었느냐 물으시나이까 하되 예수께서 이 일 행한 여자를 보려고 둘러 보시니 여자가 자기에게 이루어진 일을 알고 두려워하여 떨며 와서 그 앞에 엎드려 모든 사실을 여쭈니 예수께서 이르시되 딸아 네 믿음이 너를 구원하였으니 평안히 가라 네 병에서 놓여 건강할지어다"(막 5:25~34).

토요일 오후 중고등부 아이들의 모임이 끝나고 함께 점심을 먹었습니다. 그곳에서 저는 아이들에게 얼마 전에 보았던 「더 임파서블」에 대하여 물었습니다. 그것은 그 영화가 계속 저의 머릿속에 남아 있었기 때문입니다.

집으로 돌아와서도 「더 임파서블」에 대한 생각이 계속 났습니다. 그 가운데서도 의사 출신이 엄마의 우선순위 때문이었습니다. 극한 상황 가운데서도 의사로서 우선순위를 분명히 하는 모습이 계속 생각이 났습니다. 자신은 다쳐서 다른 사람을 도울 수 없지만 아들에게 다른 사람을 도우라고 하는 모습은 그 사람의 우선순위가 무엇인지를 보여주었습니다. 자신의 목숨도 힘든 상황 가운데서 말입니다. 또한 가족이 흩어진 가운데서도 꼭 만나게 될 것이라는 믿음은 하나님을 의지하고, 예수 그리스도 믿으며 구원의 확신을 가지고 살아가는 우리들의 믿음의 모습을 보여 주는 것 같았습니다.

「더 임파서블」은 2004년 크리스마스 다음날인 12월 26일, 강력한 쓰나미가 아시아 8개국을 강타했고 전 세계 뉴스에는 참혹한 쓰나미 현장들이 속보로 방송되었습니다. 규모 9.1의 강진으로 발생한 거대한 쓰나미에 만신창이가 된 채, 서로의 생사조차 모르고 흩어진 한 가족이 끝까지 희망을 잃지 않는 리얼한 이야기로 그려집니다.

한 가족이 가족여행을 계획하고 태국 발리섬으로 가족여행을 떠납니다. 가족여행 10분 만에 닥친 30만 명을 앗아간 쓰나미가 이 가족을 덮칩니다. 어떻게 손 쓸 겨를도 없이 이 가족은 쓰나미에 쓸려 뿔뿔이 흩어지게 됩니다. 생사를 확인할 길이 없는 가운데서도 이들 가족은 다실 만날 것이라는 희망을 저버리지 않습니다. 그런 가운데도 엄마를 만나고 다친 엄마는 아들에게 다른 사람을 도울 것을 말합니다. 그리고 가족 한 사람 한 사람이 다시 만나게 되는 참으로 감동적인 영화입니다.

저는 이 영화를 통해서도 하나님의 섭리와 임재하심을 발견합니다. 또한 엄마와 아들을 통하여 우리의 사명을 발견합니다. 하나님의 명령와 섭리에 대항하는 인간의 재앙입니다. 인간의 욕심과 탐욕으로 인하여 자연을 파괴한 인간이 만든 재앙입니다. 그러나 그 재앙 가운데서도 하나님의 보호하심이 있고, 임재하심이 있으며, 하나님의 경고하심이 있습니다. 그러므로 변화에 대한 대처 능력이 우리에게 필요합니다. 솔개처럼 말입니다. 변화와 성장에는 아픔이 있습니다. 변화와 성장을 위하여 우리는 선택을 해야 합니다. 그리고 결단이 필요합니다.

이때 축복의 변화가 일어납니다. 기적이 일어납니다. 마치 오늘 열두 해 혈루증을 앓던 여인처럼 말입니다.

여러분이 변화하고 성장하려면 어떻게 해야 합니까? 무엇을 해야 합니까? 교회가 변화하고 성장하려면 어떻게 해야 합니까? 무엇을 해야 합니까?
여러분이 지금 생각하는 것을 해야 합니다. 여러분이 생각하는 것을 지금 시행하십시오. 이 세상이, 그리고 이 사회가 변화는 것도 마찬가지입니다. 나의 행동이 있어야 합니다. 말로만이 아니라 바른 우선순위를 정하고 행해야 합니다. 그리스도인으로서 우선순위를 분명히 해야 합니다. 이것이 내 삶의 최고의 가치입니다. 내 인생의 최고의 가치입니다. 왜입니까? 여러분에게 복 주실 분도, 복 주신 분도 하나님이시기 때문입니다. 여러분을 높이시는 분도 하나님이시기 때문입니다. 모든 것은 하나님이 하십니다. 우주만물의 주인은 하나님이십니다. 그러기에 우리는 우선순위의 제일에 하나님을 두어야 합니다.

이렇게 토요일은 하루 종일 우선순위에 대하여 생각하는 하루였습니다. 그러다 책상에 앉아서 창문을 바라보았습니다. 갑자기 갑갑함이 밀려왔습니다. 그때 생각나는 사람이 용서해라는 분이었습니다. 아마 이 사람은 용해원 목사님의 일가 정도가 아닐까 싶습니다.
용서해 씨의 저서 「삶의 마지막 축제」 중에서 이런 말이 있습니다. '가장 크게 깨달은 것은 자기가 진정으로 하고 싶어 하는 것이 무엇인지 깨닫는다면 그 일을 미래의 어느 날로 미루지 말고, 또 그 일을 할 수 없는 이유들을 찾지 말고 '바로 지금' 시작해야 한다는 것이다. 흘러가는 시간은 언젠가 이룰 꿈을 위해 마냥 기다려주지 않으니까.'

'지금 우선순위를 정하고 내가 해야 할 것은 무엇인가?' 하는 것입니다. 우리 교회의 변화와 성장을 위하여 내가 해야 할 것이 무엇입니까?

용서해 씨는 프랑스에서 음악 공부를 마치고 한국으로 돌아와 서울시립교향악단에서 플루티스트로서 24년 동안 활동하면서 국내외에서 다양한 공연을 했습니다. 음악가로서의 삶도, 일상적인 삶도 비교적 만족스러웠으나, 동시에 그 긴 시간은 연습, 집, 공연, 다시 연습, 집, 공연이 이어지는 판박이 같은 생활에서 진정한 나를 찾고 삶의 가치와 의미를 발견하고자 내면적으로 깊이 파 들어간 시간이기도 했습니다.
그러던 중 우연히 한 호스피스 센터에서 임종 직전의 암 환자 한 사람만을 위해 연주하게 되면서 말로 표현할 수 없는 강렬하고 특별한 느낌을 받습니다. 멋있고 화려한 무대에서는 한 번도 경험해 보지 못한 벅찬 감정을 맛보면서 비로소 해야 할 일이 무엇인지 깨닫습니다. 그 후 일주일에 한 번씩 호스피스 센터에서 말기 암 환자들을 위해 그들이 원하는 음악을 연주하는 호스피스 음악 봉사를 시작하게 되었고, 말기 암 환자들이 먹는 문제로 가장 힘들어하는 것을 알게 되면서 호스피스 요리에 관심을 갖고, 파리 유학 시절의 꿈이기도 했던 요리사가 되기로 마음먹었습니다. 재료의 맛과 향을 그대로 살려서 요리하는 이탈리아 요리를 배우고, 우리나라에 분교가 있는 프랑스 요리학교 '르 꼬르동 블루'에 들어가 체계적인 요리 공부를 했습니다. 이것이 하나님이 주신 자신의 달란트라고 생각하였기 때문입니다. 그는 늘 생각했다고 합니다. '내가 주님을 위하여 무엇을 하며 살아가야 하는 것일까?' 그때 하나님은 자신을 음악가로, 요리사로 만들었다고 합니다.
그 후 '사랑의 테이블', '삶의 마지막 축제' 등의 자리에 말기암 환자와 그 가족들을 초대해, 함께 음식을 먹고 이야기를 나누면서 삶의 마지막 순간을 용서와 화해, 평화 속에 보낼 수 있도록 돕는 일을 했습니다. 지금은 우리 땅의 맛과 향기와 얼과 추억이 깃든 야생식물을 이용해 말기 암 환자들의 치유에 도움이 되는 호스피스 음식을 더욱 본격적으로 만들고 싶어, 강원도 깊은 산골 '구름이 머무는 곳'에 오두막을 짓고 '용서해 야생이플 농장'을 가꾸며 살아가고 있습니다. 이 얼마나 놀라운 변화입니까? 음악가에서 요리사로의 변화 말입니다. 그리고 가장 가치 있는 일을 하며 살아가게 됩니다.

우리는 지금 변화를 꿈꾸고 변화를 소망하고 있습니다. 그렇다면 변화란 무엇입니까? 변화는 새로움입니다. 기독교는 변화의 종교입니다. 사망에서 생명으로, 물로 포도주로, 죽을 자에게 생명을 주시는 분이 주님이십니다. 그러기에 주님 안에는 변화가 있습니다. 생명이 있습니다.

그렇다면 당신이 변하기 위해서는 어떻게 해야 합니까? 당신을 변화시킬 실 분은 누구십니까? 그러므로 우리는 우선순위를 더욱 분명히 해야 합니다.

사랑하는 성도 여러분, 당신에게 있어서 변해야 할 것은 무엇입니까? 무엇이 변하기를 바라십니까? 그리고 우리 교회가 변해야 할 것은 무엇인가요? 또 우리 교회가 성장하기 위하여 변해야 할 것은 무엇이고, 우리 교회가 변하기 위해서 우리가 해야 할 것은 무엇인가요?

그렇습니다. 교회는 영혼을 살리는 곳입니다. 영혼을 깨우는 곳입니다. 이것이 교회입니다. 잠자는 영혼을 깨우고 죽은 영혼을 살리는 곳이 교회입니다. 이것을 위하여 우리는 더욱 우선순위를 분명히 해야 합니다. 왜입니까? 하나님은 말씀하셨습니다. '너희는 먼저 그의 나라와 그의 구하라' 로마서 12장 1~2절에 하나님이 이렇게 말씀하십니다. "그러므로 형제들아 내가 하나님의 모든 자비하심으로 너희를 권하노니 너희 몸을 하나님이 기뻐하시는 거룩한 산 제물로 드리라 이는 너희가 드릴 영적 예배니라… 합당한 너희는 이 세대를 본받지 말고 오직 마음을 새롭게 함으로 변화를 받아 하나님의 선하시고 기뻐하시고 온전하신 뜻이 무엇인지 분별하도록 하라." 그리스도인으로서 우선순위를 분명히 해야 할 것이 무엇입니까? 우선순위를 분명히 한 사람은 그리스도인의 삶이 정립됩니다. 무엇이 가중 중요한지를 알고 그리스도인의 삶을 살아갑니다. 우리의 우선순위는 첫째도 둘째도 셋째도 하나님이십니다. 우리 그리스인의 삶의 우선순위는 예배 · 교제(기도와 찬양) · 헌신 · 전도 · 훈련 · 양육입니다.

우선순위가 잘못되었을 때

마가복음 5장 25~34절 말씀을 보면 열두 해 혈루증을 앓던 여인이 나옵니다. 이 여인의 잘못된 우선순위를 보십시오. 25절입니다. "열두 해를 혈루증으로 앓아 온 한 여자가 있어 많은 의사에게 많은 괴로움을 받았고 가진 것도 다 허비하였으되 아무 효험이 없고 도리어 더 중하여졌던 차에." 이 여인의 우선순위가 잘못되었을 때 나타난 변화는 어떤 것이었습니까? 세상에 의지하여 세상의 용하다는 의원들에게 이 병을 고쳐 보려고 하였습니다. 물론 의술도 하나님이 주신 것입니다. 그러나 그것까지도 하나님이 함께하셔야 합니다.

잘못된 우선순위를 가진 이 여인의 결과는 어떻습니까? 첫째, 많은 의사에게 괴로움을 받았습니다. 둘째, 돈은 다 허비하였습니다. 재산을 다 허비하였습니다. 셋째, 아무 효험도 보지 못하고 병은 도리어 중하여졌습니다. 병은 더 심해졌습니다.

우선순위가 바르게 되었을 때

그러나 예수님의 소문을 듣고 우선순위를 바르게 하였을 때, 그 결과는 어떻게 되었습니까? 믿음이 곧 우리의 우선순위를 결정합니다. 그러므로 우리가 우선순위를 바르게 하라는 것입니다. 믿음을 바르게 하라는 것입니다. 복음에, 그리고 말씀에 믿음을 가지라는 것입니다.

"예수의 소문을 듣고 무리 가운데 끼어 뒤로 와서 그의 옷에 손을 대니 이는 내가 그의 옷에만 손을 대어도 구원을 받으리라 생각함일러라 이에 그의 혈루 근원이 곧 마르매 병이 나은 줄을 몸에 깨달으니라"(27~29절).

누가복음 8장 44절에서는 이렇게 말씀하십니다. "예수의 뒤로 와서 그의 옷 가에 손을 대니 혈루증이 즉시 그쳤더라." 고침을 받는 역사가 일어났습니다. 이것이 믿음의 역사입니다. 믿음에는 역사가 있습니다. 믿음을 바르게 하십시오. 믿음에는 역사가 있습니다. 우선순위를 바르게 하십시오. 믿음에는 역사가 있습니다. 우리는 먼저, 먼저 그의 나라와 그 의를 구해야 합니다. 세상 것을 염려하지 마십시오. 우리가 우선순위를 분명히 하면, 우리에게 무엇이 필요한지 아시는 하나님께서 우리가 원하는 것보다 더하여 주십니다.

예수님의 말씀

우선순위를 분명히 한 여인에게 주님은 이렇게 말씀하십니다. "네 믿음이 너를 구원하였느니라!"

30절부터입니다. "예수께서 그 능력이 자기에게서 나간 줄을 곧 스스로 아시고 무리 가운데서 돌이켜 말씀하시되 누가 내 옷에 손을 대었느냐 하시니 제자들이 여짜오되 무리가 에워싸 미는 것을 보시며 누가 내게 손을 대었느냐 물으시나이까 하되 예수께서 이 일 행한 여자를 보려고 둘러보시니 여자가 자기에게 이루어진 일을 알고 두려워하여 떨며 와서 그 앞에 엎드려 모든 사실을 여쭈니 예수께서 이르시되 딸아 네 믿음이 너를 구원하였으니 평안히 가라 네 병에서 놓여 건강할지어다."

사랑하는 성도 여러분, 믿음을 분명히 하십시오, 우선순위를 분명히 하십시오. 모든 것을 행하시는 분은 하나님이십니다. 이제 우선순위를 바르게 하고 믿음으로 예수님의 옷을 만지십시오. 붙드십시오. 기도하십시오. 그리고 믿음을 가지고 행하십시오. 잘못된 우선순위는 잘될 것 같지만 도리어 더 힘든 삶을 가져다줍니다. 우선순위를 바르게 하고 주님을 위하여 사업을 하고, 전도를 위하여 사람을 만나고, 영혼을 살리기 위하여 내 모든 것을 행할 때 성령의 역사가 있습니다.

우선순위를 분명히 하십시오. 우리가 있는 곳이 선교지고, 우리가 만나는 사람들이 선교 대상자입니다. 사도 바울은 죽는 것도 사는 것도 주를 존귀케 하기 위함이라고 하였습니다.

우선순위를 분명히 하십시오. 우선순위는 인생과 신앙의 방향을 잡아줍니다. 인생과 신앙을 결정합니다. 이왕 믿는 것 하나님을 알도록 믿고, 이왕 믿는 것 은혜받도록 믿고, 이왕 믿는 것 축복받도록 믿으시길 주님의 이름으로 축원합니다.

9. 변화와 성장, 그리고 우선순위 Ⅲ
창 39:1~23

"여호와께서 요셉과 함께하시고 그에게 인자를 더하사 간수장에게 은혜를 받게 하시매 간수장이 옥중 죄수를 다 요셉의 손에 맡기므로 그 제반 사무를 요셉이 처리하고 간수장은 그의 손에 맡긴 것을 무엇이든지 살펴보지 아니하였으니 이는 여호와께서 요셉과 함께하심이라 여호와께서 그를 범사에 형통하게 하셨더라"(창 39:1~23 중 21~23절).

21세기의 화두는 변화입니다. 그러므로 우리는 변화해야 합니다. 변화에 민감해야 합니다. 지금 시대는 변화하지 않으면 뒤처지고, 변화하지 못하면 못삽니다. 변화에 둔하고, 변화에 뒤처지면 시대에 뒤떨어집니다. 시대에 맞게, 시대를 따라 우리는 변화해야 합니다. 성경으로 계속 변화해야 합니다. 칼빈은 그의 사상을 따라 '교회는 말씀과 성령으로 계속 개혁돼야 한다.'고 역설했습니다. 그리하여 우리가 변화를 주도하고 이끌어야 합니다.

21세기는 변화의 시대입니다. 우리나라만 해도 얼마나 많은 변화가 있습니까? 대한민국 창건 이래. 여성 대통령을 배출하였습니다. 이 얼마나 놀라운 변화입니까? 우리 어릴 때만 해도 여자는 밖에도 잘 나가지 못하였습니다. 정치는커녕 남자들과 한 밥상에도 앉지 못하였습니다. 여자는 그저 두레박 신세라 하여 집에서 부모의 일을 돕다가 좋은 집에 시집가면 그 집에 귀신이 될 때까지 죽어라 일을 하였습니다. 여자는 학교도 보내지 않았습니다. 학교 보내봤자 써먹을 데가 없다고 생각했습니다. 그래서 학교도 보내지 않고 죽어라 집에서 일만 시켰습니다. 조선시대는 더했습니다. 어디 여자의 음성이 담을 넘습니까? 그런데 지금 현시대는 어떻습니까? 여성 장관들이 나옵니다. 대기업 여성회장이 나옵니다. 대통령이 나옵니다. 이제는 여성이 주도하는 시대가 되었습니다. 힘을 쓰는 농경사회나 공업사회에서는 남자의 힘이 필요하고 더 우세하였습니다. 그러나 정보화의 시대에는 집중력과 섬세함이 필요합니다. 그러나 보니 여자가 이 사회의 곳곳에서 두각을 나타내는 것입니다. 이런 시대에서는 변화에 뒤처지면 절대 성공할 수 없습니다. 이렇게 빠르게 변화하는 스피드 시대에 빠르게 대처하지 못하면 인생이 낙오하고 절대 성공하지 못합니다. 변화는 하나님의 뜻입니다. 변화의 주도자로 서는 저와 여러분 되시기를 주님의 이름으로 축원합니다.

빠른 변화에 대처하기 위해서는 어떻게 해야 합니까?

첫째 변화를 읽어야 합니다. 변화의 현시대를 읽어야 합니다. 시대를 읽는 눈을 가져야 합니다. 어떻게 가질 수 있습니까? 정보수집입니다. 이제는 정보의 시대입니다. 정보가 없으면 죽습니다. 공부도 정보수집입니다. 정도가 힘이고, 정보가 돈입니다.

둘째는 변화의 주도자가 되어야 합니다. 빠른 변화의 시대에서 성공하려면 많은 묵상이 필요합니다. 기도가 필요합니다. 남들보다 앞선 생각이 필요합니다. 특히 정보를 입수하고 정보를 분석하는 능력이 있어야 합니다. 그래야 이 시대의 리더로서 시대를 선도해 갈 수 있습니다.

셋째는 변화에 방관자가 되지 말고 빠르게 대처해야 합니다. 예를 들어 지금은 컴퓨터의 시대입니다. 스마트의 시대입니다. 그런데 우리는 아직도 아날로그 시대를 살아간다면 그 사람은 문화에 그리고 문명에 뒤떨어진 사람입니다. 이런 사람은 절대 성공할 수 없습니다. 컴퓨터 시대에 컴퓨터를 할 수 없다면 그 사람은 살 생각을 포기한 사람입니다. 성공하기를 포기한 사람입니다. 밥 벌어 먹기를 포기한 사람입니다. 그러기 위해서는 공부를 해야 합니다. 배워야 합니다. 어찌 보면 지금 시대는 문화와의 싸움입니다. 정보와의 싸움입니다. 거짓 정보와의 싸움입니다. 사탄은 문화를 통하여 공격하고, 문화를 통하여 우리의 영혼을 죽이려고 합니다. 문화를 통하여 우리를 잠식하고 삼키려고 합니다. 대중매체나 스포츠 등 모든 것이 문화입니다. 사람은 역사와 문화 속에 살아가기 때문입니다. 그러므로 모르는 부분이 있고, 부족한 부분이 있으면 배워야 합니다. 그래서 능력도 갖추고, 실력도 갖추어야 합니다. 그래야만 분별할 수 있고, 대처할 수 있습니다. 그런데 이 모든 것이 공부와 연관이 있습니다. 그리고 담대함과 연관이 있습니다.

그러나 이런 변화와 성장의 시대 속에서도 변하지 말아야 할 것이 있습니다. 그것은 우리의 우선순위입니다. 즉 말씀입니다. 은혜자의 삶이란 말씀을 따라 사는 삶입니다. 자기를 부인하고 자기의 십자가를 지고 예수 그리스도를 따르는 삶입니다. 이것을 그리스도인의 삶이라고 합니다. 이 우선순위가 바르지 못한 것은 인본주의고 꼼수입니다. 우상숭배입니다. 즉 돈이 우상이 됩니다. 또는 자기가 우상입니다. 이것은 자기를 위하여 하나님과 같이 되고자 하는 교만의 우상이며, 이것이 자기를 위하여 쌓는 인간 바벨탑입니다. 하나님을 나의 목적을 이루기 위한 수단으로 사용하는 것입니다. 이것을 하나님이 모르시겠습니까? 하나님은 다 알고 계십니다. 그러므로 우리는 우선순위를 분명히 해야 합니다. 믿음의 삶, 은혜자의 삶을 살아야 합니다.

사랑하는 성도 여러분, 우선순위를 바르게 하십시오! 우선순위가 바른 사람은 어떤 사항 가운데서도 하나님을 의식합니다. 하나님의 말씀을 따릅니다. 하나님의 뜻을 따릅니다. 하나님의 뜻인가 아닌가를 분별하고 하나님의 뜻이면 시행하고 하나님의 뜻이 아니면 멈춥니다.

우리가 행하는 모든 일이 하나님의 뜻인가 아닌가를 찾고 분별하고 행해야 합니다. 구원은 우리가 주님을 믿으면 받지만 축복은 하나님의 뜻대로 살 때 주십니다. 삶의 은혜는 하나님의 뜻대로 살 때 임합니다. 이것을 신학에서 요구성과 은혜성이라고 합니다. 여기에는 전적인 믿음과 믿음의 모습이 따릅니다. 그러므로 우리는 성령의 음성에 민감해야 합니다. 요셉은 하나님의 음성에 민감한 사람이었습니다. 그리고 하나님이 함께하시는 삶을 살았습니다. 요셉은 우선순위가 바른 사람이었습니다. 그 무엇도 성령과, 말씀과 기도보다 앞서지 않았습니다. 이런 삶을 사시길 주님의 이름으로 축원합니다.

여러분, 사람들은 '사람이 성공하기 위해서는 다음 3가지 중요한 조건들이 갖추어야 한다고 생각합니다.
첫째 법칙, 유전적 요소입니다.
둘째 법칙, 심리적 요소, 혹은 후천적 요소입니다.
셋째 법칙, 환경적 요소입니다.'
그런데 이모든 것을 변화시키고 이 모든 것을 움직이는 분이 하나님이십니다. 요셉은 형들의 미움을 받아 땅에 묻히기도 하고, 미디안 상인에게 팔려 보디발의 집에 노예로 팔리기도 하였습니다. 그러나 그 가운데서도 하나님은 함께하셨습니다. 하나님은 하나님의 계획과 뜻대로 인도하셨습니다. 요셉과 늘 함께하셨습니다. 하나님은 우리와 늘 함께하시는 줄 믿습니다. 그러므로 우리는 하나님을 의식해야 합니다. 하나님을 의지해야 합니다. '지금하고 있는 일이 하나님을 위하는 일인가? 나를 위하는 일인가?' 우리는 판단해야 합니다. '하나님께 영광 돌리는 일인가? 하나님의 영광을 가리는 일인가? 하나님을 욕을 먹이는 일인가?'를 생각해야 합니다.

그럴 때 우리는 그리스도인의 삶을, 은혜자의 사람을 살아갈 수 있습니다. 1~2절 말씀을 보십시오.

"요셉이 이끌려 애굽에 내려가매 바로의 신하 친위대장 애굽 사람 보디발이 그를 그리로 데려간 이스마엘 사람의 손에서 요셉을 사니라 여호와께서 요셉과 함께하시므로 그가 형통한 자가 되어 그의 주인 애굽 사람의 집에 있으니."

하나님은 요셉과 늘 함께하시며 요셉을 사랑하고 축복하셨습니다. 왜 그렇게 하셨을까요? 요셉은 우선순위가 분명한 믿음의 사람이었기 때문입니다. 믿음에 조금도 흔들림이 없는 참 믿음의 사람이었습니다. "비록 무화과나무가 무성치 못하고, 포도나무에 열매가 없고, 또 감람나무에 소출이 없으며, 밭에 식물이 없고 우리에 양이 없고 외양간에 소가 없을지라도 나는 여호와로 인하여 기뻐하며 내 하나님으로 인하여 즐거워하리라."는 하박국의 고백처럼 말입니다.

도리어 보디발은 3절에서 "그 주인 보디발은 여호와께서 그와 함께하심을 보며 또 여호와께서 그의 범사에 형통케 하심을 보았더라."고 합니다. 다윗은 시 23편에서 이렇게 고백합니다. "여호와는 나의 목자시니 내게 부족함이 없으리로다 그가 나를 푸른 풀밭에 누이시며 쉴 만한 물가로 인도하시는도다 내 영혼을 소생시키시고 자기 이름을 위하여 의의 길로 인도하시는도다. 내가 사망의 음침한 골짜기로 다닐지라도 해를 두려워하지 않을 것은 주께서 나와 함께하심이라 주의 지팡이와 막대기가 나를 안위하시나이다." 하나님은 요셉과 늘 함께하시므로 노예로 팔려가서도 보디발의 집 재산을 관리하고 관장하는 자가 됩니다. 가정 총리가 되었습니다. 하나님은 우리가 어디에 있든지 늘 함께하십니다.

여호수아 1장 7~9절 말씀을 보십시오.

"오직 강하고 극히 담대하여 나의 종 모세가 네게 명령한 그 율법을 다 지켜 행하고 우로나 좌로나 치우치지 말라 그리하면 어디로 가든지 형통하리니 이 율법책을 네 입에서 떠나지 말게 하며 주야로 그것을 묵상하여 그 안에 기록된 대로 다 지켜 행하라 그리하면 네 길이 평탄하게 될 것이며 네가 형통하리라 내가 네게 명령한 것이 아니냐 강하고 담대하라 두려워하지 말며 놀라지 말라 네가 어디로 가든지 네 하나님 여호와가 너와 함께하느니라 하시니라."

요셉에게 형통의 축복이 임하였습니다. 그가 가는 곳마다 복이 임하였습니다. 하는 것마다 복을 받았습니다. 하나님이 요셉을 통하여 복을 주신 것입니다. 5절입니다. "그가 요셉에게 자기의 집과 그의 모든 소유물을 주관하게 한 때부터 여호와께서 요셉을 위하여 그 애굽 사람의 집에 복을 내리시므로 여호와의 복이 그의 집과 밭에 있는 모든 소유에 미친지라." 누구에게 복을 주셨습니까? 여러분도 복의 사람이 되시기를 주님의 이름으로 축원합니다.

그러나 우선순위가 분명한 믿음의 요셉에게 시험이 찾아옵니다. 지금 건강한 육체와 젊은 피로 들끓는 요셉에게 음란의 영으로 유혹을 합니다. 사탄은 우리의 가장 약한 것을 공격합니다. 돈에 약하면 돈으로 유혹하고 시험합니다. 또는 우리가 가장 사랑하는 것을 통하여 공격합니다.

보디발의 아내는 요셉의 준수한 외모와 똑똑한 머리, 총명에 반하여 요셉을 유혹합니다. 하룻밤 자신과 동침하자는 것입니다. 갖은 교태를 부리면서 유혹을 합니다. 하지만 요셉은 우선순위가 분명한 사람이었습니다. 참 믿음의 사람이었습니다.

보디발의 아내와 동침만 하면 요셉은 안정된 삶과 출세가 보장되어 있습니다. 그러나 요셉은 유혹을 뿌리치며 8~9절에서 이렇게 말합니다.

> "요셉이 거절하며 자기 주인의 아내에게 이르되 내 주인이 집안의 모든 소유를 간섭하지 아니하고 다 내 손에 위탁하였으니 이 집에는 나보다 큰 이가 없으며 주인이 아무것도 내게 금하지 아니하였어도 금한 것은 당신 뿐이니 당신은 그의 아내임이라 그런즉 내가 어찌 이 큰 악을 행하여 하나님께 죄를 지으리이까."

요셉은 믿음의 우선순위를 분명히 하고 믿음의 흔들림이 없이 믿음을 지켰 습니다. "내가 어찌 하나님께 죄를 지으리이까." 이것이 요셉입니다. 요셉은 죄는 모양까지도 버린 사람입니다. 10절입니다. "여인이 날마다 요셉에게 청하였으나 요셉이 듣지 아니하여 동침하지 아니할 뿐더러 함께 있지도 아니하니라."

그러나 보디발의 아내는 포기하지 않았습니다. 마귀는 끈질깁니다. 그리고 보복을 합니다. 우리를 망하게 하려고 합니다. 우는 사자같이 삼킬 자를 두루 찾아다닙니다. 그러나 믿음의 사람은 망하지 않습니다. 두려워하지 마십시오. 우선순위를 지키면 망할 것 같지만 절대 망하지 않습니다. 사람들은 "저 사람 이제 끝났어. 이제 망했어!" 할지 모르지만 절대 망하지 않습니다. 절대 끝나지 않습니다. 하나님이 허락하지 않으시는 한 절대 망하지 않고 끝나지 않습니다. 다른 길을 주실 뿐입니다. 다른 길로 인도하시고자 하시는 것입니다. 도리어 더 큰 은혜와 더 큰 축복을 주십니다. 더 크게 사용하십니다. 믿음의 사람이 망하는 것을 본 적이 없습니다. 믿음의 사람이 끝났다는 것을 듣도 보도 못하였습니다. 도리어 "나를 연단하신 후에 정금같이 쓰시리라."는 고백을 들었을 뿐입니다. "전보다 더 큰 복을 주셨더라!"는 이야기를 들었을 뿐입니다.'

그러나 마귀는 집요하게 공격해 옵니다. 하루는 요셉이 일을 하러 집에 들어갔더니 집 사람들은 하나도 거기에 없었습니다. 보디발의 아내는 요셉을 보자 요셉의 옷을 잡고 이르되 나와 동침하자고 유혹합니다. 그러나 요셉은 자기의 옷을 그 여인의 손에 버려두고 밖으로 뛰어나아갑니다. 그 여인이 요셉이 그의 옷을 자기 손에 버려두고 도망하여 나감을 보고 보디발의 아내는 집 사람들을 불러서 그들에게 말하기를, "보라 주인이 히브리 사람을 우리에게 데려다가 우리를 희롱하게 하는도다 그가 나와 동침하고자 내게로 들어오므로 내가 크게 소리 질렀더니 그가 나의 소리 질러 부름을 듣고 그의 옷을 내게 버려두고 도망하여 나갔느니라." 하였습니다.

또 그는 요셉의 옷을 곁에 두고 자기 남편이 집으로 돌아오기를 기다렸다가 보디발에게 이렇게 말합니다. "당신이 우리에게 데려온 히브리 종이 나를 희롱하려고 내게로 들어왔으므로 내가 소리 질러 불렀더니 그가 그의 옷을 내게 버려두고 밖으로 도망하여 나갔나이다."

자신의 뜻대로 안 되자 자신의 수치를 남에게 전가하는 것입니다. 이것이 사람입니다. 사람이 무엇을 하다 실패를 하면 다 전가를 시킵니다. 그래서 무언가를 공격합니다. 무엇 때문에 안 되고, 누구 때문에 실패했고, 뭐가 없어서 안 되었다고 말입니다. 정작 자신의 능력과 실력이 없어서 실패한 것을 말입니다. 패배주의자처럼 말입니다.

여러분, 생각해 보십시오. 지금 당신이 하고자 하는 것을 못하는 이유가 무엇입니까? 왜 우리가 전도하지 못합니까? 사람들은 말합니다. 돈이 없어서 못하고, 시간이 없어서 못하고, 남편 때문에 못하고, 아내 때문에 못하고 등등의 핑계를 댑니다. 정말 그것 때문에 못하는 것입니까? 사실은 믿음이 없어서 못하는 것입니다.

그러나 믿음의 우선순위가 분명한, 믿음의 사람 요셉은 이 위기 가운데서도 하나님은 함께하셨습니다. 보디발은 아내의 말을 듣고 화가 나서 요셉을 잡아 왕의 죄수를 가두는 감옥에 처넣어버렸습니다. 하지만 요셉은 옥에서도 하나님의 은혜를 입었습니다.

"여호와께서 요셉과 함께하시고 그에게 인자를 더하사 간수장에게 은혜를 받게 하시매 간수장이 옥중 죄수를 다 요셉의 손에 맡기므로 그 제반 사무를 요셉이 처리하고 간수장은 그의 손에 맡긴 것을 무엇이든지 살펴보지 아니하였으니 이는 여호와께서 요셉과 함께하심이라 여호와께서 그를 범사에 형통하게 하셨더라"(21~23절).

하나님은 어둠 가운데서도 우리와 함께하시는 분이십니다. 절대 망하지 않습니다. 절대 홀로 내버려두시지 않습니다.

사랑하는 성도 여러분, 믿음의 우선순위를 분명히 하십시오. 하나님은 믿음의 우선순위를 분명히 하는 사람의 삶을 책임져 주십니다. 모든 것을 행하시는 분은 하나님이십니다. 우주만물의 주인은 하나님이십니다.

"여호와께서 집을 세우지 아니하시면 세우는 자의 수고가 헛되며 여호와께서 성을 지키지 아니하시면 파수꾼의 경성함이 허사로다. 너희가 일찍이 일어나고 늦게 누우며 수고의 떡을 먹음이 헛되도다"(시 127:1~2).

삶의 우선순위

우리는 매일의 삶의 현장에서 큰일과 작은 일, 중요한 일과 중요하지 않은 일을 판단할 줄 아는 사람이 되어야 합니다. 우리는 때로 정말로 중요한 일은 하찮게 여기고, 중요하지도 않은 하찮은 일 때문에 많은 시간을 낭비해 버릴 때도 있습니다. 정말로 나는 내게 중요한 일이 무엇인지를 알고 내 인생을 살고 있는지, 그리고 그 중요한 일을 위하여 얼마나 힘쓰고 노력을 하며 살아가고 있는지, 아니면 중요하지도 않은 일에 나의 정력과 시간을 낭비하며 살아가고 있지 않은지를 생각해 봐야 할 것입니다.

미국에 구두로 돈을 엄청나게 번 브라운이라는 분이 있습니다. 어느 날 목사님이 구두로 성공한 비결이 무엇이냐고 물었더니, "제 성공의 비결은 우선순위가 분명하였습니다. 저는 매사에 첫째는 하나님, 둘째는 가정, 그리고 셋째는 구두로 생각하였습니다. 그랬더니 하나님이 모든 것을 형통하게 하여 주셨습니다."라고 말했다고 합니다.

사랑하는 성도 여러분, 여러분의 우선순위는 무엇입니까?

10. 변화와 성장, 그리고 우선순위 Ⅳ
수 24:14~18

"그러므로 이제는 여호와를 경외하며 온전함과 진실함으로 그를 섬기라 너희의 조상들이 강 저쪽과 애굽에서 섬기던 신들을 치워 버리고 여호와만 섬기라 만일 여호와를 섬기는 것이 너희에게 좋지 않게 보이거든 너희 조상들이 강 저쪽에서 섬기던 신들이든지 또는 너희가 거주하는 땅에 있는 아모리 족속의 신들이든지 너희가 섬길 자를 오늘 택하라 오직 나와 내 집은 여호와를 섬기겠노라 하니 백성이 대답하여 이르되 우리가 결단코 여호와를 버리고 다른 신들을 섬기기를 하지 아니하오리니 이는 우리 하나님 여호와께서 친히 우리와 우리 조상들을 인도하여 애굽 땅 종 되었던 집에서 올라오게 하시고 우리 목전에서 그 큰 이적들을 행하시고 우리가 행한 모든 길과 우리가 지나온 모든 백성들 중에서 우리를 보호하셨음이며 여호와께서 또 모든 백성들과 이 땅에 거주하던 아모리 족속을 우리 앞에서 쫓아내셨음이라 그러므로 우리도 여호와를 섬기리니 그는 우리 하나님이심이니이다 하니라"(수 24:14~18).

우선순위를 분명히 하고 변해야 합니다. 지금은 변화의 시대입니다. 그것도 스마트시대입니다. 스마트(smart)란 '영리하다, 똑똑한, 약삭빠르다, 재치 있다, 현명하다, 빈틈없다, 단정하다'라는 뜻입니다. 그러므로 교회도 스마트하게 변해야 합니다. 요즘 스마트시대의 스마트 제품들을 보십시오, 얼마나 좋습니까? 옛날에 상상이나 할 수 있었겠습니까? 그런데 상상의 날개를 펴고 생각하는 사람들에 의하여 영화 속의 이야기가, 상상 속의 이야기가 현실이 되고 있습니다.

변하지 않으면 죽습니다. 도태됩니다. 퇴보되고 퇴물이 됩니다. 그러므로 변해야 합니다. 물도 변하지 않으면 썩습니다. 흘러야 합니다. 바다를 향하여 변해야 합니다.

변화란 무엇입니까? '변화'란 국어사전에서 보면, '사물의 모양이나 성질이 바뀌어 달라진 것'을 말합니다. 교회는 변해야 합니다. 성경으로 끝없이 변해야 합니다. 즉 개혁되어야 합니다. 영어로는 변화를 'change'라고 합니다. 바뀌는 것, 이것이 변화입니다. 그러나 무늬만 변하지 마시고 속까지도 변하기 바랍니다. 어쩌다 마음이 변하여 한번 변한 것처럼 하는 사람이 아니라, 어쩌다 한번 믿음의 원칙을 지키는 사람이 아니라 삶이 그리스도인으로 변하시길 바랍니다. 지금까지의 삶에서 완전한 그리스도인으로 전환하시기 바랍니다. 이것이 변화입니다. 창녀로 살던 사람이 창녀의 옷을 벗고 결혼하여 살면서 마음으로는 이 남자, 저 남자를 생각하는 것이 아니라 자신의 과거를 뉘우치고 완전히 한 남자, 남편만을 위하여 사는 삶이 변화입니다.

그래서 성경은 말씀합니다. "그런즉 누구든지 그리스도 안에 있으면 새로운 피조물이라 보라 이전 것은 지나갔으니 새것이 되었도다." 이것이 죄인인 우리가 예수 그리스도로 말미암아 새 생명, 영생을 얻었음을 말씀하시는 것입니다. 사망에서 생명으로 변화입니다. 마귀의 자녀에서 하나님의 자녀로서의 변화입니다. 이것이 change입니다. 지옥 갈 인생이 새 생명을 얻고 천국 가게 된 것입니다. 이것이 변화고 이것이 방향 전환입니다.

이 큰 은혜를 입었기에 우리는 은혜자의 삶을 살아야 합니다. 그래서 사도 바울은 '부르심을 받은 일에 합당하게 힘써 지키라'고(엡 4:

1~6절) 말씀합니다. 교회의 하나 되게 하신 것과 교회의 연합과 일치를 힘써 지키라는 것입니다. 지키는 것이 그리 힘들지 않은 일이라면 이렇게 사도 바울이 "힘써 지키라"고까지 했겠습니까? 파괴하는 세력이 있으므로, 공격하는 세력이 있으므로 이렇게 말씀하시는 것입니다. 여러분이 우선순위를 지키려고 할 때 유혹하는 것이 있지 않습니까? 그러기에 우리는 부르심에 합당한 삶을 위하여 힘써 지켜야 하는 것입니다.

사랑하는 성도 여러분, 변화를 받아 부르심에 합당한 삶을 사십시오. 부르심에 합당한 삶이란 어떤 삶입니까? 하나님은 우리를 그냥 부르시지 않았습니다. 그냥 왔다가 가도록 부르시지 않았습니다. 부르심에는 목적이 있습니다. 하나님의 위대한 일을 위하여 부르셨습니다. 이 부르심을 소명이라고 합니다. 하나님의 소명받은 소명자로, 하나님의 부르심의 일꾼으로 변화를 받아 이 땅, 이 민족을 변화시키는 위대한 일꾼이 되시길 바랍니다. 그리고 힘써 지키십시오. 성령님의 도움을 구하면 믿음으로 힘써 지키십시오. 우선순위를 분명히 하고 힘써 지키십시오! 그리하여 우리 교회와 여러분의 삶이 소명자의 인생, 축복의 인생이 되기를 주님의 이름으로 축원합니다.

여러분이 교회를 생각하시면서, '우리 교회는 이것이 변해야 성장할 수 있어.' 또는 '이렇게 되어야 성장해.' 하는 것이 있습니까? 그것을 여러분이 스스로 하시면 됩니다. 그저 일회적으로 한 번 하고 포기하지 마시고, 끝까지 하셔야 합니다. 변할 때까지 하시면 됩니다. 그 결단으로 하시면 여러분이 변할 것이고, 반드시 성령 하나님이 시작부터 도우실 것입니다.

여러분은 교회를 어떤 곳이라고 생각하십니까? 교회는 관광지가 아닙니다. 유럽의 교회들이 관광지로 만들고 나서 교회가 텅텅 비게 되었습니다. 사탄은 오늘도 비진리로 교회를 공격합니다. 관광지로 만들려고 합니다. 거짓 진리로 교회를 비방하고 분열시키려고 합니다. 이럴 때일수록 우리는 우선순위를 분명히 하고 믿음 위에 굳게 서야 합니다. 말씀 위에 굳게 서야 합니다.

여러분, 교회는 관광선이 아니라 어선입니다. 우리는 관광객이나 유람객이 되어서는 안 됩니다. 영혼을 구하는 어부가 되어야 합니다.

여러분은 어디에 속하십니까? 어떤 사람들은 예배드리러 오면서, '오늘 말씀은 어떤 말을 하시려나? 오늘 나에게 하는 말인가?' 아니면 '오늘은 말씀을 잘하려나? 지루하지는 않을까?' 생각하면서 오는 사람이 있다고 합니다.

말을 잘하는 사람이 목사가 되어야 한다면 저는 아닐 것입니다. 아나운서 출신이 목사를 해야 할 것입니다. 또 교회가 좋은 말을 들려주는 곳이라면 윤리 교사나 도덕 교사가 해야 할 것입니다. 교회 생명의 말씀을 전하는 곳이 교회입니다. 예수 전하는 곳이 교회입니다.

교회는 말씀을 유람하는 곳이 아닙니다. 예배를 보는 관광선이 아닙니다. 교회는 예배를 드리고, 영혼을 살리는 곳입니다. 영혼을 건지는 곳입니다. 영혼을 낚는 어선입니다. 교회는 구경하는 곳이 아닙니다. 교회는 거룩한 주님의 몸입니다. 교회는 하나 됨 속에 그물을 나리고 연합하여, 그물을 거두는 곳입니다. 우리가 잡아야 할 것은 무엇입니까? 우리의 몸을 위한 것입니까? 육체의 소욕을 위한 것입니까? 아닙니다. 우리는 영혼을 건져야 합니다. 죽어가는 영혼을 낚아 올려야 합니다. 그러므로 우리는 어부여야 합니다. 우리는 영혼을 건지는 어부들입니다.

특히 오늘 본문은 무엇보다도 우선순위를 분명히 하라고 촉구하십니다. 믿음의 결단을 촉구하십니다. 오늘 본문은 모세가 죽은 후 지도자가 되어 이스라엘 백성을 이끌었던 여호수아가 나이 많아 늙어 죽음을 앞두고 12지파에 땅을 분배하고, 온 이스라엘 백성들을 모아 놓고 마지막으로 하는 설교입니다.

이 설교의 핵심은 15절, "너희는 택하라"라는 말씀입니다. 이렇게 말하는 것은 여호수아가 자신의 삶과 이스라엘의 역사를 뒤돌아보면 이교도들에게 의하여 수많은 고난과 수모를 당했음을 알기에 오늘 이들의 신앙을 확고히 하고자 하는 뜻이 담겨 있습니다.

특히 출애굽 당시 애굽에서 섬기던 이교신, 즉 우상숭배를 하며 항상 신앙의 순수성을 떨어뜨리는 종교다원론자들과 종교자유주의자들을 향하여 명백히 경고와 더불어 신앙의 순수성을 가질 것을 말하는 것입니다. 지금도 예수 그리스도를 믿는다 하면서도 우리 주위를 보면 종교다원론자들이 얼마나 많은지 모릅니다. 그래서 15절에서 이렇게 단호하게 말씀하십니다.

"너희가 섬길 자를 오늘 택하라 오직 나와 내 집은 여호와를 섬기겠노라."

우선순위를 결정하고 바르게 하라는 말씀입니다. 그렇습니다. 우리에게도 믿음의 단호한 결단이 필요합니다. 분명한 우선순위가 필요합니다.

사랑하는 성도 여러분, 우선순위를 분명히 하십시오. 오늘 여호수아는 마지막 고별로 이렇게 외칩니다. "너희가 섬길 자를 오늘 택하라 오직 나와 내 집은 여호와를 섬기겠노라." 단호한 믿음의 결단이 필요합니다. 단호한 믿음의 우선순위가 필요합니다. 다시 한 번 말씀드립니다. 우선순위를 분명히 하십시오.

갈라디아서 5장 16~17절을 보십시오.

"내가 이르노니 너희는 성령을 따라 행하라 그리하면 육체의 욕심을 이루지 아니하리라 육체의 소욕은 성령을 거스르고 성령은 육체를 거스르나니 이 둘이 서로 대적함으로 너희가 원하는 것을 하지 못하게 하려 함이니라."

사랑하는 성도 여러분, 믿음을 분명히 하십시오. 그리고 믿음의 우선순위를 분명히 하십시오. 하나님의 일은 절대 손해가 없습니다. 하나님을 위하여 드린 시간이 물질이, 헌신이 손해일 것 같습니까? 절대 손해가 없습니다. 하나님은 더하여 주시는 분이십니다. 먼저, 그의 나라와 그의 의를 구하십시오. 하나님은 더해 주시는 분이십니다.

우선순위란 무엇입니까? 국어사전에 보면 우선순위란 '어떤 것을 먼저 차지하거나 사용할 수 있는 차례나 위치'라고 말합니다. 그렇습니다. 일의 순서입니다. 먼저와 나중입니다. 소중한 것과 덜 소중한 것입니다. 이것이 우선순위입니다. 우리는 이 믿음의 우선순위를 분명히 해야 합니다. 이때 변화의 역사가 일어납니다. 성장의 역사가 일어납니다. 신앙의 성공자가 되고, 인생의 성공자가 됩니다.

그러면 우선순위를 바르게 하려면 우리는 어떻게 해야 합니까? 우선순위를 잘 지키려면 어떻게 해야 합니까?

첫째, 믿음을 바르게 해야 합니다.

우리의 구원자는 누구십니까? 우리의 믿음의 대상은 누구십니까?

그가 우리의 구원자로 자격을 갖춘 것을 무엇으로 알 수 있습니까? 인성과 신성을 가지시고, 죄가 없으시다는 것으로 알 수 있습니다(요일 3:5.) 그는 우리를 구원하시기 위하여 무엇을 하셨습니까? 십자가에서 죽으시고, 부활하시고, 승천하셨습니다. 그리고 다시 오실 우리의 주님은 올라감을 본 그대로 부활체로 오실 것입니다. 심판주로 오십니다.

사랑하는 성도 여러분, 먼저 믿음을 바르게 하십시오! 우리의 믿음의 내용은 십자가와 부활입니다.
둘째는 경외함과 거룩함 있어야 합니다.
여호수아 24장 14절 말씀입니다.

"그러므로 이제는 여호와를 경외하며 온전함과 진실함으로 그를 섬기라 너희의 조상들이 강 저쪽과 애굽에서 섬기던 신들을 치워 버리고 여호와만 섬기라."

우주만물을 창조하시고 다스리시는 우주만물의 주인 되시는 하나님을 경외하는 마음이 있어야 합니다. 두려워하는 마음이 있어야 합니다. 지금도 우리와 함께하시고 우리의 모든 것을 주관하시는 하나님을 경외하는 마음이 있어야 합니다. 우리의 모든 것을 보고 계시고 듣고 계시는 하나님을 두려워해야 합니다. 죄를 미워하시고 심판하시는 하나님이십니다. 하나님을 경외하지 않으니까 비진리를 진리인 양 바꾸는 것입니다. 자기가 하나님이라고 하고, 자기가 보혜사라고 하고, 또 어떤 사람은 자기가 백마 타고 온 예수라고 합니다.
이런 일이 왜 벌어집니까? 성경에 보면 이것이 말세의 징조고 마지막 때라고 말합니다. 그러나 그때와 시기는 아무도 모르고 하나님 아버지만이 아신다고 하였습니다. 로마서 1장 22~25 말씀입니다.

"스스로 지혜 있다 하나 어리석게 되어 썩어지지 아니하는 하나님의 영광을 썩어질 사람과 새와 짐승과 기어다니는 동물 모양의 우상으로 바꾸었느니라 그러므로 하나님께서 그들을 마음의 정욕대로 더러움에 내버려 두사 그들의 몸을 서로 욕되게 하게 하셨으니 이는 그들이 하나님의 진리를 거짓 것으로 바꾸어 피조물을 조물주보다 더 경배하고 섬김이라 주는 곧 영원히 찬송할 이시로다 아멘."

결국 이들의 끝은 사망이고 패망이고 지옥 형벌에 떨어질 자들입니다. 하나님을 경외하는 자만이 거룩할 수 있습니다.

셋째는 믿음의 원칙이 필요합니다.

'기본적인 규칙이나 법칙'을 가리켜 원칙이라고 합니다. 그렇습니다. 우리는 이 세상에서 변하지 않는 원칙을 가지고 있어야 합니다. 그중 우리는 말씀을 원칙, 믿음의 원칙이 있어야 합니다. 이제 믿음의 원칙을 세우고 원칙을 지키십시오. 성공한 사람들의 공통점은 원칙을 지켰다는 것입니다. 그래서 어떤 사람은 말하기를, '변하지 않는 원칙 3가지만 있으면 그 사람은 반드시 성공한다.'고 하였습니다. 믿음의 원칙을 지키십시오.

넷째는 믿음이 가장 가치 있는 것임을 알아야 합니다.

그 무엇과도 비길 수 없는 것이 믿음임을 알아야 합니다. 왜 그 무엇과도 비길 수 없습니까? 우리의 궁극적 목적인 하나님 나라에 갈 수 있으며, 영생의 길이며, 축복의 길이기 때문입니다. 그래서 주님은 내가 곧 길이요 진리요 생명이라고 하셨습니다. 우리 인생의 길, 영생의 길은 오직 예수 그리스도입니다. 그러므로 그 어떤 것보다도 가치가 있습니다. 예수 그리스도가 우리의 생명입니다. 그러므로 이 생명을 얻는 길은 오직 예수 그리스도를 믿는 것뿐입니다. 왜입니까? 주 예수를 믿는 자들에게 영생의 길을 주셨기 때문입니다. "영접하는 자 그 이름을 믿는 자들에게 영생을 주셨다."고 말씀하셨기 때문입니다.

사랑하는 성도 여러분, 우리가 믿는 믿음은 세상의 그 어떤 것과 비길 수가 없습니다. 세상의 그 어떤 것보다 가장 고귀하고 가치 있습니다.

사람은 그 가치성에 따라 가신의 목숨도 초개와 같이 바칩니다. 우리의 삶을 바쳐 헌신할 만한 가치를 가지고 있습니다. 세상의 그 어떤 보다고 가치 있는 것은 우리의 생명을 주관하실 뿐 아니라 세상의 모든 만물을 주관하십니다. 그러기에 건강의 축복, 물질의 축복도 그의 손에 있습니다.

다섯째는 시간 관리를 잘해야 합니다.

우선순위를 잘 지키기 위해서는 자신의 신앙 관리와 몸 관리와 더불어 시간 관리가 필요합니다. 시간을 잘 관리하는 사람은 신앙에도 성공하고 인생에도 성공합니다. 사업에 성공한 사람들의 공통점은 시간 관리를 잘했다는 것입니다. 시간 관리를 잘하면 인생에 성공합니다. 신앙의 성공자가 인생의 성공자라는 말이 있습니다. 시간 관리를 잘하면 대인관계가 좋습니다. 신뢰도가 높습니다. 우선순위를 지키는 데 시간 관리가 필요합니다.

여섯째는 믿음의 결단이 필요합니다.

사랑하는 성도 여러분, 믿음의 결단이 필요합니다. 오늘 하나님은 여호수아의 말씀을 통하여 말씀하십니다. "너희가 섬길 자를 오늘 택하라 오직 나와 내 집은 여호와를 섬기겠노라." 오늘 우리는 믿음의 결단이 필요합니다. 하나님은 말씀하십니다.

"내가 네 행위를 아노니 네가 차지도 아니하고 뜨겁지도 아니하도다 네가 차든지 뜨겁든지 하기를 원하노라"(계 3:15).

아마 영어를 배운 사람은 다 알겠지만 하나님을 영어로 'GOD'이라고 한다. 그런데 그 글자의 순서를 뒤집어 보면 'DOG'가 됩니다. 무슨 의미입니까? 하나님을 먼저 사랑해야 할 인간이 하나님을 먼저 사랑하지 않고 자기를 사랑하고 피조물을 더 경배하여 순서가 바뀌면 결국은 개처럼 되어버리고 만다는 의미입니다.

사랑하는 성도 여러분, 믿음을 바르게 하고, 여호와 하나님을 경외하며, 믿음의 원칙을 지키고, 믿음이 가장 가치 있는 것임을 알아, 시간 관리도 잘하며, 믿음의 결단으로 우선순위를 지키시는 저와 여러분 되시기를 주님의 이름으로 축원합니다. 그리하여 축복의 사람들이 다 되시기를 다시 한 번 주님의 이름으로 축원합니다.

11. 변화와 성장, 그리고 우선순위 Ⅴ
마 6:31~34

"그러므로 염려하여 이르기를 무엇을 먹을까 무엇을 마실까 무엇을 입을까 하지 말라 이는 다 이방인들이 구하는 것이라 너희 하늘 아버지께서 이 모든 것이 너희에게 있어야 할 줄을 아시느니라 그런즉 너희는 먼저 그의 나라와 그의 의를 구하라 그리하면 이 모든 것을 너희에게 더하시리라 그러므로 내일 일을 위하여 염려하지 말라 내일 일은 내일이 염려할 것이요 한 날의 괴로움은 그 날로 족하니라"(마 6:31~34).

우리나라 사람들이 가장 선호하는 신혼여행지는 제주도라고 합니다. 그런데 이 신혼여행이라는 것이 무엇인 줄 아십니까? '한 사람은 신나고, 한 사람은 혼나는 것'이 신혼여행이랍니다.

1. 변화와 성장

사람은 끝없이 변합니다. 변하지 않는 것은 없습니다. 특히 살아 있는 것은 더 빨리 변하고 성장합니다. 그러나 변화에는 악한 변화와 선한 변화가 있습니다. 좋은 변화가 있고 나쁜 변화가 있습니다. 여러분에게 유익한 변화가 있고, 여러분에서 무익한 변화가 있습니다. 성장도 마찬가지입니다. 플러스 성장이 있는가 하면 마이너스 성장이 있습니다. 그런가 하면 질적 성장이 있는가 하면 양적 성장이 있습니다. 이렇게 모든 것은 변화고 모든 것은 성장합니다. 좋든 나쁘든 변하고 성장합니다. 그러므로 우리도 성장해야 합니다. 어떻게 교회와 우리가 성장해야 합니까? 플러스 성장을 해야 합니다. 하지만 플러스 성장을 위하여 때로는 빼야 할 것도 있습니다. 이것이 교회입니다. 그래서 가정학에서 이런 말이 있습니다. "하나님이 우리를 물속으로 몰아넣는 것은 우리를 죽이려는 것이 아니라 우리를 깨끗케 하기 위함이다." 그렇습니다. 때로는 우리를 청결하게 하시기 위하여, 우리를 깨끗하게 씻기시어 하나님의 일꾼으로 사용하시기 위하여 우리를 물속으로 넣으시기도 하시는 분이십니다.

그러나 이런 마이너스는 결국은 우리를 성장시키시기 위함이고 우리를 하나님의 일꾼으로 사용하시기 위함이며, 우리에게 복주시기 위함입니다. 이것이 변화입니다. 그래서 하나님이 주시는 시험은 이길 힘과 피할 길을 주신다고 하셨습니다. 하나님이 주시는 변화는 반드시 성장합니다. 선한 변화입니다. 그러므로 우리는 변화해야 합니다. 선하고 좋은 쪽으로 변화해야 합니다. 예배드리지 않던 사람이 예배에 목숨을 거는 사람으로, 전도에 무관심하던 사람이 전도에 목숨 거는 사람으로 변화해야 합니다. 기도에 무관심하던 사람이 기도에 목숨 거는 사람으로 변화해야 합니다. 내 생각과 내 의지로 살던 사람이 하나님께 내 모든 것을 드리고 맡기는 사람으로 변화하고 성장해야 합니다.

그런데 전에 이런 사람도 다 있었습니다. 우리 교회 특별 새벽 예배를 드리는데, 다른 교회 새벽 예배에 참석하는 사람이 있습니다. 우리 교회 수요 예배를 드리는데 다른 교회의 수요 예배를 드리는 사람도 있습니다. 이것은 우선순위가 잘못된 사람입니다. 물론 이것은 구원하고는 상관이 없습니다. 그러나 그리스도인의 삶이 잘못된 것입니다. 하나님의 주관 사상과도 잘못된 것입니다. 소명의식도 사명의식도 없는 사람입니다. 하나님의 말씀을 말씀 되게 보는 사람이 아닙니다. 하나님은 이 많은 교회 가운데 우리 교회로 여러분을 보내신 목적이 있습니다. 그 사람들은 이렇게 말할 것입니다. '다른 교회에 가게 한 것도 하나님'이라고 말입니다. 그러기에 그런 사람들은 하나님의 말씀을 자기 마음대로 풀고 해석하는 사람들인 것입니다. 교회가 멀다면 이해를 합니다. 우리 교회에서 새벽 예배를 안 드린다면 이해를 합니다. 아니 안 드린다고 하더라도 어디서 기도해야 합니까? 이런 사람은 우리 교회 성도일 수도 있고 아닐 수도 있습니다. 그러므로 하나님의 뜻대로 변해야 합니다. 플러스 성장을 해야 합니다.

사랑하는 성도 여러분, 그러나 너무 많이 변하지는 마십시오! 그저 남들이 하는 만큼만 하십시오, 매일 새벽 예배드리고, 남들이 하는 만큼 수요예배에 빠지지 마시고, 주일 성수 철저하게 하시고 말입니다. 남들이 하는 만큼만 하시면 됩니다. 1년에 3명 이상 전도하고 말입니다. 축복받는 사람들만큼만 하시면 축복받습니다. 은혜받는 사람만큼만 하시면 은혜를 받습니다.

2. 우선순위

몇 년 전에 공부방의 발전을 위하여 함께 일할 선생님을 모시고 다른 공부방을 돌며 견학을 하였습니다. 그랬더니 갔다 와서는 첫 마디가 "목사님, 저 그만두라는 말인가요?", "선생님, 다른 곳을 참조하시고 그들과 교제하면서, 다른 공부방은 어떻게 하는지 배워서 열심히 그리고 효과적으로 잘하라고 견학을 시킨 것이지요!" 그랬더니 한 3개월 근무하고는 또 한다는 말이, "어디는 분위기가 좋고, 어디는 어떻고…." 하는 겁니다. 그래서 우리 사모가 말했습니다. "그렇게 분위가

가 좋으려면 선생님들이 잘해야 합니다. 분위기 좋은 곳으로 만들어야 합니다. 그곳은 선생님들이 일들을 잘합니다. 그러니 서로 분위기가 좋지요!" 사실 그 선생님은 컴퓨터도 하지 못하는 선생님이었습니다. 우리 센터 입장에서는 굉장히 마이너스였습니다. 학점은행제로 다른 사람이 대신 과제를 제출하여 학점을 취득하였는데 복지가 무엇인지도 모르는 사람이었습니다. 정말이지 이제야 말하지만 센터를 위하여 아무것도 한 것이 없습니다. 그런데 이런 사람들이 더 불만이 많고, 힘들다고 하고 더 불평을 합니다.

사랑하는 성도 여러분, 우리는 실력을 갖추어야 합니다. 그리고 믿음의 능력을 갖추어야 합니다. 그런데 이것을 갖추는 데 필요한 것이 우선순위입니다. 왜입니까? 우선순위는 우리의 방향을 잡아주기 때문입니다. 속도를 제어하고 우리의 목표 설정과 그 목표를 향한 방향을 잡아줍니다. 이것이 우선순위입니다. 여러분의 우선순위가 무엇인가에 따라서 여러분의 인생이 바뀌고, 결정될 것입니다.

오늘 본문 33절에서 너희는 "먼저"라고 말씀하십니다. 우선순위에 대한 말씀입니다. 그래서 주님은 이렇게 말씀하십니다. "너, 한번 저 공중에 나는 새를 봐라, 저 들에 있는 백합화를 봐라! 세상의 안목과 재리와, 세상의 방법과 세상의 자랑이 아니라 너희는 먼저 그의 나라와 그 의를 구하라."고 말씀하십니다. 세상의 의식주의 염려로 세상을 따르지 말라고 말씀하십니다. 도리어 하나님은 말씀하시기를, 이 모든 것이 너희에게 있어야 할 줄 아신다고 말씀하십니다. 그 모든 것이 있어야 할 줄 아시는 주님께서 이렇게 말씀하시는 것입니다. "너희는 먼저 그의 나라와 그 의를 구하라." 이것이 우리 기독인의 우선순위여야 하며, 우리 인생의 우선순위여야 합니다. 그리하면 그 모든 것을 더하여 주시는 분이 하나님이십니다. 할렐루야!

우주만물의 주관자 되시고 주권자 되시는 주님이 행하시는 것입니다. 행하시는 분은 하나님이십니다.

여러분은 사업이 먼저입니까? 주님이 먼저입니까? 여러분은 사업도 하고 일도 해야 합니다. 그렇다면 여러분은 일이 먼저입니까? 예배가 먼저입니까? 비즈니스가 먼저입니까? 전도가 먼저입니까? 왜 사업을 해야 합니까? 왜 일을 해야 합니까? 여기에 분명한 답을 한다면 분명한 믿음을 가지고 계시다면, 하나님은 반드시 여러분을 높여주시고 여러분을 통하여 하나님은 영광받으실 것입니다. 여러분의 하는 모든 일이 영혼이 잘됨같이 범사에 잘되고 강건해질 것입니다.

사랑하는 성도 여러분, 우선순위를 분명히 하십시오. 우선순위를 분명히 하십시오.

「백만장자의 인생 열쇠 50번」이라는 책에서 17번이 '우선순위'입니다. 그는 이렇게 말합니다.
'시간은 당신의 우선순위에 굴복한다. 우선순위는 언제 어디서든 당신을 보호하고 인도하며 당신에게 영감을 불어넣는 역할을 한다.'
* 최고의 중요성을 갖는 5가지는 ① 하나님 ② 아내 ③ 가족 ④ 건강 ⑤ 사업이라고 말하고 있습니다.

사랑하는 성도 여러분, 우선순위를 분명히 하십시오.
사람은 두 주인을 섬길 수 없습니다. 그러므로 우선순위를 분명히 해야 합니다. 24절에서 이렇게 말씀하십니다. "한 사람이 두 주인을 섬기지 못할 것이니 혹 이를 미워하고 저를 사랑하거나 혹 이를 중히 여기고 저를 경히 여김이라 너희가 하나님과 재물을 겸하여 섬기지 못하느니라." 또 25절에 이렇게 말씀하십니다. "그러므로 내가 너희에게 이르노니 목숨을 위하여 무엇을 먹을까 무엇을 마실까 몸을 위하여 무엇을 입을까 염려하지 말라 목숨이 음식보다 중하지 아니하며 몸이 의복보다 중하지 아니하냐."

여러분, 우선순위를 분명히 하십시오. 모든 것을 행하시는 분은 여호와 하나님이십니다.

26~30절 말씀입니다.

"공중의 새를 보라 심지도 않고 거두지도 않고 창고에 모아들이지도 아니하되 너희 하늘 아버지께서 기르시나니 너희는 이것들보다 귀하지 아니하냐 너희 중에 누가 염려함으로 그 6)키를 한 자라도 더할 수 있겠느냐 또는 목숨을 또 너희가 어찌 의복을 위하여 염려하느냐 들의 백합화가 어떻게 자라는가 생각하여 보라 수고도 아니하고 길쌈도 아니하느니라 그러나 내가 너희에게 말하노니 솔로몬의 모든 영광으로도 입은 것이 이 꽃 하나만 같지 못하였느니라 오늘 있다가 내일 아궁이에 던져지는 들풀도 하나님이 이렇게 입히시거든 하물며 너희일까 보냐 믿음이 작은 자들아."

여러분, 믿음의 원칙을 세우고 원칙을 지켜 나아가십시오. 행하시는 분은 하나님이십니다. 의심하지 마십시오. 의심하는 것은 마귀가 우리의 믿음을 갉아먹는 도구입니다. 여러분의 삶을 맡기십시오. 행하시는 분은 여호와 하나님이십니다. 우선순위는 믿음과 인생을 결정짓습니다. 우리 인생의 방향을 잡습니다. 우리 믿음의 방향도 잡습니다. 우선순위는 신앙과 인생에 가장 중요한 것입니다. 우선순위를 따라 그 사람의 믿음의 크기로 말할 수 있습니다. 그래서 오늘 주님은 이렇게 말씀하십니다. 의심하는 자들, 의식주를 위하여 염려하는 자들을 향하여, "이 믿음이 적은 자들아"라고 말씀하십니다. 사업을 하게 하신 분도 여호와 하나님이시고 이루시는 분도 여호와 하나님이십니다. 크게 이루시는 분도 여호와 하나님이십니다. 그러므로 믿음의 우선순위를 분명히 해야 합니다.

3. 우리의 우선순위는?

우리의 우선순위는 첫째도 하나님, 둘째도 하나님, 셋째도 하나님이십니다. 첫째도 말씀, 둘째도 말씀, 셋째도 말씀입니다. 이것이 우리의 우선순위입니다. 이 우선순위를 지키는 자에게 복을 주십니다. 왜입니까? 이 우선순위를 지키는 자는 하나님을 경외하는 자입니다. 경건의 삶을 살게 됩니다. 말씀에 근거한 믿음의 원칙을 세우고 원칙을 지켜 나아가는 사람이기 때문입니다. 예배·교제·헌신·전도·훈련·양육의 삶을 살아가기 때문입니다.

우선순위를 지키는 것이 어렵다고 하십니다. 맞습니다. 어려우니 하나님께서 돕겠다 하시고, 어려우니 지키라고 하십니다. 쉬운 것이면 이렇게 말씀하시겠습니까? 그러나 우리 하나님께 맡기고 지키면 성령 하나님이 도와주시므로 쉽습니다. 쉽고 가볍다고 하셨습니다.

한 쌍의 남녀가 사랑을 하여 결혼을 하게 되었습니다. 막 신부 입장의 웨딩마치가 울리고 있는데, 신부를 기다리던 신랑이 갑자기 밖으로 달아났습니다. 식장은 소란해졌고 주례 목사는 당황하여 어찌할 바를 몰랐습니다. 축하객들의 형편도 말이 아니었습니다. 몇몇은 뿔뿔이 흩어져버렸고 신부는 울음을 터뜨렸습니다. 약 30분이 지난 후, 헐떡거리며 되돌아온 신랑의 예복은 검댕과 물기로 젖어 있었습니다.

"목사님, 죄송합니다. 주례를 진행해 주십시오."

"아니, 신랑은 어딜 갔다 이제 오는 길인가?"
의아한 목사가 물었습니다.
"네, 목사님. 저는 소방관입니다. 신부 입장과 동시에 화재 사이렌이 들렸는데 가만히 멈춰 있을 수가 없었습니다. 이제는 다 진화가 되었습니다."

축하객들은 모두 박수를 보냈고 칭찬해 마지않았습니다. 조금은 웃음을 자아내게 하는 이야기이지만, 이 소방관의 마음에는 우선순위가 확실하게 세워져 있는 것 같습니다.

사랑하는 성도 여러분, 우리 그리스도인도 우리의 마음속에 주님과 그의 일에 대한 우선순위가, 이 소방관만큼만 확실하게 세워져 있다면 아마도 하늘나라의 일은 더 쉽게 전파되게 될 것이라고 봅니다.

우선순위를 분명히 하고 주의 일에 최선을 다하여 살아야 합니다. 내일 일을 염려하지 말고 최선을 다하십시오. 그의 나라와 그 의를 구하면 하나님께서 우리가 무엇이 필요한 줄을 알아 그 모든 것을 더하여 주시는 분이십니다. 여러분의 필요를 따라 더하여 주실 줄 믿습니다.

사랑하는 성도 여러분, 우선순위를 분명히 하십시오. 그리하면 하나님은 더하여 주시는 분이십니다. 오직 우리는 그의 나라와 그의 의에 우선순위를 두고 최선을 다하시기를 주님의 이름으로 축원합니다.

2장
변화와 성장,
그리고 성령 강림

12. 변화와 성장, 그리고 십자가 후 I
눅 24:28~35 ; 요 20:19~29

"그들이 가는 마을에 가까이 가매 예수는 더 가려 하는 것같이 하시니 그들이 강권하여 이르되 우리와 함께 유하사이다 때가 저물어가고 날이 이미 기울었나이다 하니 이에 그들과 함께 유하러 들어가시니라 그들과 함께 음식 잡수실 때에 떡을 가지사 축사하시고 떼어 그들에게 주시니 그들의 눈이 밝아져 그인 줄 알아보더니 예수는 그들에게 보이지 아니하시는지라 그들이 서로 말하되 길에서 우리에게 말씀하시고 우리에게 성경을 풀어 주실 때에 우리 속에서 마음이 뜨겁지 아니하더냐 하고 곧 그때로 일어나 예루살렘에 돌아가 보니 열한 제자 및 그들과 함께 한 자들이 모여 있어 말하기를 주께서 과연 살아나시고 시몬에게 보이셨다 하는지라 두 사람도 길에서 된 일과 예수께서 떡을 떼심으로 자기들에게 알려지신 것을 말하더라"(눅 24:28~35).

러시아의 문호인 도스토예프스키는 "우리는 희망 없이는 살 수 없다. 희망 없이 산다는 것은 삶을 중단하겠다는 것과 같다." 라고 했습니다. 그 말에서 보듯이, 우리 인간에게 희망은 우리 삶을 지탱해주는 원동력이라고 할 수 있습니다.

심리학자들이 쥐를 잡아서 독 안에 넣은 다음 빛이 전혀 들어갈 수 없도록 밀폐해 놓았더니, 그 독 안에 있던 쥐들은 3시간 이내에 모두 죽었다고 합니다. 밖으로 나가려는 희망을 포기했기 때문입니다. 그런데 똑같은 독에 쥐를 넣고 뚜껑을 닫을 때 빛이 조금 들어갈 수 있도록 해 주니까 쥐들이 무려 36시간이나 살아 있었답니다. 똑같은 조건인데 희망이 있느냐 없느냐에 따라 죽고 살고가 달라진 것입니다.

우리가 희망을 얼마나 갖느냐에 따라 우리 삶이 차이가 납니다. 같은 조건이라도 그 사람이 큰 희망을 가지고 있다면 그 사람의 삶 자체가 역동적이고 힘이 넘칠 것입니다. 그러나 같은 조건이라도 그 사람이 희망을 거의 포기했다면 그 사람의 삶은 시들고 무너져 갈 것입니다.

십자가 후

예수님의 제자 중 글로바와 다른 한 사람은 이름을 밝히지는 않았지만, 예수님을 사랑했고, 예수님께 소망을 두고 주님의 뒤를 따르던 사람들이라는 것은 분명했습니다. 예수님께서 십자가에 달리신 사건 이후에 이들이 그 동안 따르던 주님께서 허망하게 십자가에서 처형당하시자 더 이상 의지할 데가 없어 고향으로 낙향하고 있습니다. 13절을 보면 "예루살렘에서 이십오 리 되는 엠마오라 하는 촌으로 가며…"라고 기록되어 있습니다.

엠마오는 예루살렘에서 서쪽으로 약 10km 정도 떨어진 곳에 있는 마을인데, 두 사람이 그곳을 향해 쓸쓸하게 걷고 있었던 것입니다. 지금 이 두 사람이 걷고 있는 엠마오 길은 상징적으로 한 가지 두드러진 이미지를 그려주고 있습니다. 먼저 엠마오는 서쪽 방향입니다. 그리고 엠마오는 하산길입니다. 예루살렘에서 지중해 바다를 향해 긴 고갯길을 따라 내려가는 내리막길입니다. 중요한 것은 29절에 보면 그때가 바로 해가 질 무렵이라는 것입니다.

　우리가 인생을 사는 동안 오르막일 때는 신이 납니다. 그러나 그 인생이 내리막일 때는 허탈하고 쓸쓸합니다.

　이들에게 주님은 찾아오셨습니다. 아무런 희망도 없는 그들에게 주님이 찾아왔을 때 그들의 마음은 뜨거워졌습니다. 기쁨이 넘쳤습니다. 오늘도 많은 사람들이 가난하다고, 못생겼다고 얼마나 많은 사람들이 절망하고 낙심하고 체념하고 숙명론자들처럼 살아갑니까? 그러나 누구든지 부활의 주님을 만나기만 하면 절망이 기쁨으로 변하는 줄 믿습니다. 마치 절망했던 엠마오 길을 박차고 희망의 노래를 부르며 예루살렘을 향해 부활의 아침 햇살을 가르며 달려가는 엠마오의 두 제자처럼 말입니다. 십자가의 부활의 주님을 만난 이들은 이 세상에 선한 영향력을 끼치는 하나님의 위대한 사람으로 쓰임 받습니다.

　그런가 하면 주님은 십자가 후 의심 많은 도마에게 나타나셨습니다.
　열두 제자 중의 하나인 디두모라 불리는 도마는 예수께서 부활체로 오셨을 때에 함께 있지 않았습니다. 다른 제자들이 그에게 말하기를, '우리가 주를 보았노라' 하니 도마가 깜짝 놀라 웃으며 이렇게 말합니다. "뭐라고? 죽은 사람이 살아났다고? 그걸 믿으라고? 야, 될 만한 소리를 해라. 난 도저히 못 믿겠어." 하면서 "내가 그의 손의 못 자국을 보며 내 손가락을 그 못 자국에 넣으며 내 손을 그 옆구리에 넣어보지 않고는 믿지 않겠노라." 하면서 말합니다.

　여드레(8일)가 지나서 제자들이 다시 집 안에 있을 때, 도마도 함께 있고 문들이 닫혔는데 예수께서 오셔서 가운데 서서는 이렇게 말씀하십니다. "너희에게 평강이 있을지어다." 하시고는 도마에게 말씀하십니다. "네 손가락을 이리 내밀어 내 손을 보고 네 손을 내밀어 내 옆구리에 넣어 보라 그리하여 믿음 없는 자가 되지 말고 믿는 자가 되라." 그러자 도마는 너무나 놀라 말도 하지 못하였습니다. 자신의 의심하는 마음까지도 들키고 만 것입니다. 이에 무릎을 꿇고 "도마가 대답하여 이르되 나의 주님이시요 나의 하나님이시니이다."고 말합니다. "예수께서 이르시되 너는 나를 본 고로 믿느냐 보지 못하고 믿는 자들은 복되도다 하시니라"(29절). 이렇게 도마는 의심·불신·회의론자였습니다. 오늘도 부활의 주님은 의심과 불신과 회의의 수렁에 깊이 빠져드는 사람들에게 "서로 사랑하라.", "나를 믿는 자가 되라."고 격려하십니다.

그런가 하면 십자가를 지시고 부활하신 후 다락방에 숨어 있는 제자에게도 나타나셨습니다. 그들은 모두 예수님께 적대감정을 갖고 있던 유대인·제사장·바리새인·서기관들이었습니다. 주님의 부활의 소식을 들은 그들은 두려워서 공포에 사로잡혀 있었습니다. 그러한 제자들 가운데 부활하여 오신 주님은 "너희에게 평강이 있을지어다." 하시며 그들에게 용기를 북돋아 주셨습니다.

오늘 이 시간에도 죽음의 공포와 사업상의 불안과 온갖 두려움에 떨고 있는 사람이 얼마나 많습니까? 주님은 바로 들의 공포심과 두려움을 쫓아 주시기를 원하십니다. 문제를 해결하여 주시는 분이십니다. 그분의 옷자락을 만져보세요! 붙드십시오! 여기 기웃, 저기 기웃하지 마시고 십자가의 능력의 주님을 붙드시기를 축원합니다. 고린도전서 1장 18절의 말씀입니다. "십자가의 도가 멸망하는 자들에게는 미련한 것이요 구원을 받는 우리에게는 하나님의 능력이라."

사랑하는 성도 여러분, 십자가는 생명입니다. 십자가는 길입니다. 십자가는 은혜입니다. 십자가는 변화입니다. 십자가는 능력입니다. 십자가는 사랑입니다.

변 화

사랑하는 성도 여러분, 십자가의 역사는 변화입니다. 십자가의 복음이 증거되는 곳에는 변화의 역사가 일어납니다. 그러나 변화에는 고통이 있습니다. 승리의 고통이 있습니다. 하지만 이 고통보다도 더 큰 축복이 있고 은혜가 있습니다. 발전이 있고 새로움이 있습니다. 이것이 변화의 고통입니다. 수고 없는 성공은 없습니다. 공짜는 없습니다. 가끔 로또 복권이 당첨되어 벼락부자가 되었다고 하지만 그 로또 복권 당첨자 90% 이상이 복권으로 인하여 비참하게 인생을 마쳤습니다. 하기야 그것도 삶은 변화는 될 수 있지만 진정한 영적 변화는 될 수 없습니다. 더욱더 영혼의 갈급함을 느낄 것입니다.

그러나 우리는 고난을 할 수만 있으면 피하려고 합니다. 외면하려고 합니다. 하지만 그 고난까지도 주관하시는 분이 하나님이십니다. 고난까지도 제어하시는 분이 하나님이십니다.

많은 사람들은 우리의 삶은 삶이고 믿음은 믿음이라고 생각합니다. 다시 말해서 내 생활과 믿음을 따로따로 생각합니다. 아닙니다. 하나님은 우리의 삶까지도 주관하십니다. 하나님은 우주의 주인이십니다. 하나님은 우주만물의 주인이십니다. 하나님은 모든 것을 다스리십니다. 우주만물의 모든 것이 그의 것이고 그가 주관하시기에 믿음의 역사는 우리의 전 영역에서 하나님의 역사가 일어납니다.

변화(change)란 무엇입니까? 단어의 뜻은 '사물의 모양이나 성질이 바뀌어 달라지다', 즉 바뀌는 것입니다. 이것이 변화입니다. 그러므로 우리는 성경으로 변화해야 합니다. 바뀌어야 합니다. 그래야 믿음으로 살아가고 하나님의 역사를 체험할 수 있습니다. 하나님의 축복을 누리며 살 수 있습니다.

금은 제련하는 온도에 따라 금의 상품이 변합니다. 사실 100%의 순금은 없습니다. 불순물에 따라 금의 상품이 결정됩니다. 우리가 가지고 있는 18k나 또는 24k 등으로 나누어집니다.

금이 만들어지는 과정을 보면 이렇습니다. 동광석 1톤에는 15~20g의 금이 들어 있습니다. 금은 지구로 떨어진 운석이나 화산활동과 지각변동에 의해 생성된 것입니다. 바닷물에도 있지만 엄청난 비용이 들기 때문에 채취하지 않습니다. 처음엔 광석에 불과하지만 1,000도 이상의 용광로에서 세 번 살아남아야 순금이 됩니다. 동광석을 처음 제련하면 동, 그다음이 은, 마지막에 제대로 된 금이 나옵니다. 광석에서 순금이 되기까지는 40여 일이 걸립니다. 한번 정금이 된 뒤에는 다시 광석으로 돌아가지 않습니다. 금에는 금의 순도에 따라 포 나인(99.99), 파이브 나인(99.999), 식스 나인(99.9999), 세븐 나인(99.99999)으로 분류된다고 합니다.

사랑하는 성도 여러분, 우리는 순금이 되기를 바랍니다. 믿음의 순금이 되기를 바랍니다. 세븐 나인(99.99999)이기를 바랍니다. 뼛속까지도 그리스도인인 순금이 되기를 바랍니다.

기독교는 변화의 역사가 있습니다. 예수님의 십자가로 인하여 영생을 얻었습니다. 사망에서 생명으로 변화가 있습니다. 마귀의 자녀에서 하나님의 자녀로의 변화의 전환이 있습니다(요 5:24). 하나님은 약한 자를 들어 강한 자를 부끄럽게 하시는 분이십니다. 가난한 자를 부하게 하시고, 병든 자를 치료하시고, 우리를 진토에서 일으키시어 높은 보좌에 앉히시는 분도 하나님이십니다. 이 모든 것을 다 기록하면 이 땅에 쌓을 곳이 없다고 하셨습니다. 이것이 기독교의 역사입니다.

사무엘상 2장 1~10절의 변화의 역사를 보십시오. 이것은 한나의 기도입니다. 실제로 이 믿음의 역사가 한나와 그의 자녀 사무엘에게 나타났습니다.

"한나가 기도하여 이르되 내 마음이 여호와로 말미암아 즐거워하며 내 뿔이 여호와로 말미암아 높아졌으며 내 입이 내 원수들을 향하여 크게 열렸으니 이는 내가 주의 구원으로 말미암아 기뻐함이니이다 여호와와 같이 거룩하신 이가 없으시니 이는 주 밖에 다른 이가 없고 우리 하나님 같은 반석도 없으심이니이다 심히 교만한 말을 다시 하지 말 것이며 오만한 말을 너희의 입에서 내지 말지어다 여호와는 지식의 하나님이시라 행동을 달아 보시느니라 용사의 활은 꺾이고 넘어진 자는 힘으로 띠를 띠도다 풍족하던 자들은 양식을 위하여 품을 팔고 주리던 자들은 다시 주리지 아니하도다 전에 임신하지 못하던 자는 일곱을 낳았고 많은 자녀를 둔 자는 쇠약하도다 여호와는 죽이기도 하시고 살리기도 하시며 스올에 내리게도 하시고 거기에서 올리기도 하시는도다 여호와는 가난하게도 하시고 부하게도 하시며 낮추기도 하시고 높이기도 하시는도다 가난한 자를 진토에서 일으키시며 빈궁한 자를 거름더미에서 올리사 귀족들과 함께 앉게 하시며 영광의 자리를 차지하게 하시는도다 땅의 기둥들은 여호와의 것이라 여호와께서 세계를 그것들 위에 세우셨도다 가 그의 거룩한 자들의 발을 지키실 것이요 악인들을 흑암 중에서 잠잠하게 하시리니 힘으로는 이길 사람이 없음이로다 여호와를 대적하는 자는 산산이 깨어질 것이라 하늘에서 우레로 그들을 치시리로다 여호와께서 땅끝까지 심판을 내리시고 자기 왕에게 힘을 주시며 자기의 기름 부음을 받은 자의 뿔을 높이시리로다 하니라 엘가나는 라마의 자기 집으로 돌아가고 그 아이는 제사장 엘리 앞에서 여호와를 섬기니라"(삼상 2:1~11).

우리가 진정한 그리스도인으로 변하기를 축원합니다. 우리 모든 것을 맡기고 주의 영광을 위하여 살기로 작정하고 나아갑시다. 그리고 우리 교회도 변하기를 축원합니다. 예배하는 교회, 훈련하는 교회, 새 생명을 살리고 전도하는 교회, 기도하는 교회, 말씀이 살아 있는 교회, 사랑이 넘치는 교회로 변해야 합니다. 그러므로 구습을 좇는 이 타락한 세상의 세대를 본받지 말고 오직 마음을 새롭게 함으로 변화를 받아 하나님의 선하시고 기뻐하시고 온전하신 뜻이 무엇인지 잘 분별하며 살아가야 합니다.

성 장

우리는 성장해야 합니다. 성장하되 말씀으로의 변화를 해야 합니다. 살아 있는 것은 변하고 성장합니다. 살아 있는 것은 움직이고 흘러갑니다. 고이면 썩습니다. 우리 신앙도 성장해야 합니다. 자라가야 합니다. 어린아이의 신앙에서 청년으로, 장년으로 성장해야 합니다. 그런 사람들을 통하여 교회도 성장합니다. 자연의 법칙처럼 성장해야 합니다. 농부의 법칙처럼 성장해야 합니다.

어떻게 하면 교회가 새로워집니까?

부활의 신앙으로 일어나면 됩니다. 부활의 기쁨으로 우리의 신앙으로 새롭게 하면 됩니다. 부활의 사랑이 있으면 됩니다. 그 사랑으로 영혼을 사랑하는 전도를 하면 됩니다. 겨우내 꽁꽁 얼고 풀 한 포기 없는 땅에 봄이 오면 농부는 어떻게 합니까? 이것이 우리 교회의 모습입니다.

사랑하는 성도 여러분, 봄이 왔습니다. 영적 봄이 왔습니다. 봄이 오면 농부는 그동안 언 땅을 갈아엎습니다. 그리고 부지런히 생각을 합니다. 묵상을 합니다. 기도를 합니다. 그리고 '올해 무엇을 심을까? 어떻게 심을까?'를 결정합니다. 거름을 주고 심을 용도대로 골을 지어 씨앗을 뿌립니다. 싹이 돋아날 것을 기대하며 씨앗을 뿌립니다. 이렇게 거름을 주고 밭을 가는 것은 좋은 밭을 만들기 위해서입니다. 성경에서 이것을 우리의 마음밭이라고 합니다.

가을에 많이 거두려면 어떻게 해야 합니까? 우리의 수고가 있어야 합니다. 성장을 위한 고난이 필요합니다. 밭이 좋아야 합니다. 많이 심어야 합니다. 잘 가꾸어야 합니다. 성경은 말씀하십니다. "심은 대로 거두리라!", "나는 심고 물을 주나 거두시는 분은 여호와 하나님이시니라." "눈물을 흘리며 씨를 뿌리는 자는 기쁨으로 거두리로다 울며 씨를 뿌리러 나가는 자는 반드시 기쁨으로 그 곡식 단을 가지고 돌아오리로다(시 126:5~6). 의심 많은 도마는 전 세계를 다니면 주의 복음을 위하여 살았습니다. 하나님께서 그의 삶에 은혜를 주신 것입니다.

맡겨라

모든 것을 맡기고 나의 모든 삶의 영역에서 그리스도인으로 살면 됩니다. 예배와 교제 · 전도 · 헌신 · 훈련 · 양육의 삶을 사시길 바랍니다. 요한복음 14장 6절에 보면, 생명의 길, 영생의 길, 인생의 길이 예수님께 있습니다. 우리의 모든 것을 맡기고 기도하면서 성장의 열정을 불태워 보시길 바랍니다. 하나님이 책임져 주십니다. 그래서 하나님은 말씀하십니다.

"네 길을 여호와께 맡기라 그를 의지하면 그가 이루시고"(시 37:5).

"네 짐을 여호와께 맡기라 그가 너를 붙드시고 의인의 요동함을 영원히 허락하지 아니하시리로다"(시 55:22).

"너의 행사를 여호와께 맡기라 그리하면 네가 경영하는 것이 이루어지리라"(잠 16:3).

"너희 염려를 다 주께 맡기라 이는 그가 너희를 돌보심이라"(벧전 5:7).

괴테는 말하기를, '오늘이란 너무 평범한 날인 동시에 과거와 미래를 잇는 가장 소중한 시간'이라고 했습니다. 소중한 오늘을 헛되이 보내지 말고 의미 있는 날로 충실하게 채워 나가야겠습니다.

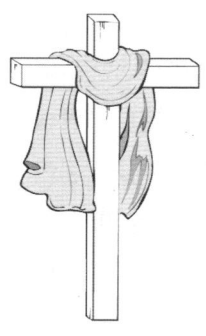

13. 변화와 성장, 그리고 십자가 후 II
요 21:15~17

"그들이 조반 먹은 후에 예수께서 시몬 베드로에게 이르시되 요한의 아들 시몬아 네가 이 사람들보다 나를 더 사랑하느냐 하시니 이르되 주님 그러하나이다 내가 주님을 사랑하는 줄 주님께서 아시나이다 이르시되 내 어린 양을 먹이라 하시고 또 두 번째 이르시되 요한의 아들 시몬아 네가 나를 사랑하느냐 하시니 이르되 주님 그러하나이다 내가 주님을 사랑하는 줄 주님께서 아시나이다 이르시되 내 양을 치라 하시고 세 번째 이르시되 요한의 아들 시몬아 네가 나를 사랑하느냐 하시니 주께서 세 번째 네가 나를 사랑하느냐 하시므로 베드로가 근심하여 이르되 주님 모든 것을 아시오매 내가 주님을 사랑하는 줄을 주님께서 아시나이다 예수께서 이르시되 내 양을 먹이라"(요 21:15~17).

예수 그리스도의 십자가 후 부활은 우리 성도들에게는 뜻깊은 사건입니다. 이 사건이야말로 변화의 사건이고 성장의 사건입니다. 그것은 죽은 자를 살리시는 하나님의 능력을 보여주시는 사건이며, 죄와 죽음의 권세 아래 허무하게 살다가 죽어가는 인생들에게 영생의 문을 여는 사건이기 때문입니다. 또한 이 세상에서 악이 결코 승리할 수 없고 반드시 선이 승리한다는 것을 보여주는 사건입니다.

예수께서는 부활하신 후, 옛 생활로 돌아가 버린 제자들을 찾아 갈릴리 바닷가로 가셔서, 그들에게 물고기를 잡아주시고 아침을 먹이셨습니다. 그리고 베드로에게 "요한의 아들 시몬아, 네가 이들보다 나를 더 사랑하느냐?" 하고 물으셨습니다. 이 말씀은 이미 예수님을 세 번이나 부인하고 고향에 돌아와 고기잡이 어부가 되어 있는 베드로가 대답하기에 상당히 곤혹스러운 질문임에 틀림없습니다.

베드로와 그 제자들은 십자가 후 주님의 부활을 목격하였지만 그들은 자신들의 연약함과 부끄러움에 숨고 싶은 심정으로 옛 모습으로 돌아갔습니다. 그런데 하루는 고기잡이 어부인 베드로와 도마와 갈릴리 가나 사람 나다나엘과 세베대의 아들들과 또 다른 제자 둘이 함께 고기 잡으러 바다로 나아갔습니다. 이때 주님은 제자들에게 찾아오셨습니다. 그들이 밤이 새도록 한 마리도 잡지 못하고 있을 때 주님은 그들에게 찾아오셔서 이렇게 말씀하십니다. "너희에게 고기가 있느냐?" 대답하되 "없나이다." 이에 "그물을 배 오른편에 던지라, 그리하면 잡으리라" 이에 던졌더니 "물고기가 많아 그물을 들 수 없더라." 그물이 찢어질 정도로 많이 잡혔습니다. 이때 잡은 고기의 수가 153마리입니다.

우리는 여기서 순종과 우주만물까지도 주관하시고 다스리시는 주님의 권능을 봅니다. 전에는 그냥 깊은 곳에 내리라고 하셨는데 이번에는 오른쪽에 내리라고 구체적으로 말씀하십니다. 하나님의 입장에서는 그물을 왼쪽에 내리든 오른쪽에 내리든 얼마든지 고기를 많이 잡게 하실 수 있는 분이십니다. 문제는 그 능력을 제안하는 인간이 문제인 것입니다. 그래서 하나님은 구체적으로 말씀하여 주십니다. 고기까지도 몰아주신 것입니다. 초자연적인 역사를 이루신 것입니다. 자연만물까지도 다스리시는 하나님이십니다.

그러므로 오늘 하나님의 말씀은 십자가 후 예수님께서 부활하셔서 사랑하는 그의 제자 베드로에게 사랑을 확인하신 이 대화는, 오늘도 우리에게 다가오셔서 같은 질문으로 우리의 사랑을 확인하시는 장면임을 기억하고 지금도 주시는 교훈을 얻고자 하는 것입니다. 하나님은 오늘 우리들에게 이렇게 물으십니다.

"요한의 아들 시몬아, 이 사람들보다 나를 더 사랑하느냐?"

베드로는 주님의 십자가 후에 실의에 빠져 낙향하여 바다에서 고기잡이하던 전직으로 돌아갔습니다. 사람은 쉽게 낙심하게 되기가 쉽습니다. 주를 위하여 죽겠다던 그의 기백이나 충성은 한낱 물거품에 지나지 않았습니다. 갈릴리 바다에는 여전히 다른 사람들도 그물질을 하고 있었습니다. 그중에 베드로도 그물을 당기고 있었던 것입니다. 주님은 그에게 즐겨 부르시던 게바, 혹은 베드로라 부르지 않으시고 요한의 아들 시몬이라 부르셨습니다. 주님을 세 번이나 부인함으로써 '반석'이라는 의미의 이름에 걸맞은 행동을 하지 못하였기 때문입니다.

그러므로 그는 진정한 의미에서 베드로라는 이름으로 불릴 수 없었습니다. 그때에 주님은 이 사람들보다 나은 사랑을 확인하기를 원하셨던 것입니다. "이 사람들보다 나를 더 사랑하느냐?"에서 '이 사람들'은 개역성경에 나와 있는 것처럼 '이것들'로도 해석될 수 있습니다. 많은 신학자들은 본문을 가리켜 '함께 있던 제자들', 또는 '물질'로 보는 견해가 있습니다.

(1) "네가 다른 사람들이 나를 사랑하는 것보다 나를 더 사랑하느냐?"
(2) "네가 이 사람들(함께 있던 제자들)을 사랑하는 것보다 나를 더 사랑하느냐?"
(3) "네가 이것들(배와 기타 고기 잡는 도구들)보다 나를 더 사랑하느냐?"

즉 이 세 가지의 물음입니다.

하지만 어떤 것이든 이 사람들이라는 어원을 토대로 '함께하였던 제자들'로 보는 견해가 높습니다. 그 의지의 대상, 믿음의 대상, 우리의 우선순위를 말하는 것이기도 합니다. 그러나 이 물음에 베드로는 명쾌하게 "네, 주님. 내가 주님을 사랑합니다." 하고 대답을 하지 못합니다. 그 이유가 무엇일까요? 그것은 자신의 죄를 누구보다도 잘 알고 있기 때문입니다.

베드로는 예수님의 말씀대로 닭이 세 번 울기 전에 예수님을 부인하였습니다. 그것도 제사장 집의 문 지키는 여종 앞에서 부인을 하였습니다(요 18:17). 이런 나약해진 베드로에게 예수님은 물으십니다.
"베드로야! 너 정말 베드로 맞느냐? 넌 나를 위하여 칼을 뽑아 말고의 귀를 자르던 그 의분과 대담성은 간 곳이 없고 천하디 천한 여종, 그것도 자기 주인의 집 문을 밤이 맞도록 지키고 있는 가냘픈 충성 앞에서, '예수는 나와 상관이 없으며 알지도 못하는 자라.'고 부인한 베드로 맞느냐?"
이런 물음 앞에 베드로는 이렇게 대답합니다.
"주님, 내가 주를 사랑하는 줄 주께서 아십니다"(요 21:15).
예수님께서 베드로에게 "사랑하느냐?"고 물으실 때 사용한 단어는 '아가파오', 즉 '헌신적인 사랑'이었는데 베드로는 '필레오', 즉 인정적인 사랑을 고백하고 있습니다. 아가파오는 무조건적인 사랑이며 순교적인 사랑인 반면에 필로스, 즉 필레오는 인간적인 사랑, 조건적인 사랑, 친근하고 우정에 가까운 사랑을 가리킵니다.

사랑하는 여러분, 주님을 따른다면 이 세상보다 주님을 더 사랑해야 합니다(마 10:37). 진실로 주님을 따르면 세상 즐거움 다 버리고 세상

자랑을 다 버려야 합니다. 이 세상의 명예보다, 물질보다, 영광보다 주님을 더 사랑해야 합니다. 가족보다, 형제보다, 부모보다, 자식보다 주님을 더 사랑해야 합니다.

그러나 주님은 배신과 배반의 아이콘인 베드로에게 이렇게 말씀하십니다. ""내 양(교회)을 먹이라."고 부탁하셨습니다(요 21:15). 주님의 양은 주님의 교회를 말합니다. 어린양은 아직도 키워야 하고 돌봐야 하는 양을 말합니다. 큰 양을 키우는 것보다 어린양은 더욱 관심과 힘을 쏟아야 한다는 것은 두말할 여지가 없습니다.

14. 변화와 성장, 그리고 십자가 후 Ⅲ
요 21:15~17

"그들이 조반 먹은 후에 예수께서 시몬 베드로에게 이르시되 요한의 아들 시몬아 네가 이 사람들보다 나를 더 사랑하느냐 하시니 이르되 주님 그러하나이다 내가 주님을 사랑하는 줄 주님께서 아시나이다 이르시되 내 어린 양을 먹이라 하시고 또 두 번째 이르시되 요한의 아들 시몬아 네가 나를 사랑하느냐 하시니 이르되 주님 그러하나이다 내가 주님을 사랑하는 줄 주님께서 아시나이다 이르시되 내 양을 치라 하시고 세 번째 이르시되 요한의 아들 시몬아 네가 나를 사랑하느냐 하시니 주께서 세 번째 네가 나를 사랑하느냐 하시므로 베드로가 근심하여 이르되 주님 모든 것을 아시오매 내가 주님을 사랑하는 줄을 주님께서 아시나이다 예수께서 이르시되 내 양을 먹이라"(요 21:15~17).

지금 세계는 사건 사고로 가득 차 있습니다. 이것이 사람 사는 세상이고 이것이 말세의 증조입니다. 천재지변·불치병, 불의의 사고, 테러의 소식 등등 이 지구가 숨쉬기도 힘들 정도로 요란합니다. 빌립보서는 말씀하시길 이것이 말세의 때라고 합니다. 이때 우리는 어떻게 해야 합니까? 성경은 말씀하시길 이럴 때일수록 이 같은 것에서 돌아서서 말씀 위에 굳게 서라고 합니다. 믿음 위에 굳게 서야 합니다.

사실 이런 사건사고 중에 우리가 해결할 수 있는 것은 그리 많지 않습니다. 아니 거의 없다고 해도 과언이 아닐 것입니다. 그렇다고 이런 사건사고를 외면하고, 나약하게 주저앉아 있으라는 것이 아니라 도리어 우리는 기도하면서 적극적으로 대처해야 합니다. 그러니 기독인으로서 이때 우리는 더욱더 믿음을 지키고, 믿음 위에 굳게 서서 악과 싸워야 합니다. 즉 말씀과 기도로 무장해야 합니다. 복음으로 무장해야 합니다.

세상은 더욱더 어둠의 수렁으로 빠져들 것입니다. 세상은 더욱더 악이 넘실거릴 것입니다. 전 세계는 점점 더 악의 수렁 속으로 들어갈 것입니다. "믿음이 없이는 하나님을 기쁘시게 못하나니"라고 하신 것처럼 우리는 이때 더욱더 믿음으로 무장하고 믿음으로 승리해야 합니다. 성경은 말씀하시길 악은 망한다고 하였습니다. 하나님은 악을 미워하십니다. 이 악은 교회까지도 들어와 유혹의 손을 뻗는 시대 아닙니까? 예전에는 어딜 감히 교회에 악이 들어왔습니까? 벌 받고 지옥에 떨어지려고 어딜 교회에 들어옵니까? 그런데 이 어찌 된 일입니까? 목사들·신부들, 할 것 없이 뻥뻥 넘어가 나아가 떨어집니다. 이 어찌 된 일입니까?

첫째는 악이 강해졌다는 것입니다. 그 누구도 죄 앞에 장담할 수 없습니다. 죄 앞에 자유로울 수 없습니다. 그러므로 우리는 긴장해야 합니다. 그런데 이것이 말세의 징조입니다. 둘째는 우리의 믿음이 연약해졌다는 것입니다. 무장해제된 우리의 모습을 우리는 종종 봅니다. 말씀에 목숨을 걸고 기도로 무장하여 살아가던 우리 조상들의 믿음이 사라졌습니다. 배고픔의 신앙이 사라진 것입니다. 헝그리 신앙이 사라졌습니다. 인간은 배고픔이 있어야 더 간절해집니다. 배부르고 등 따뜻하면 게을러지고, 다른 곳에 눈 돌리고, 배에 기름기가 낍니다. 배에 기름기가 끼면 진리에 서지 않고 다른 것에 더 발 빠르고 바쁩니다. 그러면 영혼은 죽습니다. 영혼을 마귀에게 팔아버립니다. 그런 인생은 처음은 재미있고, 즐겁고, 잘 나가지만 결국은 눈물입니다. 패망입니다. 끝이 안 좋습니다. 방향을 잃어버린 인생의 모습입니다.

이제 봄이 왔습니다. 밭을 갈아야 합니다. 그동안 굳어 있던 마음의 밭을 갈아야 합니다. 길갓밭 같은 우리의 믿음의 밭을 갈아야 합니다. 돌짝밭 같은 우리의 밭을 갈아야 합니다. 가시덩굴밭 같은 우리 마음의 밭을 갈아서 좋은 밭으로 만들어야 합니다. 심은 대로 싹이 나고 열매가 맺혀서 30배, 60배, 100배로 거둘 수 있는 밭으로 갈아야 합니다. 밭을 갈 때는 가는 자의 수고가 필요합니다. 갈리는 자의 아픔이 있습니다. 아픔과 수고가 없이는 절대 좋은 밭이 될 수 없습니다. 이것을 과정이라고 합니다. 이것을 필수라고 합니다. 또는 기독교에서는 훈련이라고 합니다. 이것이 없는 결코 좋은 밭이 될 수 없습니다. 그러므로 밭을 갈 때는 가는 자의 수고와 갈리는 자의 아픔이 있어야 합니다.

마치 독수리가 새로운 40년을 위하여 자신의 부리를 뽑고, 발톱을 뽑고, 날개를 뽑듯이 말입니다. 우리는 결단이 필요합니다. 용맹스러운 독수리와 같은 결단이 필요합니다. 신앙의 결단이 필요합니다.

어느 사람의 글에서 공감이 가는 부분이 있어 나눠봅니다.
이 사람은 케냐의 한 마을에 들어가서 마사이 족들과 한동안 같이 생활한 적이 있습니다. 그곳에서 신기한 일이 참 많았는데 그중에 불 붙이는 장면이 인상적이었다고 합니다. 장정 세 명이 홈이 파인 나무에 강한 막대기를 대고 힘껏 비벼댔다고 합니다. 시간이 흐르니 불씨가 생겼고, 거기에 마른 나뭇잎이나 마른 코끼리 똥 같은 것을 대니 불길이 타올랐습니다. 그 불길을 각 가정에 옮겨 붙이는 장면을 보면서 "저 모습이 교회다."라는 생각이 스쳐 갔습니다. 저들의 식사는 짐승을 구워 먹어야 하기 때문에 불이 필요합니다. 밤에는 난방의 역할을 하며, 목숨을 지켜주기까지 합니다. 잘못 물리면 말라리아에 걸려 죽게 할 수 있는 무서운 모기를 쫓아낼 뿐만 아니라, 맹수들의 위협으로부터도 보호해 줍니다.

교회도 성령의 불이 꺼지면 끝장입니다. 마귀의 무도회장으로 변합니다. 원수 마귀의 궤계를 물리치고, 우는 사자처럼 삼킬 자를 두루 찾는 마귀를 틈타지 못하게 할 수 있도록, 교회에 성령의 불이 다시 타오르게 하자는 생각이 들었다고 합니다.

그렇습니다. 교회에는 성령의 불이 힘차게 타올라야 합니다. 그래야 악한 것의 유혹에 넘어가지 않고, 삼킴을 당하지 않습니다. 지금 이 시간에도 얼마나 많은 공격을 유혹과 공격을 당하고 있습니까? 이것이 불신과 불만으로 나타나기도 합니다. 성령이 충만하면, 기쁨이 있고, 확신이 생기고, 악한 마귀를 물리칩니다. 성령의 불이 타오르는 곳에는 마귀가 견디지를 못합니다. 마귀도 타버립니다. 도리어 결단하고 빛과 소금의 역할을 감당하게 됩니다. 교회에서나 세상에서 선한 영향력을 끼치는 거룩한 하나님의 사람이 됩니다. 일꾼이 됩니다.

당신으로 인하여 당신의 사역의 현장에 복음의 은혜로운 불이 붙여지고 있는지 성찰해 봐야 합니다.

"오직 성령이 너희에게 임하시면 너희가 권능을 받고 예루살렘과 온 유대와 사마리아와 땅끝까지 이르러 내 증인이 되리라" 하시니라"(행 1:8).

그러므로 오늘 하나님은 말씀은 십자가 후 예수님께서 부활하셔서 사랑하는 그의 제자 베드로에게, 사랑을 확인하시는 말씀입니다. 이 대화는 오늘도 우리에게 다가오셔서 같은 질문으로 우리의 사랑을 확인하시는 장면임을 기억하고, 지금도 주시는 교훈을 얻고자 하는 것입니다. 하나님은 오늘 우리들에게 이렇게 물으십니다.

1. 네가 나를 사랑하느냐?(요 21:15)

주님은 옛 모습으로 돌아가 고기를 잡는 베드로에게 나타나 이렇게 물으십니다. "요한의 아들 시몬아, 네가 이 사람들보다 나를 더 사랑하느냐?" 이 물음에 즉각적으로 "네." 하고 대답하지 못하고 이렇게 대답합니다. "주님, 그러하나이다. 내가 주님을 사랑하는 줄 주님께서 아시나이다."

제사장의 문을 지키는 문지기 여종이 베드로에게, "저 사람도 예수와 함께 있던 자다. 당신은 예수의 제자지요?" 하고 물었을 때, 베드로는 여종 앞에서 주님을 부인하였습니다. "아닙니다. 난, 난 저 사람을 도무지 알지 못합니다." 이 생각이 난 베드로는 "네, 제가 주님을 이 사람들보다 더 사랑합니다." 하고 말을 하지 못합니다. 그저 "내가 주를 사랑하는 줄 주께서 아십니다."라고 대답하였습니다(요 21:15). 사실 여기서 예수님이 베드로에게 "사랑하느냐?"고 물으실 때 사용한 단어는 원어로 보면 '아가파오', 즉 헌신적인 사랑, 조건 없는 사랑입니다. 그런데 베드로는 '필레오', 즉 인정적인 사랑을 고백하고 있습니다. 조건적 사랑으로 대답하고 있습니다.

이렇게 물으심에는 "네가 진정 나를 사랑한다면, 나를 따른다면 이 세상보다 나를 더 사랑해야 한다(마 10:37). 진실로 나를 따르면 세상

즐거움 다 버리고, 세상 자랑 다 버려야 한다. 이 세상의 명예보다, 물질보다, 영광보다 주님을 더 사랑해야 한다. 가족보다, 형제보다, 부모보다, 자식보다 주님을 더 사랑해야 한다." 하는 것입니다.

그러나 이것은 손해가 아닙니다. 더하여 주시는 분이십니다. 더 좋은 것으로 주시는 분이십니다. 그때 주님은 이렇게 말씀하십니다. 내 양(교회)을 먹이라고 부탁하셨습니다(요 21:15). 주님의 양은 주님의 교회를 말합니다. 어린양은 아직도 키워야 하고 돌봐야 하는 양을 말합니다. 큰 양을 키우는 것보다 어린양은 더욱 관심과 힘을 쏟아야 한다는 것은 두말할 여지가 없습니다.

주님이 오늘 우리에게 말씀하십니다. "내 양을 먹이라."

2. 네가 나를 사랑하느냐?(요 21:16)

주님이 두 번째도 동일하게 물으십니다. "요한의 아들 시몬아, 네가 이 사람들보다 나를 더 사랑하느냐?" 베드로가 대답합니다. "내가 주를 사랑하는 줄을 주께서 아시나이다"(요 21:16). 베드로의 대답은 앞의 것과 동일합니다. 즉 예수께서는 사랑을 '아가파오(ajgapavw)'로 물으시고, 베드로는 '필레오(filevw)'로 대답한 것입니다.

사랑하는 성도 여러분, 주님을 사랑한다면 어떤 고통 중에서도 사랑해야 합니다(눅 22:33). 이에 주님은 "내 양을 치라"고 말씀하셨습니다(요 21:16). 먹이는 것은 양식을 주는 것입니다. 치는 것은 기르는 것입니다. 주님을 대신하여 주님의 것을 기르고, 보존하고, 관리하고, 양육하는 것입니다. 이것이 우리의 기독인의 소명이며 사명입니다. 이 소명을 받은 소명자로, 사명받은 사명자로의 삶을 사시기를 주님의 이름으로 축원합니다.

 신학적으로 '소명(κλησις 클레시스)'이란 부르심을 말하는데, 이는 두 가지 의미를 가지고 있습니다. 하나는 회개하고 믿으라는 소명의식과 또 하나는 세상에 있는 이웃에 봉사(주님을 전함)하는 소명입니다. 사랑하는 성도 여러분, 우리는 소명받은 소명자들입니다. 사명받은 사명자들입니다.

3. 네가 나를 사랑하느냐?

 "요한의 아들 시몬아, 네가 나를 사랑하느냐?"고 하셨습니다(요 21:17). 앞의 두 번의 경우와 달리 여기서는 '사랑'을 '필레오'로 표현하고 있는데 이것은 베드로가 계속해서 사용한 단어입니다. 17절에서는 예수께서 말을 바꾸어 '필레오(filevw)'로 물으시고, 베드로는 여전히 '필레오(filevw)'로 대답합니다. 이것은 베드로의 진실성과 주님에 대한 그의 사랑을 수용(受容)하겠다는 마음의 표시로 볼 수 있을 것입니다. 혹은 주님께서 베드로의 친근한 사랑을 확인하고자 하셨을지도 모릅니다. 이것과 관련하여 Living Bible은 본 절을 '요한의 아들 시몬아, 너는 진정 나의 친구이냐?(Simon, Son of John, are you even my friend?)'로 번역하고 있습니다.

 어찌 친구라고 대답할 수 있겠습니까. 대제사장의 종 앞에서 예수를 부인한 자신이 감히 친구라고 대답할 수 있겠습니까(요 18:26). 주님은 우리를 자신의 벗이라고 친구라고 하셨지만 정작 십자가상에서 주님의 친구는 한 사람도 없었습니다. 그러나 주님은 우리를 버리지 않으시고 찾아오셨습니다. 여전히 우리를 사랑하십니다. 이에 베드로는 이렇게 말합니다.

"주님 모든 것을 아시오매 내가 주님을 사랑하는 줄을 주님께서 아시나이다"(요 21:17). 세 번이나 물으심으로 베드로는 마음에 변화를 일으켰습니다. 실수한 자기, 더 이상 장담할 수 없는 애처로운 자신을 보게 된 것입니다. 그리고 그의 가슴에 뼈저리게 주님에 대한 사랑이 움트기 시작하였습니다. 모든 것을 아시오매… 아시나이다. 베드로의 세 번에 걸친 대답 가운데 세 번째의 '아시나이다'는 지금까지의 '아시오매', 즉 '아시오이다'에서 '기노스코'로 대답하였습니다. '오이다'는 같이 정들었지 않습니까? "그동안도 사랑하며 지내지 않았습니까? 3년 동안 함께하였는데요."라는 말투에서 이제는 "나의 이 찢어져 불타는 사랑, 죽으라면 이제 죽을 수 있고, 드리라면 드릴 수 있는 나의 속마음을 아시지 않습니까? 이 믿음은 주님만이 아시는 것입니다." 하는 대답입니다.

주님을 사랑한다면 이 세상 끝까지 주님을 사랑해야 합니다(마 26:33). 진실로 주님을 사랑하면 이 세상 끝까지, 이 생명 다하여 사랑해야 합니다.

예수님은 내 양을 먹이라고 하셨습니다(요 21:17). 예수님은 교회 사랑을 그 마음, 순교의 마음으로 다할 것을 부탁합니다. 주님은 베드로의 마음에서 순교의 그림자를 엿보신 것입니다. 그래서 18절에서 이렇게 말씀하십니다. "내가 진실로 진실로 네게 이르노니 네가 젊어서는 스스로 띠 띠고 원하는 곳으로 다녔거니와 늙어서는 네 팔을 벌리리니 남이 네게 띠 띠우고 원하지 아니하는 곳으로 데려가리라."
여기서 '네 팔을 벌리리니'는 십자가의 죽음으로 실현되리라는 암시를 말하기도 합니다. 이 말처럼 베드로는 십자가를 거꾸로 지고 순교하였습니다. 즉 순교적 결단의 말이었던 것입니다. 유세비우스(Eusebius)는 베드로의 십자가 처형과 관련하여 그가 자청하여 머리를 아래로 두는 형태로 십자가에 달려 처형되었다고 전합니다(HE, III, i. 2). 확인되지는 않았지만 이러한 진술의 배경에는 '주님이신 예수님께서 십자가에 바른 자세로 처형되셨는데, 내가 어찌 주님처럼 바로 매달릴 수 있겠는가.'라는 의미에서 베드로의 겸손하고도 철저한 순종을 시사하는 뜻이 담겨 있습니다.

또한 신약 외경인 '베드로행전'에는 비록 사실로 받아들여지지는 않지만 매우 감동적인 이야기가 기록되어 있습니다. 그 기록에 의하면 베드로는 박해를 피해 로마를 떠나고 있었습니다. 그러던 중 길에서 그리스도를 만나게 되었는데 베드로는 그리스도에게, "주여, 어디로 가시나이까?"라고 물었습니다. 그러자 그분은 "네가 십자가를 지지 않으려 하니 내가 다시 십자가를 지려고 로마로 간다."라고 대답하셨습니다. 이 대답을 들은 베드로는 자신의 잘못을 뉘우치고 로마로 되돌아가 사역을 계속하다 체포당한 후, 십자가에 거꾸로 매달린 채 처형당하였습니다.

우리는 얼마나 주님을 부인하고 주님을 외면하였습니까? 얼마나 불신했으며, 얼마나 불평했습니까? 그러나 주님은 우리를 버리시지 않으시고 사랑합니다. 주님의 위대한 일꾼으로 사용하시기를 원하시고, 축복 주시기를 원하십니다.

오늘 주님이 여러분에게 물으십니다. "네가 나를 사랑하느냐?" 여러분은 어떻게 대답하시겠습니까? 주님은 저와 여러분들에게 사명을 주시며 이렇게 말씀하십니다. "내 양을 먹이라." 여러분의 신앙이 굳게 서기를 주님의 이름으로 축원합니다.

15. 변화와 성장, 그리고 부활
요 11:25~26

"예수께서 이르시되 나는 부활이요 생명이니 나를 믿는 자는 죽어도 살겠고 무릇 살아서 나를 믿는 자는 영원히 죽지 아니하리니 이것을 네가 믿느냐"(요 11:25~26).

영국의 계관시인 테니슨은 자연에 나타난 하나님의 섭리를 아름다운 언어로 찬양한 시인이었습니다. 어느 날 그는 시골길을 가다가 행복한 얼굴로 열심히 일하는 중년 부인을 보았습니다.

"오늘 아침에 좋은 소식이 있나 보죠?"

테니슨이 묻자 부인은 미소를 띠며 대답했습니다.

"선생님, 저는 한 가지 소식밖에 모른답니다. 그것은 예수 그리스도께서 온 인류를 위해 죽으셨다가 부활하셨다는 소식입니다."

"네, 부인, 오래된 소식이자 새로운 소식이며 정말 좋은 소식이군요."

오늘은 부활절입니다. 부활은 새 생명의 역사이고, 변화의 역사입니다. 기독교는 변화의 종교입니다. 그 중심에 예수님이 계시고, 그 중심에 십자가와 부활이 있습니다. 그러므로 오늘 예수님의 부활 사건이야말로 변화의 역사입니다.

1. 부활은 죄와 사망 권세를 이기신 변화의 역사입니다.

부활은 죄와 사망 권세를 이기신 변화의 역사, 성장의 역사, 구원의 역사, 새 생명의 길을 여는 역사입니다.

　우리는 세상의 허물과 죄로 말미암아 죽었던 자들입니다. 이 죄는 인류의 조상 아담으로부터 시작합니다. 사탄의 유혹에 넘어간 인간은 죄를 짓고 에덴동산에서 쫓김을 당하였습니다. 하나님은 말씀하셨습니다. "너희가 이 동산 모든 실과는 먹되 동산 중앙에 있는 실과만은 따먹지 말라. 이것을 먹는 날에는 정녕 죽으리라."고 하셨습니다. 하지만 하루는 사탄이 찾아와 하와를 유혹하였습니다. "아니다. 결코 죽지 아니하리라. 너희가 저 과일을 따먹으면 하나님과 같이 눈이 밝아져 선악을 알 줄 하나님이 아심이니라."
　이 말을 들은 하와에게 그 과일은 지금까지 보던 과일이 아니었습니다. 지금까지는 금기사항을 지키며 별로 관심도 없고, 먹는 것이 두려움이 커서 별로 먹고 싶은 유혹도 없었지만 지금은 먹음직도 하고, 보암직도 하고 탐스럽기까지 한 것입니다. 그 유혹을 참지 못하고 하와는 먹고 맙니다. 그리고 아담에게도 그 과일을 줍니다. 하나님의 법을 어기고 죄를 짓고 만 것입니다. 하나님과 같이 된다는 탐욕과 탐식과 탐심이 그들을 넘어지게 만든 것입니다.

　죄를 지은 그들은 하나님의 말씀대로 저주를 받아 영혼이 죽고 말았습니다. 부끄러움을 알게 되었고, 도피하게 되고, 죄를 전가하게 되었습니다. 나는 괜찮고 너는 그르다는 것과 너 때문이라는 죄의 본성이 나타나게 된 것입니다. 이 죄는 하나님과 사람의 사이를 갈라놓았습니다. 결국 인간은 에덴동산에 쫓겨나 하나님 앞에 설 수도, 갈 수도 없게 되었습니다. 하지만 하나님은 사랑의 하나님이시라 짐승을 잡아 가죽옷을 입히시고 아담과 하와, 그리고 뱀에게 말씀하십니다.

"여호와 하나님이 뱀에게 이르시되 네가 이렇게 하였으니 네가 모든 가축과 들의 모든 짐승보다 더욱 저주를 받아 배로 다니고 살아 있는 동안 흙을 먹을지니라 내가 너로 여자와 원수가 되게 하고 네 후손도 여자의 후손과 원수가 되게 하리니 여자의 후손은 네 머리를 상하게 할 것이요 너는 그의 발꿈치를 상하게 할 것이니라 하시고 또 여자에게 이르시되 내가 네게 임신하는 고통을 크게 더하리니 네가 수고하고 자식을 낳을 것이며 너는 남편을 원하고 남편은 너를 다스릴 것이니라 하시고"(창 3:14~16).

"죄의 삯은 사망이라"고 말씀하십니다. 결국 우리 모두는 죄의 자녀가 되었고 우리는 태어나면서부터 죄를 전가받아 죄를 가지고 태어나게 되었습니다. 이 죄로 말미암아 우리의 영혼은 죽었고 우리의 끝은 사망입니다. 죄로 말미암아 살다가 죗값으로 지옥 형벌을 받는 것입니다. 그런데 하나님은 사랑이시라 우리에게 구원의 길을 주셨습니다. 예수 그리스도를 우리에게 보내 주신 것입니다. 주님은 말씀하셨습니다.

"도둑이 오는 것은 도둑질하고 죽이고 멸망시키려는 것뿐이요 내가 온 것은 양으로 생명을 얻게 하고 더 풍성히 얻게 하려는 것이라"(요 10:10).

"하나님이 세상을 이처럼 사랑하사 독생자를 주셨으니 이는 그를 믿는 자마다 멸망하지 않고 영생을 얻게 하려 하심이라"(요 3:16).

또 주님이 말씀하십니다.

"예수께서 이르시되 내가 곧 길이요 진리요 생명이니 나로 말미암지 않고는 아버지께로 올 자가 없느니라"(요 14:6).

이렇게 주님이 오셔서 우리의 구원의 길이 되어 주셨습니다. 생명의 길이 되어 주셨습니다. 우리의 대속제물이 되어 주셨습니다. 우리를 구원하시기 위하여 우리의 죗값을 친히 치르셨습니다. 우리를 위하여 십자가를 지셨습니다. 이것이 하나님의 사랑입니다.
　하늘 보좌를 버리시고 우리를 구원하시기 위하여 천하디 천한 몸으로 이 땅에 오셔서 우리의 대속제물이 되어주신 것입니다. 이것이 하나님의 사랑인 것입니다. 우리는 이 사랑을 입은 사람들입니다.

　"인자가 온 것은 섬김을 받으려 함이 아니라 도리어 섬기려 하고 자기 목숨을 많은 사람의 대속물로 주려 함이니라"(막 10:45).

　"그리스도께서 하나님 곧 우리 아버지의 뜻을 따라 이 악한 세대에서 우리를 건지시려고 우리 죄를 대속하기 위하여 자기 몸을 주셨으니"(갈 1:4).

　"그가 모든 사람을 위하여 자기를 대속물로 주셨으니 기약이 이르러 주신 증거니라"(딤전 2:6).

　"우리가 아직 죄인 되었을 때에 그리스도께서 우리를 위하여 죽으심으로 하나님께서 우리에 대한 자기의 사랑을 확증하셨느니라"(롬 5:8).

　죄로 말미암아 죽었던 우리를 이렇게 그의 극진하신 사랑으로 살리신 것입니다. 영생을 주신 것입니다. 새 생명을 얻었습니다.

　사망에서 생명으로 전환되었습니다. 이것이 변화입니다. 이것이 십자가와 부활의 은총입니다. 거짓 마귀의 자녀에서 하나님의 자녀가 되었습니다. 그래서 이단들은 거짓말을 잘합니다. 마지막 때가 오면 거짓 선지자들이 많이 일어나리라고 하셨습니다. 자칭 예수들이 이 땅에 많이 일어나 사람들을 유혹하고 넘어지게 할 것입니다. 이것이 말세의 징조입니다.

"너는 이것을 알라 말세에 고통하는 때가 이르러 사람들이 자기를 사랑하며 돈을 사랑하며 자랑하며 교만하며 비방하며 부모를 거역하며 감사하지 아니하며 거룩하지 아니하며 정하며 원통함을 풀지 아니하며 모함하며 절제하지 못하며 사나우며 선한 것을 좋아하지 아니하며 배신하며 조급하며 자만하며 쾌락을 사랑하기를 하나님 사랑하는 것보다 더하며 경건의 모양은 있으나 경건의 능력은 부인하니 이 같은 자들에게서 네가 돌아서라 그들 중에 남의 집에 가만히 들어가 어리석은 여자를 유인하는 자들이 있으니 그 여자는 죄를 중히 지고 여러 가지 욕심에 끌린 바 되어 항상 배우나 끝내 진리의 지식에 이를 수 없느니라"(딤후 3:1~7).

그러나 우리는 새 생명을 얻었습니다. 생명을 얻은 자로서의 삶을 살아야 합니다. 거룩하며 말씀을 사모하며 모이기를 힘쓰며, 진리를 알고 진리를 따라 사는 삶을 살아야 합니다. 예수님은 우리를 위해 대속제물이 되셔서 십자가를 지시고 죽으시고 다시 살아나셨습니다. 죄와 사망권세를 이기시고 부활하셨습니다.

2. 부활하셨습니다.

사랑하는 여러분, 부활이란 죽었다가 다시 살아남을 의미합니다. 이것은 잠시 숨이 끊어졌다가 다시 살아나는 소생이나, 죽은 몸이 다른 몸으로 태어난다는 소위 환생이 아닙니다. 완전히 죽은 사람이 신비로운 몸으로 다시 살아나, 다시는 죽지 않는 것을 말합니다. 그러므로 그리스도의 부활은 그분이 참 하나님이시라는 것을 증거합니다(마 28:

6; 요 20:16~29; 요 21:1~25). 그러기에 예수님은 우리의 믿음의 대상이 되시는 것입니다.

기독교만이 이 부활의 신앙을 가지고 있습니다. 만일 부활이 없다면 목사들은 거짓말쟁이고, 우리 모두는 기만을 당하는 결과밖에 안 됩니다.

"그리스도께서 다시 살아나신 일이 없으면 너희의 믿음도 헛되고 너희가 여전히 죄 가운데 있을 것이요"(고전 15:17).

"만일 그리스도 안에서 우리가 바라는 것이 다만 이 세상의 삶뿐이면 모든 사람 가운데 우리가 더욱 불쌍한 자이리라 그러나 이제 그리스도께서 죽은 자 가운데서 다시 살아나사 잠자는 자들의 첫 열매가 되셨도다"(고전 15:19~20).

주님은 다시 사셨습니다. 부활하셨습니다.

사탄(사타나스), 즉 루시퍼는 예수님이 공생애를 시작할 때 세 가지 시험을 하였습니다. 이 싸움에서 진 사탄은 예수님을 죽이기로 마음을 먹고 호시탐탐 기회를 노리다, 예수님을 십자가에 못 박아 죽이면 자신이 승리하리라 생각하고 가룟 유다를 이용하여 예수님을 팔아 죄명을 씌우고, 십자가에 못 박아 죽였습니다. 하지만 예수님은 어둠과 죄악과 사탄의 권세를 멸하시고 다시 살아나셨습니다. 부활하셨습니다. 승리하셨습니다.

"누가 묻기를 죽은 자들이 어떻게 다시 살아나며 어떠한 몸으로 오느냐

하리니"(고전 15:35).

"어리석은 자여 네가 뿌리는 씨가 죽지 않으면 살아나지 못하겠고"(36절).

"죽은 자의 부활도 그와 같으니 썩을 것으로 심고 썩지 아니할 것으로 다시 살아나며"(42절).

"나팔 소리가 나매 죽은 자들이 썩지 아니할 것으로 다시 살아나고 우리도 변화되리라 이 썩을 것이 반드시 썩지 아니할 것을 입겠고 이 죽을 것이 죽지 아니함을 입으리로다 이 썩을 것이 썩지 아니함을 입고 이 죽을 것이 죽지 아니함을 입을 때에는 사망을 삼키고 이기리라고 기록된 말씀이 이루어지리라 사망아 너의 승리가 어디 있느냐 사망아 네가 쏘는 것이 어디 있느냐 사망이 쏘는 것은 죄요 죄의 권능은 율법이라 우리 주 예수 그리스도로 말미암아 우리에게 승리를 주시는 하나님께 감사하노니 그러므로 내 사랑하는 형제들아 견실하며 흔들리지 말고 항상 주의 일에 더욱 힘쓰는 자들이 되라 이는 너희 수고가 주 안에서 헛되지 않은 줄 앎이라"(고전 15: 52~58).

주님은 말씀하십니다. "예수께서 이르시되 나는 부활이요 생명이니 나를 믿는 자는 죽어도 살겠고 무릇 살아서 나를 믿는 자는 영원히 죽지 아니하리니 이것을 네가 믿느냐?" 아멘, 아멘입니다.

또 주님은 요한복음 5장 24절에서 말씀하십니다.

"내가 진실로 진실로 너희에게 이르노니 내 말을 듣고 또 나 보내신 이를 믿는 자는 영생을 얻었고 심판에 이르지 아니하나니 사망에서 생명으로 옮겼느니라."

그러므로 예수 그리스도를 믿는 여러분은 이미 영생을 얻었습니다. 심판에 이르지 않고, 사망에서 생명으로 옮겨졌습니다. 우리는 오늘 죽는다 해도 하나님 나라에 들어갑니다. 주님의 십자가와 부활로 인하여 이것을 믿는 자들에게 영생을 주셨기 때문입니다. 부활은 이것을 보여준 사건입니다.

부활절 계란을 주고받는 풍습은 유럽에서 십자군전쟁이 일어났을 때 시작되었다고 합니다. 로자린드 부인은 남편이 전쟁에 나간 후, 나쁜 사람들에 의해 재산을 빼앗기고 산동네에서 살게 되었으나 동네 사람들의 친절로 생활했습니다. 부인은 이 친절에 보답하려고 부활절을 즈음해, 예쁘게 색칠한 계란을 나누어 주었습니다. 그리고 계란에다 로자린드 집의 가훈인 '하나님의 사랑을 믿자'라는 말을 써 넣었습니다. 이 계란을 받아든 한 소년이 병든 군인을 보고 잘 간호해 준 다음, 계란을 주었는데 이 군인은 그 계란을 보고 깜짝 놀랐습니다. 계란에 씌어 있는 글이 바로 그 자기 집의 가훈이었고, 그 군인이 바로 로자린드였던 것입니다. 이렇게 해서 군인은 수소문 끝에 자신의 부인과 다시 만났습니다. 그 이후로 이 아름다운 이야기가 퍼져 부활절 주일에 색칠한 계란이 선물로 나눠지게 되었습니다.

그렇습니다. 오늘은 부활절입니다. 예수님 부활은 다시 사심입니다. 부활은 승리입니다. 부활은 새로운 시작입니다. 끝이 아니라 새로운 시작입니다. 부활은 변화입니다. 부활은 새로운 변화의 새 역사입니다. 부활은 말씀의 성취입니다.

16. 변화와 성장, 그리고 미래의 희망
마 18:1~5; 행 1:9

"그때에 제자들이 예수께 나아와 이르되 천국에서는 누가 크니이까 예수께서 한 어린 아이를 불러 그들 가운데 세우시고 이르시되 진실로 너희에게 이르노니 너희가 돌이켜 어린 아이들과 같이 되지 아니하면 결단코 천국에 들어가지 못하리라 그러므로 누구든지 이 어린 아이와 같이 자기를 낮추는 사람이 천국에서 큰 자니라 또 누구든지 내 이름으로 이런 어린 아이 하나를 영접하면 곧 나를 영접함이니"(마 18:1~5).

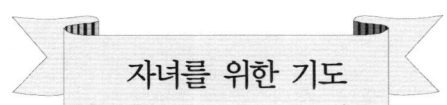

자녀를 위한 기도

더글러스 맥아더

내 아이가 이런 사람이 되게 하소서.
약할 때 자신을 분별할 수 있는 힘과
두려울 때 자신을 잃지 않는 용기를 주시고
정직한 패배에 부끄러워하지 않고 당당하며
승리에 겸손하고 온유할 수 있는 사람이 되게 하소서.

그를 요행과 안락의 길로 인도하지 마시고
곤란과 고통의 길에서 항거할 줄 알게 하시고

폭풍우 속에서도 일어설 줄 알며
패한 자를 불쌍히 여길 줄 알게 하소서.
그의 마음을 깨끗이 하고 높은 이상을 갖게 하시어
남을 다스리기 전에 자신을 먼저 다스리게 하시며
내일을 내다보는 동시에 과거를 잊지 않게 하소서.

또한 생활의 여유를 갖게 하시어
인생을 엄숙히 살아가면서도
삶을 즐길 줄 아는 마음과
교만하지 않은 겸손한 마음을 갖게 하소서.

그리고 참으로 위대한 것은
소박한 데 있다는 것과
참된 힘은
너그러움에 있다는 것을 새기도록 하소서.

그리하여 그의 아비 된 저도
내 인생을 헛되이 살지 않았노라고
고백할 수 있도록 도와주시옵소서.

변화와 성장은 하나님의 뜻입니다. 변화해야 합니다. 주님의 자녀로, 주님의 일꾼으로 변화해야 합니다. 하나님을 의지하고 하나님이 공급하시는 힘과 능으로 하나님의 위대한 일에 위대한 헌신을 하는 사람으로 변화해야 합니다. 그리고 성장해야 합니다. 우리 믿음이 성장하고 나의 헌신이 성장하며, 하나님의 몸 된 교회를 위한 일꾼으로 성장해야 합니다. 주님의 복음을 전파하는 전도자로, 영혼을 주님께로 인도하는 전도자로 성장해야 합니다. 변화와 성장은 하나님의 뜻입니다. 그 뜻을 이루어 드리고 이루어 나아가는 데 쓰임받는 저와 여러분 되시기를 축원합니다. 교회의 변화와 성장은 하나님의 뜻입니다. 교회의 변화와 성장을 위하여 내가 해야 할 일은 무엇입니까? 이 어린이날에 다시 한 번 생각해 보시길 바랍니다.

우리 어린이들은 미래의 희망입니다.
우리 어린이들이 왜 미래의 희망이 될까요?

1. 어린이는 내일을 짊어지고 책임질 미래의 지도자, 리더, 일꾼이기 때문입니다.

앞으로의 미래가 우리 어린들에게 달려 있기 때문입니다. 이 미래를 위하여 우리 어린이들이 지금 잘 훈련되어야 합니다. 그냥 흥청망청 시간을 허비하고 노는 것에만 정신이 팔려서 시간을 허비한다면 이 나라의 미래는 어둡습니다. 그러나 우리나라의 미래가 밝은 것은 작은 소수의 창조적이고 진취적이고 선한 꿈을 가지고 있는 어린이들이 있다는 것입니다.

지금 어린들은 내일을 위한 준비이고, 훈련 중입니다. 어떻게 잘 준비하느냐에 따라서, 어떻게 잘 훈련을 받느냐에 따라서 이 나라는 달라질 것이고 어린이 여러분은 쓰임 받을 것입니다.

2. 우리 교회의 희망입니다.

이들이 어려서 잘 훈련을 받고 잘 준비되어 우리 한국 교회를 책임질 미래의 동역자들이고, 사역자들이며, 미래의 일꾼들이기 때문입니다. 지금부터 믿음으로 훈련되어서 한 영혼을 살리는 선교사가 되어야 합니다. 전도자가 되어야 합니다. 우리 주일학교는 교사 선생님들도 중요하지만 여러분이 중요합니다. 주일학생 여러분의 손에 달려 있습니다. 여러분이 얼마나 믿음을 가지고 복음을 전하느냐에 달려 있습니다. 어려서부터 예배 훈련이 되고, 복음을 전하는 훈련이 될 때, 이다음에 커서도 복음 전도자의 삶을 살며 믿음을 버리지 않습니다.

3. 이 세상을 복음으로 물들일 세계적 리더이기에 희망입니다.

모든 것은 하나님이 하셨음을 고백하고, 모든 것이 하나님의 것임을 고백하며, 모든 것이 하나님께 달렸음을 믿으며, 오직 하나님께만 영광 돌리는 하나님의 사람으로 담대히 살아가며 또한 하나님의 사람으로 세계를 이끌 세계적 리더이기에 미래의 희망입니다.

예수님께서 '누가 더 크고 작으냐'를 놓고 제자들이 다툴 때, 어린 아이 하나를 가운데 세우시고 말씀하십니다. 마태복음 18장 1~5절입니다. "그때에 제자들이 예수께 나아와 이르되 천국에서는 누가 크니이까 예수께서 한 어린 아이를 불러 그들 가운데 세우시고 이르시되 진실로 너희에게 이르노니 너희가 돌이켜 어린 아이들과 같이 되지 아니하면 결단코 천국에 들어가지 못하리라 그러므로 누구든지 이 어린 아이와 같이 자기를 낮추는 사람이 천국에서 큰 자니라 또 누구든지 내 이름으로 이런 어린 아이 하나를 영접하면 곧 나를 영접함이니."

사랑하는 성도 여러분, 오늘은 어린이 주일과 더불어 주님이 승천하신 승천주일입니다.

예수님께서는 부활하시고 40일 동안 제자들과 함께 계시다가 감람산에서 승천하셨습니다. 예수님의 승천을 목격한 사람을 성경은 기록하기를 장정의 수만 500명이라고 성경은 말씀하고 있습니다. "그 후에 오백여 형제에게 일시에 보이셨나니"(고전 15:6)라고 바울은 말씀합니다. 그렇다면 어린아이들과 노인들까지 합치면 적어도 2천~3천 명은 족히 되었을 것입니다.

부활하신 예수님은 사도행전 1장 3절에 "그가 고난을 받으신 후에 그들에게 확실한 많은 증거로 친히 살아 계심을 나타내사 사십 일 동안 그들에게 보이시며 하나님의 일을 말씀하시니라."고 하셨습니다. 그리고 40일이 되었을 때, 주님은 많은 사람들이 보는 가운데 하늘로 올라가셨습니다. 승천하셨습니다. 승천하시면서 예수님은 제자들과 그 외의 사람들에게 이렇게 말씀하셨습니다.

1) "예루살렘을 떠나지 말고 내게서 들은 바 아버지께서 약속하신 것을 기다리라"(행 1:4).
2) "너희는 몇 날이 못 되어 성령으로 세례를 받으리라"(행 1:5).
3) "볼지어다. 내가 내 아버지께서 약속하신 것을 너희에게 보내리니 너희는 위로부터 능력으로 입혀질 때까지 이 성에 머물라 하시니라"(눅 24:49).

이 말에 제자들은 다시금 확인하고 싶은 것이 있어 예수님께 질문을 합니다.

"예수께 여쭈어 이르되 주께서 이스라엘 나라를 회복하심이 이때니이까"(행 1:6).

이에 예수님이 이렇게 말씀합니다.

"때와 시기는 아버지께서 자기의 권한에 두셨으니 너희가 알 바가 아니요(행 1:7).

이 질문과 대답은 이스라엘 백성들과 제자들은 이 땅의 회복에 관심을 두지만, 주님은 하나님 나라의 회복에 두고 말씀하십니다. 영혼 구원에 두고 대답을 하십니다. 그러기에 주님은 십자가 후 아주 강력한 말씀을 이스라엘 백성과 제자들에게, 그리고 우리들에게 말씀하십니다. 그것이 사도행전 1장 8절의 말씀입니다. 즉 '너희가 성령을 받게 되면 증인이 된다.'고 하시는 말씀입니다. "오직 성령이 너희에게 임하시면 너희가 권능을 받고 예루살렘과 온 유대와 사마리아와 땅끝까지 이르러 내 증인이 되리라"(행 1:8). 이것이 우리의 사명입니다.

"볼지어다. 내가 내 아버지께서 약속하신 것을 너희에게 보내리니 너희는 위로부터 능력으로 입혀질 때까지 이 성에 머물라 하시니라"(눅 24:49). 보혜사 성령님을 주시겠다는 말씀입니다. 그리고 성령이 임하시면 권능을 받고 증인이 되리라는 말씀입니다. 요한복음은 이 성령을 말씀하시길 바람과 같이 어디서 오고 어디로 가는지를 모르나 성령은 우리에게 임하신다고 말씀하십니다.

"바람이 임의로 불매 네가 그 소리는 들어도 어디서 와서 어디로 가는지 알지 못하나니 성령으로 난 사람도 다 그러하니라"(요 3:8).

이 사도행전 1장 8절의 말씀대로 성령님은 임하셨습니다. 이 성령은 예수 그리스도를 구주로 영접하고 믿는 사람들의 마음속에 임하셨습니다. 그리고 오늘 이 예배와 우리 삶과 우리의 모든 것에 임하셔서 함께하십니다.

주님은 십자가 후 부활하시고 승천하시기까지 가장 강력한 말씀은 사도행전 1장 8절과 마태복음 28장 19~20절 말씀입니다. 이 말씀은 선교적 명령입니다. 땅끝까지 선교적 명령을 수행해야 할 미션을 우리에게 주신 것입니다. 그런데 더 놀라운 것은 하나님은 우리에게 선교적 명령을 주실 때 우리 홀로 내버려두지 않으신다는 것입니다.

성령님이 우리와 함께하시고 우리에게 마귀와 어둠의 영을 제압할 권능을 주시고 세상 끝날까지 함께하신다고 말씀하십니다. 이것이 사랑의 하나님이십니다. 이 권능이라는 것은 '듀나미스', 즉 강력한 힘을 말합니다. 영어로는 '다이너마이트', 즉 폭발적인 힘을 말하는 것입니다. 그 무엇으로도 막을 수 없는 하나님의 힘으로서 하나님은 그 어떤 상황 가운데서도 성령의 사람들을 통하여 하나님의 일을 이루어 가심을 말씀하시는 것입니다. 즉 하나님의 사람들을 통하여 하나님의 뜻을 성취하여 가심을 말씀하십니다.

그러므로 우리는 성령 충만을 받아야 하는 것입니다. 성령 받음은 단회적인 것입니다. 즉 우리가 예수 그리스도를 구주로 영접하면 받게 되는 것입니다. 성령이 임하십니다. 그러나 성령 충만은 연속적인 것입니다. 우리가 늘 구하고 늘 성령 충만 가운데 살아가야 합니다.

십자가 후 두 번째 강력한 선교적 명령입니다. 마태복음 28장 18~20절입니다. "예수께서 나아와 말씀하여 이르시되 하늘과 땅의 모든 권세를 내게 주셨으니 그러므로 너희는 가서 모든 민족을 제자로 삼아 아버지와 아들과 성령의 이름으로 세례를 베풀고 내가 너희에게 분부한 모든 것을 가르쳐 지키게 하라 볼지어다 내가 세상 끝날까지 너희와 항상 함께 있으리라 하시니라."

　그렇습니다. 성령 하나님은 어린이부터 시작하여 여기에 모인 우리를 쓰시고자 하십니다. 세계를 향하여 사용하시고자 하십니다. 지금 우리가 서 있는 이곳부터 시작하여 우리를 땅끝까지 사용하시기를 원하십니다. 그러기에 우리가 가는 곳이 선교지고, 우리가 만나는 사람이 선교 대상자입니다. 선교는 외국에 나아가 전하는 것만이 선교가 아닙니다. 사도행전 1장 8절을 보면 점진법을 사용하셨습니다. 즉 그들이 서 있는, 그들이 지금 살고 있는 '예루살렘'부터 시작하여 온 유대와 사마리아와 땅끝까지 증인이 되라고 말씀하십니다.

　또 공관복음 전체는 끝에 이 선교적 명령을 말씀하고 있습니다. 그 중 마태복음 28장 19~20절을 보면, 마귀를 제압할 권세가 있음을 말씀하시면서 이렇게 말씀하십니다. "그러므로 너희는 가서 모든 민족을 제자로 삼아 아버지와 아들과 성령의 이름으로 세례를 베풀고 내가 너희에게 분부한 모든 것을 가르쳐 지키게 하라." 이것이 우리의 선교적 사명입니다. 이것이 우리의 미션입니다.

　사랑하는 어린이 여러분, 그리고 사랑하는 성도 여러분, 우리 모두는 이 선교적 명령을 위하여 잘 훈련되고 잘 준비되어야 합니다. 그러나 명심할 것은 성경은 오늘이라는 개념을 가지고 있다는 것입니다. 작은 것에 충성하는 자에게 큰 것을 맡기시는 하나님이십니다. 더 큰 일을 위하여 우리는 지금 훈련 중입니다. 준비 중입니다. 훈련생은 거부하거나 거절해서는 안 됩니다. 그 이유는 명령이기 때문입니다. 비록 작은 일이라 하더라도 하나님이 이다음에 큰일을 맡기시기 위하여 준비시키고 훈련시키시는 것이기에 기쁨과 즐거움으로 순종하고 행할 때, 성령 하나님이 천군 천사를 보내셔서 도와주십니다.

이렇게 주님은 마태복음 28장, 마가복음 16장, 누가복음 24장을 끝으로, 사도행전 1장 8절 말씀을 마치시고 하늘로 올라가셨습니다.

"이 말씀을 마치시고 그들이 보는데 올려져 가시니 구름이 그를 가리어 보이지 않게 하더라"(행 1:9).

올라가실 때에 제자들이 자세히 하늘을 쳐다보고 있는데 흰 옷 입은 두 사람이 주님을 수종 드는 것을 제자들이 보았습니다. 이에 그 천사들이 이렇게 말합니다.

"갈릴리 사람들아 어찌하여 서서 하늘을 쳐다보느냐 너희 가운데서 하늘로 올려지신 이 예수는 하늘로 가심을 본 그대로 오시리라"(행 1:11).

성경은 재림주로 심판주로 오실 것을 말씀하십니다. 이 말씀은 계시록 22장에서는 이렇게 말씀하시면서 성경의 문을 닫습니다.

"보라 내가 속히 오리니 이 두루마리의 예언의 말씀을 지키는 자는 복이 있으리라 하더라"(7절).

주님은 오시리라 하신 대로 다시 오십니다. 언제 어느 때 오실지 모르지만 우리는 다시 오실 주님, 심판주를 대망하며 끝까지 믿음을 지키며 살아가야 합니다. 그런 자만이 주님이 오셨을 때, 착하고 충성된 종이라는 칭찬을 듣고, 하나님 나라에 들어갈 수 있습니다.

17. 변화와 성장, 그리고 부모공경 효
마 15:1~10

"그때에 바리새인과 서기관들이 예루살렘으로부터 예수께 나아와 이르되 당신의 제자들이 어찌하여 장로들의 전통을 범하나이까 떡 먹을 때에 손을 씻지 아니하나이다 대답하여 이르시되 너희는 어찌하여 너희의 전통으로 하나님의 계명을 범하느냐 하나님이 이르셨으되 네 부모를 공경하라 하시고 또 아버지나 어머니를 비방하는 자는 반드시 죽임을 당하리라 하셨거늘 너희는 이르되 누구든지 아버지에게나 어머니에게 말하기를 내가 드려 유익하게 할 것이 하나님께 드림이 되었다고 하기만 하면 그 부모를 공경할 것이 없다 하여 너희의 전통으로 하나님의 말씀을 폐하는도다 외식하는 자들아 이사야가 너희에 관하여 잘 예언하였도다 일렀으되 이 백성이 입술로는 나를 공경하되 마음은 내게서 멀도다 사람의 계명으로 교훈을 삼아 가르치니 나를 헛되이 경배하는도다 하였느니라 하시고 무리를 불러 이르시되 듣고 깨달으라"(마 15:1~10).

5월은 가정의 달입니다. 행복한 가정 공동체를 만들고 이루시기를 주님의 이름으로 축원합니다. 어떻게 하면 행복한 가정 공동체를 이루고 만들 수 있습니까? 첫째는 성경적 가정을 만들면 됩니다. 믿음의 가정을 만들면 됩니다. 둘째는 자식은 자식으로서 부모는 부모로서, 각자의 의무를 다하면 됩니다. 즉 아버지는 아버지의 역할을 잘하고, 부부는 사랑으로 부부의 역할을 다하고, 자식은 자식의 역할을 다하는 것입니다. 이러면 행복한 가정을 이루고 만들 수 있습니다. 그러면 자식은 효를 다하고, 부모는 부모로서 존경받는 훌륭한 부모가 될 수 있습니다.

그런데 이것이 정말 쉬울까요? 그렇게 쉬운 것이라면 왜 역기능적 가정이 나오겠습니까? 왜 깨어진 가정이 나오겠습니까? 다 순기능적 가정이 되어야 합니다.

오늘은 어버이 주일입니다. 어버이 주일에 효가 무엇인지 다시 한 번 생각해 보시기 바랍니다.

효의 개념에 대해 여기저기서 이런저런 말들이 너무나 많습니다. 그러나 효는 한마디로 '어버이를 기쁘시게 하는 말과 행동'입니다.

그러면 효의 반대인 불효(죄)는 무엇인가요? 어버이가 싫어하시는 말과 행동입니다. 즉 어버이의 마음을 아프게 하는 말과 행동입니다. 그래서 조폭의 보스도 자녀는 자기처럼 되지 않기를 바라는 것입니다. 착하고 이 세상에 뜻있는 일을 하는 사람으로 자라기를 바라는 것이 모든 부모의 마음입니다.

효에도 밭을 가는 자의 수고와 갈리는 자의 아픔이 필요합니다. 가는 자의 수고 없이 어찌 좋은 밭을 만들 수 있겠습니까? 갈리는 자의 아픔이 없이 어찌 좋은 밭이 될 수 있겠습니까? 주님은 십자가의 사랑으로 우리가 좋은 밭이 되기를 원하십니다. 그리하여 진리의 말씀이 떨어져 30배, 60배, 100배의 결실을 맺기를 원하십니다. 우리의 수고 없이 어찌 자갈밭이, 돌짝밭이, 가시덩굴밭이 좋은 밭이 될 수 있겠습니까? 완악한 길갓밭 같은 나의 마음, 돌짝밭 같은 나의 마음, 가시덩굴밭 같은 나의 마음이 갈리는 아픔이 없어 어찌 새로워지며, 성장하고, 심은 대로 거두는 축복을 누릴 수 있겠습니까? 이런 완악한 밭과 같은 우리를 구원하시기 위하여 주님은 십자가를 지셨습니다. 그리고 성령과 말씀을 주셨습니다.

봄이 왔습니다. 주님이 그러하셨듯이 우리도 밭을 갈고, 고랑을 만들고, 거름을 주고, 물을 주며, 많은 씨를 뿌리는 여러분이 되시기 바랍니다. 이것이 사랑의 수고입니다. 이것이 변화와 성장입니다. 많은 수확을 거두기 위해서는 많이 심어야 합니다. 행복한 가정을 위해서도 많은 사랑의 수고가 있기를 축원합니다.

반드시 심은 대로 나오고, 심은 대로 거둡니다. 그러므로 진리의 말씀을 심으시기 바랍니다. 성경적 사랑의 수고를 하시기 바랍니다. 지금 거짓 마귀의 자녀들은 악한 거짓 씨를 교회에, 그리고 사회에 심고 있습니다. 짝퉁이 명품을 위장하여 심고 있습니다. 요즘 기술이 얼마나 발전했는지 내가 알고 있는 사모님이 홍콩에 학생들을 데리고 가서 짝퉁 가방을 사왔는데, 세관에서도 짝퉁과 진품을 잘 구별하지 못한다고 합니다. 그러므로 우리가 분별의 영을 가져야 합니다. 할렐루야.

70평생을 시골에서 흙과 더불어 살아오신 한 어머니가 계셨습니다. 그 어머니의 칠순이 다가오자 6남매가 모여 회의를 하였습니다. 10년 전 어머니의 회갑 때도 그냥 넘긴 것을 안타깝게 여긴 6남매는 불효를 만회할 겸 이번 어머니의 칠순에는 금강산 구경을 시켜드리기로 했습니다. 그런데 어머니는 "무슨 금강산 여행이냐? 간단히 식사나 하고 남은 건 내 용돈으로 주라."는 것이었습니다. 자식들은 맥이 빠지고 속이 상한 딸이 "어머니는 돈이 그렇게도 좋으세요? 지난 회갑 때도 잔치할 돈을 달라 해서 그 돈으로 시멘트를 사서 시골 마당을 포장하시더니… 이번에도 못하게 하세요. 왜 자식들에게 아쉬움만 남기려고 그러세요." 하고 전화를 끊고 말았습니다. 그러자 잠시 뒤에 다시 어머니에게 전화가 왔습니다. "너희는 이 어미를 돈만 아는 늙은이로밖에 생각 못 하냐? 멀쩡한 아들이 마흔이 넘도록 혼자인데 유람이 웬 말이냐!" 하며 무척 노여워하셨습니다. "동생만 자식이에요? 우리도 엄마 자식이잖아요." "그렇긴 하다마는… 알아서 잘살고 있는 너희보다 홀로서기를 못하는 자식 하나가 이 어미에게는 더 마음 쓰이는 걸 어쩌겠냐. 그리고 내 회갑 때 마당 한 것, 두고두고 너희에게 고맙게 생각한다. 그게 얼마나 나를 기쁘게 했는지 밤이면 혼자서 춤을 추듯 마당을 서성댄단다. 추수 때가 되면 옆집 마당을 종종 빌렸는데 하루는 술 한잔하신 그 집 어른이 '이곳이 당신네 마당이야? 그리 좋으면 당신네 마당도 포장해서 쓰면 될 것 아니야!' 하는 말에 이 어미는 너무도 서러웠단다. 그런데도 나는 아무 말도 할 수 없었어."

어머니가 회갑 잔치할 돈을 왜 달라고 했는지 그 이유를 알고 난 자식들은 어머니의 뜻을 따르기로 했습니다. 6남매는 이번 칠순에는 가족체육대회를 열어 어머니를 기쁘게 해 드리기로 했다고 합니다.

여러분! 아이가 어눌한 말로 표현하는 것을 사람들은 무슨 뜻인지 알아듣지 못해도 엄마는 알아듣습니다. 하지만 열 명의 자식이 있어도 부모의 깊은 마음을 헤아리는 자식은 많지 않습니다. 그래서 옛말에 부모님은 열 자식을 보살피고 양육하지만 열 자식은 한 명의 부모님도 모시지 못한다고 말했습니다. 최근에 어느 결혼정보회사에서 20~30대 미혼남녀를 상대로 결혼하면 부모님과 살겠느냐 하고 설문조사를 했습니다. 그 결과 여자의 93.4%, 남자의 43.6%가 (시)부모와 같이 살지 않겠다고 응답했다고 합니다.

이기적이고 극단적인 개인주의에 길들여진 요즘 젊은이들은 부모의 곁을 떠나야 자유로울 것 같다고 생각합니다. 하지만 자식을 낳아 맡길 데가 없거나, 아쉬운 일이나 어려운 일이 생기면 어김없이 부모를 찾아와서 아이들을 맡아달라고 하소연합니다. 이것이 자식들의 모습입니다. 하나님께서는 이런 자식들을 향해 잠언 기자를 통해서 "너 낳은 아비에게 청종하고 네 늙은 어미를 경히 여기지 말라. 네 부모를 즐겁게 하며 너 낳은 어미를 기쁘게 하라."(잠언 23:25)고 말씀하셨습니다. 부모님의 깊은 마음을 헤아리고 늘 마음을 기쁘게 해드리는 자녀들이 되시기를 축원합니다.

- 미국 네브라스카 주립대학 스네티드 교수는 건강한 가정이 가지는 6가지 공통점을 정리하였습니다.

첫째, 감사하는 가정입니다.
가족 서로가 고마움을 말이나 행동으로 자주 표시하는 것입니다.
감사하는 가정은 불평과 원망의 구름이 사라지고, 사랑의 따뜻한 햇빛이 비쳐올 것입니다.

둘째, 헌신하는 가정입니다.
개인보다 가족 전체의 유익과 명예를 위해 사는 모습은 많은 사람들에게 감동을 주게 됩니다.

셋째, 교제하는 가정입니다.
가족 간에 끊임없는 대화가 있어야 합니다. 어떤 일이 있을 때 혼자 해결하지 않고 의논하는 모습은 화목한 가정을 이루게 됩니다.

넷째, 함께하는 시간을 갖는 가정입니다.
되도록 많은 시간을 가족들과 함께 갖습니다. 식사·피크닉·예배 등 가족이 행동을 함께할 때 가족의 유대가 강해집니다.

다섯째, 정신적 건강을 갖는 가정입니다.

낙관주의, 적극적 사고, 윤리적 가치관, 나누는 정신 등 가족의 정신적 건강이 건강한 가정을 만들게 됩니다.

여섯째, 극복의 능력을 가진 가정입니다.
가족에게 고통스러운 문제가 생겼을 때, 좌절하지 않고 대화의 기회로 극복하는 의지가 건강한 가정을 만듭니다.

밴 하겐은 말하기를, "어머니는 하나님이 세상에 보낸 대사요 최초의 스승이다."라고 했습니다. 여성의 매력은 짧지만 어머니의 감화는 긴 것입니다. 오늘 주님께서 믿음의 제자들에게 "네 부모를 공경하라."고 말씀하십니다. 이것은 하나님께서 사람들에게 주신 첫 번째 계명입니다. 이 계명에 하나님의 사랑이 담겨 있습니다.
그리고 하나님께서 우리에게 주신 축복의 길이 여기에 있습니다. 세상 사람들이 그렇게 바라고 원하는 것이 무엇입니까? 복을 받기 원합니다. 건강하게 오래 살기를 바라고 일이 잘되기를 바랍니다. 그런데 아이러니한 것은 복을 받기를 원하면서 부모를 공경하고 봉양하는 것을 싫어한다는 것입니다. 저는 여러분이 부모를 공경하고 잘 봉양함으로 하나님께서 약속하신 복을 받으시기 바랍니다. 부모를 공경하는 것은 상대적이지 않습니다. 부모에 대한 공경은 절대적이요 무조건적입니다. 부모를 공경하는 데 경제적인 구실이나 사회적인 여건이 변명이 될 수 없습니다. 심지어 종교적인 이유도 구실이 될 수 없습니다.

오늘 본문의 배경은 이렇습니다. 서기관들과 바리새인들이 예수님께 와서 '당신의 제자들은 왜 장로들의 유전을 범하느냐'고 책망했습니다. 당신의 제자들은 떡을 먹을 때에 손도 씻지 않고 먹는다고 비난했습니다. 서기관과 바리새인들은 하나님의 말씀보다 장로들의 유전을 지키는 것에 더 집착했습니다. 법이란 것이 그렇습니다. 처음 만들 때는 목적이 있고 법이 지향하는 바가 있습니다. 그런데 시간이 지나면서 본래의 의도는 사라지고 이상하게 변질되는 것입니다. 그래서 사람을 위해서 만든 법이 사람을 옭아매는 도구가 되어 버립니다.

당시의 유대인들도 그랬습니다. 하나님의 말씀을 보다 잘 지키기 위해서 전통이나 장로들의 유전을 만들었습니다. 그런데 시간이 지나면서 장로들의 유전에 더 집착하게 되고, 참된 경건을 율법주의로 대체시켰습니다. 그중의 하나가 고르반입니다. '내가 부모님께 드려야 할 것을 하나님께 드렸으니 부모님께는 드리지 않아도 된다.'고 생각한 것입니다. 달리 말하면 하나님의 사업을 위해서는 부모를 소홀히 대해도 상관없다는 것이 장로의 유전입니다.

하나님께 드림이 되었다는 고르반이라는 것은 '헌물' 또는 '재물'을 뜻합니다. 즉 '하나님께 바쳐진 선물'이라는 뜻으로, 고르반으로 선포된 것들은 하나님을 향한 용도 외에 절대 다른 용도로 쓰여질 수 없었습니다. 오늘날 '서원'이 바로 이 고르반과 가장 가까운 맥락의 말이라고 할 수 있습니다.

사도행전에 보면 아나니아와 삽비라라는 사람이 등장합니다. 이 사람들은 자신의 재산을 하나님께 다 드린다고 하면서 얼마를 숨겼습니다. 그래서 결국 하나님께 예물을 가져 나오는 순간에 하나님을 속인 죄로 죽게 되었습니다. 이것이 바로 고르반의 의미와 관계가 있는 사건입니다. 자신의 재산을 '고르반이 되었다'고 하면 그것은 절대 사적인 곳에 쓰여질 수 없기에, 부모를 공경하는 일이라도 예외가 될 수 없었습니다. 사람들이 바로 이 점을 악용했던 것입니다. 자신의 재산을 고르반이 되었다고 선포하고선, 재산의 일부분만 성전에 드리고,

나머지 재산을 몰래 숨겨 자신만을 위해 사용했던 것입니다.

　이것은 단순히 하나님께 드린다는(고르반)의 약속을 깨뜨린 것만이 아니라, '네 부모를 공경하라'는 하나님의 명령까지도 어긴 것이었습니다. 그래서 예수님은 이들을 향하여 분명하게 말씀합니다.

　본문 3절을 보십시오. "너희는 어찌하여 너희 유전으로 하나님의 계명을 범하느냐?"고 책망하셨습니다. 부모를 공경하는 것은 장로의 유전이 아니라 하나님의 계명입니다. 그것도 하나님의 약속 있는 계명입니다. 부모를 공경하는 일은 어떤 것으로도 변명의 구실이 될 수 없습니다. 심지어 하나님 사업을 위하는 일이라고 변명해서는 안 된다는 말입니다. 저는 우리 성도들이 교회 일을 한다는 핑계로 부모님을 공경하는 일에 소홀히 하는 일이 없기를 바랍니다. 혹시나 헌금한다는 핑계로 부모님께 드릴 용돈의 액수가 줄어들지 않기를 바랍니다. 하나님의 일을 하기 때문에 부모님을 봉양할 시간이 없다고 변명하지 않기를 바랍니다.

　그러므로 오늘 하나님의 말씀은 효의 절대성에 대하여 말씀하십니다. 그런데 많은 사람들은 효의 상대성을 가지고 대합니다. 부모님이 내게 수고하셨으니까 내가 공경해야 하고, '부모님이 내게 해 준 것이 없는데 내가 무엇으로 공경한다는 말인가?' 하고 투덜대는 사람도 있습니다. 그러나 주님은 본문 5절과 6절에서 "하나님이 이르셨으되 네 부모를 공경하라 하시고 아비나 어미를 훼방하는 자는 반드시 죽이라 하셨느니라. 그런데 너희는 하나님께 드림이 되었다고 하면 그 부모를 공경할 것이 없다고 하느냐" 하고 책망하셨습니다. 주님이 우리에게 조건 없는 사랑을 베푸신 것같이 부모님은 우리에게 조건 없는 사랑을 주셨고, 우리도 부모에게 조건 없는 사랑을 드려야 합니다.

세상의 종교들을 보십시오. 자식들이 부모를 공경하지 않을 때 도덕적으로 비난을 받거나 양심의 가책을 받는 수준입니다. 그런데 하나님의 법은 세상의 종교들이 요구하는 것보다 더 크고 절대적입니다. 부모를 공경하지 않거나 훼방했다고 자식을 죽이라고 하는 법이 세상에 없기 때문입니다.

사랑하는 성도 여러분, 효를 다하십시오. 효는 조건적 사랑인 필레오의 사랑이 아닙니다. 남녀 간의 에로스적 사랑이 아닙니다. 무조건적인 사랑인 아가페적 사랑입니다. 이것이 기독교의 사랑입니다. 불효자가 변화하여 효자가 되고, 작은 미자립교회가 변화되어 큰 교회가 되고, 약한 교회가 훈련되어 건강한 교회, 튼튼한 교회가 되는 변화와 성장의 역사가 일어나길 주님의 이름으로 축원합니다.

부모를 공경하십시오. 부모를 공경하는 것은 하나님의 계명을 지키는 것이고, 하나님의 명령입니다. 내가 부모를 공경하는 것은 자식에 대한 산교육입니다. 가정의 행복은 부모에게 효를 다함으로부터 시작합니다. 부모를 공경하시기를 주님의 이름으로 축원합니다. 효는 부모님을 기쁘시게 하는 말과 행동입니다. 여러분은 무엇으로, 어떻게 효를 다하시겠습니까? 할렐루야.

18. 변화와 성장, 그리고 성령 강림 I
행 2:1~4

"오순절 날이 이미 이르매 그들이 다 같이 한 곳에 모였더니 홀연히 하늘로부터 급하고 강한 바람 같은 소리가 있어 그들이 앉은 온 집에 가득하며 마치 불의 혀처럼 갈라지는 것들이 그들에게 보여 각 사람 위에 하나씩 임하여 있더니 그들이 다 성령의 충만함을 받고 성령이 말하게 하심을 따라 다른 언어들로 말하기를 시작하니라"(행 2:1~4).

오늘은 성령 강림 주일입니다. 오늘 이 성령강림의 사건이야말로 변화의 역사이고 성장의 역사입니다. 이 성령강림의 사건으로 말미암아 기독교 역사는 새로운 시작을 맞이하였습니다. 늘 그늘진 곳에서 숨죽이고 살던 기독교인들이 다락방 문을 박차고 일어나 나오게 된 사건입니다.

성령 강림의 역사가 일어나자 기독교 안에는 놀라운 일들이 일어나게 된 것입니다. 이것이 성령의 역사입니다. 어디 그뿐입니까? 핍박과 박해로 자신의 신앙도 감당치 못하던 기독교인들이 담대히 복음을 전하는 기독교의 새 국면의 역사가 일어난 것입니다.

마귀가 떠나가고, 병자가 치료되고, 우리가 상상할 수 없는 일들이 일어난 것입니다. 이것이 성령의 역사입니다. 이 성령님은 오늘도 우리와 함께하시면서 우리를 통하여 성령의 강력한 일들을 이루어 나가시기를 원하십니다. 그런데 어떨 때 이런 일이 일어납니까? 성령님께 강력하게 우리를 드리고, 기독인의 삶을 원할 때 성령님은 역사하십니다.

많은 사람들이 예수님의 승천을 목격하였지만 그중 성령의 역사를 체험한 사람은 120명에 불과합니다. 이와 같이 예수님의 말씀을 믿고, 간절히 사모하고 순종한 사람들만이 성령을 받고, 성령 충만을 받으며, 성령의 역사를 누릴 수 있었던 것입니다.

예수님은 감람산이라는 곳에서 올라가시면서 말씀하셨습니다. 사도행전 1장 4~5절 말씀입니다.

> "사도와 함께 모이사 그들에게 분부하여 이르시되 예루살렘을 떠나지 말고 내게서 들은 바 아버지께서 약속하신 것을 기다리라 요한은 물로 세례를 베풀었으나 너희는 몇 날이 못 되어 성령으로 세례를 받으리라 하셨느니라."

이 말씀을 들은 많은 사람들 중 120명의 믿음의 사람들이 예루살렘을 떠나지 않고 말씀과 기도로 성령의 도래함을 기다렸습니다.

예수님은 성령 강림의 날짜를 정확하게 말씀하여 주시지 않으시고 몇 날이라고만 말씀하셨습니다. 이 몇 날은 1년이 될지, 2년이 될지, 아니면 몇 달이 될지 아무도 모릅니다. 그래서 믿음이 없는 사람들은 다 떠났던 것입니다. 그러나 120명의 문도들은 기도와 말씀으로 성령의 도래함을 준비하면서 기다렸습니다. 그 가운데 베드로가 유다의 슬픈 소식을 전하고 맛디아를 12 사도의 반열에 보선하고 나니 오순절이 되었습니다.

예루살렘을 향해 밀려드는 군중들은 오순절을 지키기 위해 모이기 시작했지만 그들이 주고받는 대화들은 당시의 화제가 된 예수 그리스도의 십자가의 죽음과 부활, 가룟 유다의 자살 등으로 어수선하였습니다. 이때 예수님의 승천의 이야기가 전해지니 분위기가 더 어수선하게 되었습니다. 또한 예루살렘에는 제자들이 머무는 다락방을 아는 사람들이 많이 있었습니다. 그들은 다락방에 들러 제자들을 통하여 떠도는 소문을 정확하게 듣기를 원했습니다. 오순절을 위해 예루살렘에 모였지만 백성들의 마음은 다락방에 있었습니다. 바로 이때 성령의 임재의 역사는 이루어졌습니다. 예수님이 승천하시고 10일째 되는 날 오순절에 제자들이 모인 곳에 성령 강림의 역사가 일어났습니다.

1절 말씀에, "오순절 날이 이미 이르매 저희가 다 같이 한 곳에 모였더니"라고 말씀합니다. 그날은 기독교의 명절인 오순절을 지키기 위하여 많은 사람들이 각국에서 예루살렘으로 모여들었습니다. 하지만 제자들은 밖의 어수선함과 소란함에도 불구하고 여전히 한 곳에 모여 오로지 말씀과 기도에 힘썼습니다.

오순절이란 유대인들의 3대 절기 중의 하나입니다. 유대인의 3대 절기는 유월절, 오순절, 장막절입니다(레 34:22; 민 28:26; 신 16:9, 10). 흔히 오순절을 칠칠절이라고 부르기도 합니다. 오순절이 되면 이스라엘 모든 남자뿐만 아니라 유대교로 개종한 이방인과 열방에 흩어진 유대인까지 예루살렘 성전을 순례하는 관습이 있었습니다(신 16:16). 천하 각국으로부터 많은 경건한 유대인들이 예루살렘으로 모여듭니다.

이때 제자들은 예수님의 말씀에 순종하여 다 한 곳인 마가의 다락방에 모여 말씀과 기도에 힘썼습니다. 즉 이때 베드로가 말씀을 전하고 함께 기도에 힘썼던 것입니다. 그때의 상황을 사도행전 1장 14절에서 이렇게 말씀하고 있습니다.

"여자들과 예수의 어머니 마리아와 예수의 아우들과 더불어 마음을 같이 하여 오로지 기도에 힘쓰더라."

이것이 기독교인들의 모습입니다. 모이면 말씀을 나누고 기도하는 것입니다.
이때 예수님의 말씀대로 성령님이 임하셨습니다. 성령 강림의 역사가 일어난 것입니다. 이것을 신학에서 성령의 도래함, 성령의 나타남이라고 합니다.
성령님은 어떻게 임하셨습니까?

1. 하늘로부터 급하고 강한 바람 같은 소리가 있었습니다.

성령의 임재는 하늘로부터 임하셨습니다. 하늘이라는 의미는 성부 하나님을 지칭하기도 합니다. 또한 모든 하나님의 역사에는 성삼위일체 하나님이 함께 일하시고 역사하셨습니다. '바람'은 구약성경(왕상 19:11; 시 104:4)에서도 하나님의 임재를 나타낼 때 바람으로 기록되어지기도 하였습니다. 모인 무리들은 바람 같은 소리를 귀로 듣기도 하며 피부로 느끼기도 하였습니다. 지금까지 느껴보지 못했던 놀라운 일들을 경험하고 체험하게 되는 것입니다. 이것이 기독교의 역사입니다.
그러나 성령 받음은 단회적인 것입니다. 즉 우리가 예수 그리스도를 믿으면 성령님이 우리에 임하십니다. 여러분이 느끼든 느끼지 못하든 성령님은 우리 안에 임하십니다. 그래서 예전에는 죄를 지어도 별 죄의식과 죄책감이 없던 사람이 죄를 분별하게 되고, 죄의식과 죄책감을 갖게 되는 것입니다. 이것이 변화입니다. 가던 길을 끊어 버리고 그 같은 것에서 돌아서서 옳은 길로 가는 것이 변화입니다. 옳은 길이란 주님을 믿고 따르는 길입니다.

현 시대에도 성령의 역사를 성도들이 느끼고 체험하지만 그 현상은 단순하지 않고 사람에 따라 각기 다르게 경험되어지는 것을 깨닫게 됩니다. 분명한 것은 모든 성령의 역사가 하늘로부터 임재한 것이며 지금도 성령의 역사는 일어나고 있다는 것입니다. 오늘 이 시간에도 말입니다.

지금도 각자 성령 임재의 경험들이 다르기는 하지만 어떤 사람은 강력한 성령의 임재 앞에 꼬꾸라져 울며 회개하는 사람도 있고, 춤을 추는 사람도 있고 또는 얼굴이 평안해지는 사람도 있는가 하면, 여러 가지 현상들도 나타납니다. 또 어떤 사람은 아무 현상도 일어나지 않는 사람도 있습니다. 의심이 많은 사람이든지, 아니면 지식적인 사람이든지, 아니면 마음이 온화한 사람일 것입니다. 그러나 분명한 것은 우리가 예수 그리스도를 영접하면 성령님은 임재하신다는 것입니다. 특히 오늘 '강한 바람 같은 소리'라는 것은 성령님의 도래함은 그 무엇으로도 막을 수 없는 강력한 힘을 나타내고 있는 것입니다. 하나님의 일은 세상의 그 무엇으로도 막을 수 없습니다. 하나님은 하나님의 일을 반드시 나타내시고 이루시는 분이십니다.

2. 저희 앉은 온 집에 가득했습니다.

많은 주석가들은 집의 범위를 성전, 또는 마가의 집 등으로 해석하는 경우가 있습니다.

성경은 정확하게 말씀하고 있지 않지만 많은 학자들은 마가의 다락방 또는 120명의 성도들이 모인 곳으로 해석합니다. 하여간에 이들이 말씀과 기도에 힘쓸 때 그들이 앉은 온 집에 가득하게 임하셨습니다. 성령님의 강력하고 풍성한 은혜의 임재입니다. 여러분에게도 풍성히 임하실 줄 믿습니다.

3. 성령 강림의 역사, 마치 불의 혀같이 갈라지는 것들이 그들에게 보였습니다.

바람은 감각을 통해 느껴졌지만 불은 감각과 시각적으로 분명히 보여지는 것입니다. 이 말씀은 성령 강림의 현상을 비유적으로 표현하면서 마치 불의 혀가 갈라지는 것같이 임했다고 말씀하고 있습니다. 강력하고 뜨겁게 임한 것입니다. 구약성경에서는 종종 하나님의 임재를 불 가운데서 또는 불로(출 19:18, 24:17) 나타내기도 합니다.

불은 뜨겁습니다. 지금도 성령의 역사를 뜨겁게 체험한 사람들이 뜨겁게 신앙생활하는 모습을 우리 주위에서 많이 볼 수 있습니다. 그런 사람들이 보면서 어떤 사람들은 말하기를, "미쳤어, 미쳤다. 제 정신이 아니다."라고 말하지만 사실 그 사람들은 세상의 그 무엇으로도 경험하지 못한 것을 경험하고 체험하여 나타나는 현상들입니다. 물론 악령이 들려서, 그리고 잘못된 이단에 빠져서 정신이 나가서 정말 미친 사람들도 있습니다. 그러나 바르게 미치면 우선순위를 분명히 하고 비상식적인 모습이 아니라 바른 말과 행동을 합니다.

여러분의 신앙이 뜨거워지기를 바랍니다. 성경은 말씀하시길 '차든지 덥든지 하라'고 하였습니다. 신앙생활을 술에 물 탄 듯, 물에 술 탄 듯 미지근하게 하지 마시고 확실하게 뜨겁게 하시기 바랍니다. 머리는 냉철하고 가슴은 뜨겁게 하십시오.

4. 성령 강림은 각 사람에게 임하였습니다.

3절에서 "각 사람 위에 임하여 있더니"라고 말씀합니다. 120명 성도 한 사람 한 사람 머리 위에 임하였습니다. 여기서 '각 사람'이란 120 문도 전부이며 '위에 하나씩'란 머리를 말합니다. '임하여'란 현재인 계속입니다. '있더니'란 머무르고 있었다는 말씀입니다. 성령의 임재를 경험한 대다수의 사람들이 느낌을 머리로 알게 됩니다. 성령의 임재를 어떤 느낌이나 체험 등을 통하여 감각과 시각으로 나타나기도 하시만 지성으로도 알 수 있는 것입니다. 뿐만 아니라, 구원 받음의 사건과 성령 받음의 사건은 동시다발적으로 일어나는데 이것은 하나님과 나와의 일대일의 관계입니다. 즉 다른 사람이 예수 믿고 구원받았다고 나도 받는 것이 아닙니다. 우리 어머니가 예수 믿고 구원받았다고 나도 구원받고 천국 가는 것이 아닙니다.

또한 조심해야 할 것은 내가 체험한 것만 인정하고 타인의 체험을 무시하는 경우가 종종 있는데 이런 습관은 버리시기 바랍니다. 사람마다 체험의 차이가 있다는 사실을 인정해야 합니다.

성령의 강림으로 성령 충만함을 받았습니다.

4절에서 "저희가 다 성령의 충만함을 받고 성령의 말하게 하심을 따라 다른 방언으로 말하기를 시작하니라."고 했습니다. 그들은 성령 충만을 받게 되었습니다. 성령 받음과 성령 충만은 다릅니다.

앞에서 말씀드린 것같이 '성령 받음'은 단회적인 것입니다. 우리가 자신의 죄를 회개하고 예수 그리스도를 구주로 영접하는 순간에 일어나는 단회적 사건입니다.

그러나 '성령 받음'은 연속적입니다. 사람이 늘 성령의 역사 가운데 성령의 강력한 역사를 경험하고 인도함을 받으며 살아가는 삶을 '성령 충만'이라고 합니다. 그러므로 '성령 충만'이란 중생한 성도가 이미 우리 가운데 내주하고 계시는 성령의 인도함을 따라 그대로 사는 것을 말합니다. 이것은 연속적인 것입니다. 그러므로 우리는 늘 성령 충만을 구하고 살아가야 하는 것입니다.

]

에베소서 5장 18절에서 이렇게 말씀하십니다. "술 취하지 말라 이는 방탕한 것이니 오직 성령으로 충만함을 받으라." 우리가 성령 충만을 받을 때, 우리는 세상에서 체험하지도 경험하지도 못하는 놀라운 변화를 경험하고 체험하며 살아가게 될 것입니다. 이것이 믿음의 성장입니다.

오순절 마가의 다락방 120문도들은 성령의 강림을 체험하고 즉시 충만함을 받았습니다. 그리고 충만함을 받은 증거로 다른 방언을 말하기 시작했습니다. '다른 방언'이란 외국에 흩어져 있던 자들이 예루살렘에 모여 오순절을 지키기 위해 온 그들의 언어였습니다. 그들은 놀라 이렇게 말합니다.

"그때에 경건한 유대인들이 천하 각국으로부터 와서 예루살렘에 머물러 있더니 이 소리가 나매 큰 무리가 모여 각각 자기의 방언으로 제자들이 말하는 것을 듣고 소동하여 다 놀라 신기하게 여겨 이르되 보라 이 말하는 사람들이 다 갈릴리 사람이 아니냐 우리가 우리 각 사람이 난 곳 방언으로 듣게 되는 것이 어찌 됨이냐"(5~8절).

물론 고린도전서 14장 13, 19절에서의 방언은 알아들을 수 없는 말입니다. 여기서는 통역의 은사도 사모하라고 합니다. 천상의 방언입니다. 그러나 성령 충만하면 꼭 방언을 해야 된다는 주장을 해서도 안 됩니다. 하나님께서 필요하시고 사모하는 자에게 주시는 것입니다. 그 권한이 누구에게 있습니까? 방언을 주시는 분은 누구십니까?

하여간에 이들이 성령 충만 받고 방언으로 말한 것이 무엇입니까? 예수 그리스도를 전하였습니다. 복음을 전하였습니다. 이 얼마나 놀라운 변화요 성장입니까? 예전에는 두려움과 부끄러움에 감히 상상도 할 수 없었던 그들이 예수를 주님이라고 전하기 시작한 것입니다.

"누구든지 주의 이름을 부르는 자는 구원을 받으리라 하였느니라"(21절).

전도의 현장에 가장 강력한 성령의 역사가 일어납니다.

오순절날의 성령 충만은 기독교인들이라면 누구든 좋아하며 그리워하는 본문이기도 합니다. 육신을 가지고 세상에 살고 있는 동안 한번 성령의 충만함을 체험했다고 해서 계속 충만하리라고 생각해서는 안 됩니다. 성령을 체험했으면 그다음부터 말씀과 기도가 늘 뒷받침이 되어 주어야 합니다. 정해진 기도 생활과 성경 읽기는 꼭 필요합니다.

새벽이든 저녁이든 시간을 정해 놓고 지속적으로 기도해야 합니다. 또 우리나라의 속담에 '작심삼일'이라는 속담이 있는 것처럼 사탄이 자주 마음을 흔들어 놓아 기도하지 못하도록 하기도 합니다. 왜입니까?

우리가 하나님의 자녀로 성령 충만을 받고 살아가는 것을 제일 싫어하기 때문입니다.

　성령 충만하고 바르게 잘 믿으려면 우리의 관심사가 세상 생각에서 턴(turn)하여 말씀과 기도로 돌아서야 합니다. 하나님 나라의 확장으로 돌아서야 합니다. 오직 주님만 바라보면서 기도와 말씀이 동반되는 삶을 살아야 성령을 충만하게 유지할 수 있습니다. 에베소서 5장 16절에서 "세월을 아끼라 때가 악하니라."라고 말씀하십니다.

　사랑하는 성도 여러분! 주님 오시는 날까지 오직 예수신앙으로 무장하여 말씀 충만, 은혜 충만, 성령 충만하게 살다가 주님 만나시기 바랍니다. 그때 주님이 이렇게 말씀하실 것입니다.
　"참 잘하였도다. 착하고 충성된 종아!"

　성령 충만하여 변화와 성장으로 세상의 빛과 소금으로 선한 영향력을 끼치는, 여러분이 되시기를 주님의 이름으로 축원합니다.

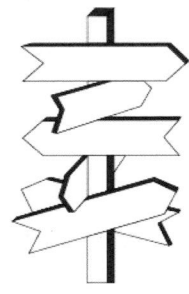

19. 변화와 성장, 그리고 성령 강림 II
행 2:38~39

"베드로가 이르되 너희가 회개하여 각각 예수 그리스도의 이름으로 세례를 받고 죄 사함을 받으라 그리하면 성령의 선물을 받으리니 이 약속은 너희와 너희 자녀와 모든 먼 데 사람 곧 주 우리 하나님이 얼마든지 부르시는 자들에게 하신 것이라 하고"(행 2:38~39).

참으로 빠르게 변하고 있습니다. 특히 우리 아이들이 변한 것을 보면 '정말 많은 시간이 흘러갔구나.' 하는 생각과 함께 '참으로 많이 변했구나.' 하는 생각이 절로 듭니다. 엊그저께만 하여도 갓난아기였던 우리 아이가 대학을 준비하고, 또 얼마 있으면 군대를 간다고 할 것입니다, 참으로 많이 변했습니다.

그러나 여러분, 변화를 두려워하지 마십시오. 성령 강림의 역사가 일어나자 놀라운 변화와 성장의 역사가 일어났습니다. 그들이 성령 충만을 받고 다른 나라 말로 방언을 말하게 되었습니다. 즉 각 나라 말로 예수 그리스도를 전하게 된 것입니다. 십자가의 복음을 그들 나라의 언어로 전한 것입니다. 그들은 놀라 두려워하며 이렇게 말합니다.

"이 소리가 나매 큰 무리가 모여 각각 자기의 방언으로 제자들이 말하는 것을 듣고 소동하여 다 놀라 신기하게 여겨 이르되 보라 이 말하는 사람들이 다 갈릴리 사람이 아니냐 우리가 우리 각 사람이 난 곳 방언으로 듣게 되는 것이 어찌 됨이냐"(행 2:6~8).

"우리가 다 우리의 각 언어로 하나님의 큰일을 말함을 듣는도다 하고 다 놀라며 당황하여 서로 이르되 이 어찌 된 일이냐 하며"(행 2:11~12).

이 놀라운 변화의 역사를 본 믿음 없는 이방인들의 모습은 그저 요란법석을 떨며 소동하는 것과 놀라 신기하게 여기는 것이었습니다.
사랑하는 성도 여러분, 변화에 두려워하지 마십시오. 하나님이 당신을 통하여 하나님의 위대한 일을 이루기 위함입니다. 변화와 성장을 위하여 나타나는 현상을 두려워하지 마십시오. 마귀는 여러분이 신앙으로 무장되는 것을 두려워하여 방해를 할 것입니다. 의심하는 마음·분냄·시기·불평·불만·음행과 탐심, 각종 더러운 것 등등 육체의 소욕을 불어넣어 육체의 소욕을 좇게 만들 것입니다. 이것은 두려워하는 마음입니다. 이것은 마귀가 주는 마음입니다.
그들은 또 말합니다. "저들이 새 술에 취했다." 놀라, 신기하게 여기며 당황하여 하는 말이라고는 고자 조롱하는 말, "저들이 다 갈릴리 사람이 아니냐? 어찌 됨이냐?"입니다. 이들이 말하는 "갈릴리 사람이 아니냐?" 하는 말은 "저 무식한 사람들이 어찌 됨이냐?" 하는 말입니다. 왜냐하면 갈릴리 사람들은 다른 지역에 비해 공부를 하지 않고 조상 대대로 갈릴리 바다에서 고기 잡는 법을 배웠습니다. 이들의 직업은 태어나면서부터 어부입니다. 갈릴리 사람들은 다른 것은 할 것이 없습니다. 그러므로 선택의 여지가 없었던 것입니다.
그런 그들이 외국어를 하니까 얼마나 놀랐겠습니까? 그러니 한다는 말이 "저들이 새 술에 취했다."는 말밖에는 할 말이 없었던 것입니다. 이에 베드로가 "우리는 새 술에 취한 것이 아니다."라고 설교하면서 선지자 요엘의 말이 이루어졌다고 합니다(행 2:20~21). "주의 크고 영화로운 날이 이르기 전에 해가 변하여 어두워지고 달이 변하여 피가 되리라 누구든지 주의 이름을 부르는 자는 구원을 받으리라 하였느니라." 그리고 이어 38절의 말씀을 하십니다.

"베드로가 이르되 너희가 회개하여 각각 예수 그리스도의 이름으로 세례를 받고 죄 사함을 받으라 그리하면 성령의 선물을 받으리니"(38절)

성령에 대한 오해가 많습니다. 방언하는 것이 곧 성령 받음의 증거라고 여겨 열심히 기도하면 성령이 오신다고 하는 생각이 적지 않습니다. 그래서 유명 기도원을 성령 강림의 성소처럼 여기기도 합니다. 그러나 성령은 예수를 그리스도로 믿고 영접한 자에게만 주십니다. 예수를 믿지 않고는 성령을 받을 수가 없습니다. 예수님을 믿는다는 것도 단순히 교회에 나가는 것을 의미하는 것이 아닙니다. 자기의 죄를 회개하고 예수님의 이름으로 세례를 받는 것은 죄 사함이 이루어지는 영적 사건을 의미합니다. 이런 사건의 과정이 곧 성령이 오셔서 이루어가시는 구원의 서정입니다. 다시 말해 예수님을 구주로 믿고 영접하는 것도 성령의 인도하심으로 진행되는 것입니다. 바울 사도가 성령에 대해 혼란스러웠던 고린도교회에 편지하면서 이렇게 설명했습니다.

"그러므로 내가 너희에게 알리노니 하나님의 영으로 말하는 자는 누구든지 예수를 저주할 자라 하지 아니하고 또 성령으로 아니하고는 누구든지 예수를 주시라 할 수 없느니라"(고전 12:3)

성령은 하나님으로부터만 나오는 것이 아니라 하나님과 예수 그리스도로부터 나오는 하나님의 영입니다. 니케아-콘스탄티노플신앙고백서에 나오는 구절 'He(the Holy Spirit) proceeds from the Father and the Son'을 우리는 따르고 있습니다.

　우리는 다른 또 한 가지 성령에 대한 오해를 피해야 합니다. 그것은 성령을 받음이 모든 그리스도인이 받아야 할 필수적인 것이 아니라 특수한 사명자에게만 주어진다는 생각입니다. 과연 그런가요? 아닙니다. 성령은 어떤 특정한 사람에게만 주어지는 것이 아닙니다. 예수 그리스도를 믿는 모든 자들에게 주어지는 것입니다. 그래서 오늘 본문은 이렇게 분명히 말씀하고 있습니다. "이 약속은 너희와 너희 자녀와 모든 먼 데 사람 곧 주 우리 하나님이 얼마든지 부르시는 자들에게 하신 것이라 하고"(39절).

　에베소에 들어갔던 바울은 그곳 사람들에게 물었습니다. "너희가 믿을 때에 성령을 받았느냐"(행 19:2). 이 질문은 성령은 믿는 자 누구에게나 주어지는 하나님의 보편적 은혜(선물)임을 뜻합니다. 바꾸어 말하면 성령 받음은 신자(信者)의 믿음의 증거라고 해도 좋을 것입니다. 오늘 본문은 이것을 더욱 분명히 드러내고 있습니다. 베드로 사도가 성령에 충만하여 거리에서 그리스도의 부활을 증언하던 중, 자기를 향해서 새 술에 취하였다고 손가락질하는 사람들에게 요엘 선지자의 예언을 빌려서 말씀하고 있습니다. 새 술에 취한 것이 아니라 예언대로 자기 같은 미천한 자에게도 하나님께서 성령을 주셨기 때문이라고 한 것입니다.

　"말세에 내가 내 영을 모든 육체에 부어 주리니 너희의 자녀들은 예언할 것이요 너희의 젊은이들은 환상을 보고 너희의 늙은이들은 꿈을 꾸리라 그때에 내가 내 영을 내 남종과 여종들에게 부어 주리니 그들이 예언할 것이요"(행 2:17~18).

성령이 임한 자는 누구나 하나님의 사람입니다. 성령의 오심으로 그를 믿는 자들을 하나 되게 하십니다. 빈부귀천이 없습니다. 조직 교회의 직분과 상관이 없습니다. 사도행전 2장은 성령 강림으로 이루어지는 새로운 세상을 조명해 주고 있습니다. 성령이 임하시어 예수를 주로 믿는 자마다 하나님의 자녀가 되게 하시고, 성령을 보내심으로 언어가 달라도 상호 소통케 하시고(방언), 이웃과 공평케 하시며(유무상통의 헌금), 신앙 공동체를 이루게(예배) 하셨습니다.

오늘 한국 교회는 성령받기를 사모는 하지만 성령님이 오심으로 변하는 세상에 대한 소망이 부족합니다. 성령이 오시면 '하나 되게 하시고'(엡 4:3), '죄를 이기게 하시며', 성령 안에서 '의와 희락과 화평이 충만한 하나님 나라'(롬 14:17)를 꿈꾸게 하십니다. 성령 강림은 개인의 영적 만족을 채워주기 위한 것이 아닙니다. 성령은 교회를 이루게 하시는데, 그 교회는 또 하나의 종교기관이 아니라 만민이 기도하여 세상을 화목케 하시는 하나님의 집입니다(막 11:17).

예수님께서는 보혜사 성령을 보내실 것을 약속(요 14~16장) 하신 후, 제자들을 위하여 "아버지께서 내 안에 내가 아버지 안에 있는 것같이 그들도 다 하나가 되어 우리 안에 있게 하사 세상으로 아버지께서 나를 보내신 것을 믿게 하옵소서."(요 17:21)라고 간절히 기도하셨습니다. 성령 공동체는 화목 공동체입니다. 교회의 화목과 교회의 연합을 깨뜨리는 자는 성령을 훼방하는 죄를 범하는 것이라 할 수 있습니다. 성령님을 어지럽게 하고, 성령님을 근심하게 하는 자입니다. 이런 자는 결단코 사함을 받지 못한다고 하셨습니다.
그러므로 교회생활을 잘해야 합니다. 하나님을 믿는 자를 대적하면 하나님이 결코 용납하지 않습니다. 교회를 어지럽게 하는 자는 결코 하나님이 용서하지 않습니다. 그것은 마귀의 짓이며, 성령을 훼방하는 죄입니다. 예배생활도 잘하시기 바랍니다. 하나님은 하나님을 사랑하는 자를 기뻐하시며 행한 대로 보응하시는 분이십니다.

"누가 능히 그의 면전에서 그의 길을 알려 주며 누가 그의 소행을 보응하랴"(욥 21:31). 시편 기자는 이렇게 고백합니다. "참으로 주께서는 모든 환난에서 나를 건지시고 내 원수가 보응 받는 것을 내 눈이 똑똑히 보게 하셨나이다"(시 54:7). "그들의 행위대로 갚으시되 그 원수에게 분노하시며 그 원수에게 보응하시며 섬들에게 보복하실 것이라"(사 59:18). "불의를 행하는 자는 불의의 보응을 받으리니 주는 사람을 외모로 취하심이 없느니라"(골 3:25).

하나님은 행한 대로 보응하시는 분이십니다. 갚아 주시는 분이십니다. 그러나 성령님은 우리를 하나 되게 하십니다. "형제가 서로 연합하여 동거함이 어찌 그리 아름다운고.", "너희는 서로 합하여 선을 이룰지어다." 성령님은 분리의 영이 아니십니다. 분리의 영은 마귀의 영입니다. 사탄의 영입니다. 성령님은 하나 되게 하십니다.

사랑하는 성도 여러분, 성령님은 복음(말씀) 안에서 역사하십니다. 말씀과 함께 사역하십니다.

초대교회에 임한 성령은 사도들의 가르침과 함께 더욱 충만해져 갔습니다.

"그들이 사도의 가르침을 받아 서로 교제하고 떡을 떼며 오로지 기도하기를 힘쓰니라"(42절).

사도들의 가르침은 곧 그리스도의 십자가의 도와 부활의 증언입니다(행 2:22~36). 성령이 오심도 바로 이것을 증언하도록 능력이 되시기 위해서입니다(행 1:8) 그러므로 성령의 역사는 복음(말씀)과 함께 진행합니다. 성령이 충만한 곳에는 말씀도 충만하고, 말씀이 충만한 곳에 성령이 충만하게 역사하십니다. 이 둘이 나누어질 때 말씀도 성령의 역사도 위축되어집니다. 이 둘이 조화를 이룰 때, 생명과 사랑이 교회 안에 충만하게 될 것입니다. 성령님은 진리의 영이십니다. 그러므로 말씀과 함께 일하시고 역사하십니다. 단독자로 일하시지 않습니다. 말씀과 함께하십니다. 성경을 보면 성부 하나님은 계획하시고, 성자 하나님은 이루시고, 성령 하나님은 도우셨습니다. 그러므로 성령 하나님은 단독자로 역사하지 않으십니다. 성령님은 말씀과 함께 역사하십니다. 그러기에 말씀이 증거되고, 말씀이 전파되는 곳에 강력하게 성령의 나타남이 있습니다.

사랑하는 성도 여러분, 변화와 성장을 두려워하지 마십시오. 성령의 역사는 변화와 성장의 역사입니다. 성령 충만을 받으시기를 바랍니다. 성령 충만하여 세상을 이기고, 죄악을 이기고, 마귀를 제압하고, 거짓 진리로부터 승리하시기 바랍니다.

성령 충만을 받으십시오. 어떻게 받을 수 있습니까? 성령 충만을 사모하시고 기도와 말씀으로 받을 수 있습니다. 하나님의 말씀을 지키고 시행함으로 받을 수 있습니다.

성령 충만을 받으십시오. 그리하여 늘 성령 안에서 변화를 받아 하나님이 기뻐하시고 온전하신 뜻이 무엇인지 분별하도록 하십시오. 그 길은 생명의 길이고, 은혜의 길이고, 축복의 길입니다. 그래서 로마서 12장 2절에 "너희는 이 세대를 본받지 말고 오직 마음을 새롭게 함으로 변화를 받아 하나님의 선하시고 기뻐하시고 온전하신 뜻이 무엇인지 분별하도록 하라."고 주님은 말씀하십니다.

20. 변화와 성장, 그리고 영적 분별력 I
왕하 5:15~19

"나아만이 모든 군대와 함께 하나님의 사람에게로 도로 와서 그의 앞에 서서 이르되 내가 이제 이스라엘 외에는 온 천하에 신이 없는 줄을 아나이다 청하건대 당신의 종에게서 예물을 받으소서 하니 이르되 내가 섬기는 여호와께서 살아 계심을 두고 맹세하노니 내가 그 앞에서 받지 아니하리라 하였더라 나아만이 받으라고 강권하되 그가 거절하니라 나아만이 이르되 그러면 청하건대 노새 두 마리에 실을 흙을 당신의 종에게 주소서 이제부터는 종이 번제물과 다른 희생제사를 여호와 외 다른 신에게는 드리지 아니하고 다만 여호와께 드리겠나이다 오직 한 가지 일이 있사오니 여호와께서 당신의 종을 용서하시기를 원하나이다 곧 내 주인께서 림몬의 신당에 들어가 거기서 경배하며 그가 내 손을 의지하시매 내가 림몬의 신당에서 몸을 굽히오니 내가 림몬의 신당에서 몸을 굽힐 때에 여호와께서 이 일에 대하여 당신의 종을 용서하시기를 원하나이다 하니 엘리사가 이르되 너는 평안히 가라 하니라 그가 엘리사를 떠나 조금 가니라"(왕하 5:15~19).

어느 목사님이 예배가 끝날 무렵 말씀하셨습니다. "다음 주에는 거짓말하는 죄에 대해 설교하려 합니다. 마가복음 17장을 미리 읽고 오셨으면 좋겠습니다." 그 다음 주일에 설교가 시작되기 전, 목사님은 얼마나 많은 사람들이 읽고 왔는지 알고 싶어서, 읽은 사람은 손을 들라고 했습니다. 대부분의 성도들이 손을 들었습니다. 목사님은 웃으면서 말씀하셨습니다. "마가복음은 16장까지밖에 없습니다."

나아만 장군은 변화의 기적을 맛보았습니다. 나병 환자에서 건강한 자로 치료받는 기적의 변화를 맛보았습니다. 이방인에서 하나님의 백성으로 변화와 성장을 맛보았습니다. 변화와 성장의 기본은 기도입니다. 그리고 행함이 있어야 합니다. 실천이 있어야 합니다. 행함이 없는 믿음은 죽은 믿음이라고 하였습니다. 그러므로 전도해야 합니다. 하나님이 몸 된 전이 변화와 성장하기 위해서는 기도와 전도가 필요합니다. 전도의 현장에는 성령님의 강건하심이 있습니다. 그리고 분별의 영을 가지고 하나님의 뜻인지 아닌지, 내가 해야 하는지 아닌지를 분별해야 합니다. 변화와 성장을 위해서는 무엇보다 분별의 영이 필요합니다.

분별(分別)이란 서로 다른 사물을 종류에 따라 나누어 가름을 말합니다. 또한 분별력이란 세상 물정에 대하여 옳고 그름 따위를 적당하게 판단하는 능력을 말합니다. 예를 들면 이런 것입니다. 어떤 어머니는 아들이 위험하다는 사기꾼 일당의 말에 분별력을 잃고 무조건 돈부터 송금하였습니다. 참인지 거짓인지를 분별하지 못하고 행한 것을 분별력이 없다고 하는 것입니다. 그러므로 우리는 영적 분별력을 가져야 합니다. 악인지 선인지를 분별하여 악의 결정을 하지 않고 선을 결정하는 것이 영적 분별력입니다.

그러므로 우리는 영적 분별력이 있어야 합니다. 무엇을 심을 것인지, 아니면 어떻게 심을 것인지, 또 얼마만큼 심을 것인지를 우리는 분별하고 선택해야 합니다. 이것을 우리는 영적 분별력이라고 합니다.

여러분, 농부가 많은 열매를 거두려면 많이 심어야 합니다. 농부는 봄에 농사를 시작할 때, 아직 오지도 않은 가을을 기대하며 농사를 짓습니다. 가을의 풍성한 수확을 기대하며 농사를 짓습니다.

　가을에 많은 수확을 하고자 한다면 어떻게 해야 합니까?

　첫째는 많이 심어야 합니다. 농사를 지은 만큼 수확도 하게 될 것입니다.

　둘째는 부지런히 돌봐야 합니다. 거름도 주고, 비료도 주고, 피(잡초)도 뽑고, 물도 적절하게 주면서 돌보아야 합니다.

　셋째는 적절한 기후가 필요합니다.　바람과 비 · 햇빛이 필요합니다. 자연계에는 태풍도 필요하지만 너무 심하게 태풍을 맞으면 농작물이 다 넘어지고, 과일이 다 떨어져서 풍성한 수확을 할 수가 없습니다. 비가 필요하지만 너무 자주 비가 온다든지, 너무 많이 온다든지, 아니면 안 오면 과일이 열리지 않아서 풍성한 수확을 거둘 수가 없습니다. 태양도 그렇습니다. 햇볕을 쪼이면 당도가 높기는 하지만 너무 과하면 농작물이 녹아버립니다. 병이 듭니다. 물기가 없어 자라지를 못합니다.

　그러므로 모든 것이 적절해야 하고 돌봄이 있어야 하며 하나님의 도우심이 있어야 합니다. 그런데 놀랍게도 농작물을 재배하는 것과 우리가 영혼을 섬기는 것이 똑같습니다. 우리가 아이를 임신하고, 출산하고, 키우는 것과 영혼을 품고 전도하고 돌보는 영혼 사역과 똑같습니다. 하나님의 사역도 똑같습니다. 그래서 우리가 영혼과 교회의 변화와 성장을 꿈꾸며 비전을 품고 나아가는 것과 가을에 거둘 풍성한 추수를 기대하며 농부가 밭을 갈고 씨를 심는 것과 똑같은 것입니다. 또한 부지런히 가을을 기대하며 농작물을 돌보는 것과 영혼 성장을 위하여, 신앙 성장을 위하여 영혼을 사랑하고 그 영혼이 잘 자라가도록 돌보는 것과 농작물을 돌보는 것과 자식을 돌보는 것이 똑같습니다. 그러나 셋째 영역은 신의 영역입니다. 즉 하나님의 영역입니다. 하나님이 하시는 것입니다. 하나님이 이루시고 행하심으로 말미암아 많이 달리고 적게 달리고 하는 것입니다. 잘되고 못되고 하는 것입니다. 즉 죽고 사는 것도 가난하고 부한 것도 하나님이 하시는 것입니다. 그러나 우리는 둘째 영역까지를 무시할 수 없습니다. 이것은 하나님의 명령이기 때문입니다. 이 첫째, 둘째를 보시고 하나님은 우리를 축복하시고, 크게 사용하시고, 많은 열매를 거두게 하셔서 우리를 통하여 큰 영광을 받으시는 것입니다.

분별은 옳고 그름의 분석이고 판단입니다. 그리고 행하는 것을 분별력이라고 합니다. 신학에서는 영적 분별력을 '대처하는 능력'이라고 합니다. 즉 이것은 선과 악을 분별하여 대처하는 것입니다. 이때 기준은 하나님의 말씀입니다. 우리는 하나님의 뜻인가, 아닌가를 분별해야 합니다. 참과 거짓을, 선과 악을 분별해야 합니다. 그러기 위해서는 분별의 영을 가져야 합니다. 분별의 영을 가지기 위해서는 기도해야 합니다. 말씀을 읽고 배워야 합니다. 늘 말씀과 함께하는 큐티의 시간, 경건의 시간을 가져야 합니다. 그럴 때 분별의 영을 가지게 됩니다.

나아만은 하나님의 은혜로 하나님의 사람 엘리사의 말대로 요단강에 들어가 몸을 일곱 번 씻고 저주의 병, 불치의 병인 나병을 치료받았습니다. 기적을 체험한 것입니다. 치료를 받은 나아만은 기뻐 뛰며 정신없이 이 소식을 알리기 위하여 자기 나라로 달려가다 정신을 차리고, 모든 군대와 함께 하나님의 사람 엘리사에게로 도로 와서는 그의 앞에 서서 말합니다. "내가 이제 이스라엘 외에는 온 천하에 신이 없는 줄을 아나이다."라고 고백합니다. 즉 하나님 외에는 신이 아니라는 말입니다. 하나님만이 참 신이라는 말입니다. 그리고 또 이렇게 말합니다. "청하건대 당신의 종에게서 예물을 받으소서." 그런데 좋아해야 할 엘리사는 이 말을 듣고 이렇게 말합니다. "내가 섬기는 여호와께서 살아 계심을 두고 맹세하노니 내가 그 앞에서 받지 아니하리라." 하고 단호하게 말합니다. 나아만이 받으라고 강권하여 받아달라고 말합니다. "제발 나의 작은 성의를 무시하지 마시고 받아 주시옵소서! 하나님의 사람 엘리사여, 제발…!" 그러나 분별의 영을 가진 엘리사는 단호하게 나는 받을 수 없다고 거절합니다.

사랑하는 성도 여러분, 분별의 영을 가지시고 잠잠하지 마십시오. 크리스천으로서 우리의 의사를 분명하게 하십시오! 분명하게 하되 이것이 하나님의 뜻인가, 아닌가 분별하여 우리의 의사를 분명하게 하십시오! 예를 들면 여러분에게 사랑하는 사람이 있다고 하고, 그 사람과 혼전관계, 혼전임신에 대하여 고민을 하고 있습니다. 여러분은 이 혼전관계, 혼전임신을 해도 된다고 생각하십니까? 아니면 해서는 안 된다고 생각하십니까? 사랑하는 사람이고, 그 사랑하는 사람을 위하여 무엇이든 다 주고 싶습니다. 하지만 우리 크리스천은 이것을 반대합니다. 즉 안 된다고 합니다. 그래서 지켜야 할 선이 있다고 하는 것입니다. 이때 우리의 의사를 분명히 해야 할 것입니다. 안 되는 이유를 물으면 분명하게 "하나님의 뜻이야." 또는 "하나님의 말씀이야."라고 말해야 할 것입니다.

그래서 하나님은 성경의 많은 부분에서 "잠잠히 하지 말라"고 하셨고, 또 믿는 자에게는 "예, 예.", "아니라, 아니라."밖에 없습니다.

"오직 너희 말은 옳다 옳다, 아니라 아니라 하라 이에서 지나는 것은 악으로부터 나느니라"(마 5:37).

"하나님의 약속은 얼마든지 그리스도 안에서 예가 되니 그런즉 그로 말미암아 우리가 아멘 하여 하나님께 영광을 돌리게 되느니라"(고후 1:20).

요셉이 잘생기고 머리도 총명하여 보디발의 집을 관리하는데, 그 집 주인 보디발의 아내가 요셉에게 눈짓하다가 동침하기를 청합니다. 이에 요셉이 거절하며 자기 주인의 아내에게 이르되 "내 주인이 집안의 모든 소유를 간섭하지 아니하고 다 내 손에 위탁하였으니 내가 어찌 이 큰 악을 행하여 하나님께 죄를 지으리이까?"라고 말합니다. 지금까지 인도하신 하나님, 앞으로도 나의 인도자가 되시며 나의 만군의 여호와 하나님께 죄를 지을 수 없다는 것입니다.

그러나 이 여인은 집요했습니다. 여인이 날마다 요셉에게 청하였으나 요셉은 듣지 않고 동침하지 않을 뿐더러 함께 있지도 않았습니다. 분별의 영을 가진 요셉은 분별력 있게 끊을 것 끊고, 바라볼 것 바라보는 신앙인입니다. 끊을 것 끊고 바라볼 것 바라보며 살아야 합니다. 할렐루야.

세상 사람들은 자기의 의사를 숨기기도 하고, 표현을 하지 않기도 합니다. 물론 우리도 하지 말아야 할 것은 하지 말아야 합니다. 그러나 우리는 분명히 우리의 의사를 표현해야 합니다. 어떤 꼼수나 잔꾀를 부려서는 안 됩니다. 이것은 이단들이나 하는 것입니다. 이것을 이단들은 '모략'이라고 합니다. 국어사전적으로 보면 잔꾀를 내고, 거짓말하고 수단과 방법을 가리지 않고서라도 자신의 뜻을 이루는 것을 말합니다. 이사야서에 나오는 '모략의 하나님'에 대해, 이단들은 문자적으로 성경을 보고 이런 하나님이라고 합니다. 이단들이 말하는 것처럼 하나님이 그런 하나님이신가요? 그렇게 능력이 없고 야비하신 하나님이신가요? 수단과 방법을 가리지 않으시고, 술수를 내서 잔꾀나 부리고 거짓말을 해서라도 자신의 뜻을 이루는 그런 하나님이십니까? 그런 하나님이라면 나부터 믿지 않습니다.

이사야서의 모략의 하나님이란 '하나님은 하나님의 계획하심을, 또는 하나님의 뜻을 반드시 성취하시는 하나님이심을 가리킵니다.' 잔꾀나 부리고 거짓말하고, 남이야 어떻게 되든지 말든지 수단과 방법을 가리지 않고라도 자기 뜻만을 이루시는 하나님이시라면 그런 하나님은 나부터도 안 믿겠습니다.

이런 짓을 하다가 나아만의 나병이 옮겨와 나병에 걸린 사람이 있습니다. 그 사람은 바로 엘리사의 하인인 게하시입니다. 이것이 악의 말로입니다.

그러나 여기 분별의 영을 가지고 분별력 있는 행동을 분명히 한 사람이 있습니다. 자신의 의사를 분명하게 말합니다. 난 받지 않겠다고 거절을 합니다.

내가 치료한 것이 아니라 하나님이 하셨다는 것을 말하는 것입니다. 내가 한 것이 아니라 이 능력은 하나님의 능력이며, 능력을 행하시는 분은 오로지 하나님이시라는 것을 말하는 것입니다. 그러므로 내가 이 예물을 받을 수 없다는 것입니다. 그래서 엘리사는 예물을 거절합니다.

영적 분별력을 가진 여호수아가 자신의 신앙을 이렇게 고백합니다.

"만일 여호와를 섬기는 것이 너희에게 좋지 않게 보이거든 너희 조상들이 강 저쪽에서 섬기던 신들이든지 또는 너희가 거주하는 땅에 있는 아모리 족속의 신들이든지 너희가 섬길 자를 오늘 택하라 오직 나와 내 집은 여호와를 섬기겠노라"(수 24:15).

17절에 나아만이 이렇게 고백합니다.

"여호와 외 다른 신에게는 드리지 아니하고 다만 여호와께 드리겠나이다."

즉 "오직 여호와만을 섬기겠노라!"입니다. "나아만이 이르되 그러면 청하건대 노새 두 마리에 실을 흙을 당신의 종에게 주소서 이제부터는 종이 번제물과 다른 희생 제사를 여호와 외 다른 신에게는 드리지 아니하고 다만 여호와께 드리겠나이다." 흙을 지고 가겠다는 것은 믿음의 고백이고 맹세입니다. 그리고 나아만은 이렇게 말합니다. 18절입니다. "오직 한 가지 일이 있사오니 여호와께서 당신의 종(나아만)을 용서하시기를 원하나이다 곧 내 주인(아람왕)께서 림몬의 신당에 들어가 거기서 경배하며 그가 내 손을 의지하시매 내가 림몬의 신당에서 몸을 굽히오니 내가 림몬의 신당에서 몸을 굽힐 때에 여호와께서 이 일에 대하여 당신의 종(나아만 나)을 용서하시기를 원하나이다"라고 말합니다.

즉 자신이 림몬 신당에서 몸을 굽힐지라도, 여호와 하나님께 굽히오니 오해하지 마시고 용서하여 달라는 것입니다. 어디에 있든지 무엇을 하든지 이제 오직 여호와만을 섬기겠다고 말합니다. 하지만 성경은 말씀하십니다. "죄는 모양까지라도 버리라."고 하셨습니다. 세상과 주님을 섬기는, 양다리 걸치는 신앙은 안 됩니다. 버릴 것은 버려야 합니다. 이 말에 엘리사가 이르되 "너는 평안히 가라."고 축복합니다. 이에 나아만이 떠납니다. 19절입니다. "엘리사가 이르되 너는 평안히 가라 하니라 그가 엘리사를 떠나 조금 가니라."

나아만은 분별의 영을 가지고 보니, 오직 여호와 외에는 다른 신이 없음을 알게 되었습니다. 그리하여 오직 여호와께 예물을 드리고 여호와만을 섬기겠다고 고백합니다. 분별의 영을 가지면 엘리사와 같이 할 것과 안 할 것, 받을 것과 받지 말아야 할 것을 분별하고 단호히 거절합니다. 모세와 같이, 엘리사와 같이 거절할 것 거절하고, 끊을 것 끊고, 바라볼 것을 바라봐야 합니다. 어디서나 무엇을 하든지 오직 여호와 하나님만 섬겨야 합니다. 할렐루야.

분별의 영을 가지십시오. 분별의 영을 가지려면 늘 기도해야 합니다. 말씀을 읽고 배워야 합니다. 늘 말씀과 함께하는 큐티의 시간, 경건의 시간을 가져야 합니다. 이럴 때 성령 하나님과 동행하고 성령 충만하게 살게 됩니다. 성령 충만한 여러분 되시길 주님의 이름으로 축원합니다. 그리하여 모든 일이 잘됨같이 범사에 잘되고 강건하시길 축원합니다.

21. 변화와 성장, 그리고 영적 분별력 II
왕하 5:20~28

"하나님의 사람 엘리사의 사환 게하시가 스스로 이르되 내 주인이 이 아람 사람 나아만에게 면하여 주고 그가 가지고 온 것을 그의 손에서 받지 아니하였도다 여호와께서 살아 계심을 두고 맹세하노니 내가 그를 쫓아가서 무엇이든지 그에게서 받으리라 하고 나아만의 뒤를 쫓아가니 나아만이 자기 뒤에 달려옴을 보고 수레에서 내려 맞이하여 이르되 평안이냐 하니 그가 이르되 평안하나이다 우리 주인께서 나를 보내시며 말씀하시기를 지금 선지자의 제자 중에 두 청년이 에브라임 산지에서부터 내게로 왔으니 청하건대 당신은 그들에게 은 한 달란트와 옷 두 벌을 주라 하시더이다 나아만이 이르되 바라건대 두 달란트를 받으라 하고 그를 강권하여 은 두 달란트를 두 전대에 넣어 매고 옷 두 벌을 아울러 두 사환에게 지우매 그들이 게하시 앞에서 지고 가니라 언덕에 이르러서는 게하시가 그 물건을 두 사환의 손에서 받아 집에 감추고 그들을 보내 가게 한 후 들어가 그의 주인 앞에 서니 엘리사가 이르되 게하시야 네가 어디서 오느냐 하니 대답하되 당신의 종이 아무 데도 가지 아니하였나이다 하니라 엘리사가 이르되 한 사람이 수레에서 내려 너를 맞이할 때에 내 마음이 함께 가지 아니하였느냐 지금이 어찌 은을 받으며 옷을 받으며 감람원이나 포도원이나 양이나 소나 남종이나 여종을 받을 때이냐 그러므로 나아만의 나병이 네게 들어 네 자손에게 미쳐 영원토록 이르리라 하니 게하시가 그 앞에서 물러나오매 나병이 발하여 눈같이 되었더라"(왕하 5:20~28).

지상 교회는 교회가 존재하는 한 끝까지 변하고 성장해야 합니다. 우리 교회는 더욱더 변하고 성장해야 합니다. 이대로는 안 됩니다. 물도 고이면 썩듯이 이대로 고여 있어서는 안 됩니다. 큰 호수를 향하여 흘러야 합니다. 큰 바다를 향하여 흘러가야 합니다. 아니, 큰 바다를 이루어야 합니다.

그렇다면 변화를 위하여 무엇을 해야 합니까? 기도와 전도를 해야 합니다. 그리고 교제와 헌신, 구제와 선교를 해야 합니다. 말씀양육과 제자훈련을 해야 합니다. 이것을 행하는 것을 영적 분별력이라고 합니다. 그렇습니다. 우리는 변화와 성장을 위하여 기도와 전도가 필요합니다. 영혼을 살리고, 영혼을 구원하는 전도가 필요합니다. 이것은 주님의 뜻이고 주님의 지상 명령입니다. 왕의 어명입니다. 주님의 마지막 소원이고 유언입니다. 그러므로 교회는 변화해야 하고 분별의 영을 가지고 우리 교회가 어떻게 변화하고 왜 변화해야 하는가를 알아 기도와 전도와 양육이 있어야 합니다.

사랑하는 여러분, 이제 우리 교회의 변화와 성장을 위하여 여러분의 기도가 필요합니다. 아직도 믿지 않는 영혼이나, 믿다가 실족된(안 믿는) 영혼을 전도해야 할 의무적 전도가 필요합니다.
전도 대상자가 없다면 하나님께 기도하십시오. 전도할 대상자를 달라고 기도해야 합니다. 그 이유는 전도는 지상 명령이기 때문입니다. 전도를 하지 않으면 화가 임하기 때문입니다.

"내가 복음을 전할지라도 자랑할 것이 없음은 내가 부득불 할 일임이라 만일 복음을 전하지 아니하면 내게 화가 있을 것이로다"(고전 9:16).

전도를 하나님이 가장 기뻐하십니다. 그러므로 전도하면 복 받습니다. 전도할 때 교회와 자신에게 변화와 성장이 일어납니다. 그리고 이것을 행하는 것이 영적 분별력입니다. 여러분의 기도와 전도, 영적 분별력을 통하여 우리 교회가 넓고 깊은 큰 바다를 이루게 되는 것입니다. 큰 호수를 이루고 드넓은 바다를 이루어 갈 줄 믿습니다. 할렐루야.

사랑하는 성도 여러분, 우리는 영적 분별력을 가져야 합니다. 영적 분별력이란 '참인가, 거짓인가? 악인가, 선인가?'를 분별하는 것입니다. '하나님의 뜻인가, 마귀의 짓인가? 하나님이 행하시는 일인가, 마귀가 행하는 것인가?'를 분별하여 행하는 것이 영적 분별력입니다. 이것은 다른 말로는 분별의 영이라고 합니다. 이 분별의 기준은 하나님의 말씀입니다.

우리가 분별의 영을 가지려면 어떻게 해야 합니까?
첫째는 기도해야 합니다.
둘째는 말씀을 읽고 배워야 합니다. 말씀을 가까이해야 합니다.
셋째는 말씀과 함께하는 경건의 시간을 가져야 합니다. 큐티를 해야 합니다. 이럴 때 분별의 영을 가집니다.

첫째, 영적 분별력이 없으면 하나님의 뜻을 알지 못하고 불평불만을 합니다.

사랑하는 성도 여러분, 영적 분별력을 가져야 합니다. 영적 분별력이 없으면 자신이 행하는 일이 마귀의 일인지, 하나님의 일인지 알지를 못합니다. 나아만은 하나님의 은혜를 입고 나병이 치료되는 기적을 맛보기 전에는 마귀를 따르며, 마귀 짓만 하고 하나님의 사람의 말에 불평불만만 하였습니다. 불평불만은 마귀가 주는 것입니다. 교회를 다니면서도 감사하지 못하고 자신의 교회를 비방하고 불평하는 것은 마귀 짓입니다.

나아만을 보십시오. 나아만은 자신의 저주의 병, 불치의 병을 고치기 위하여 하나님의 사람 앞에 섰습니다. 하나님의 사람은 나아만을 만나주지 않고 요단강에 몸을 일곱 번 씻으라고 하였습니다. 그러면 하나님이 치료하여 주신다는 것입니다.

그런데 나아만은 마음에 큰 불평불만이 생겼습니다. 자신의 병을 고쳐준다는데도 불평불만이 가득합니다. 마귀에게 사로잡혀서, 저주의 병에 걸려서, 분별의 영이 없어서 불평불만을 합니다.

"다메섹 강 아바나와 바르발은 이스라엘 모든 강물보다 낫지 아니하냐 내가 거기서 몸을 씻으면 깨끗하게 되지 아니하랴 하고 몸을 돌려 분노하여 떠나니"(12절).

즉 내 고향 다메섹에 이보다 더 좋은 강이 많다는 것입니다. 그러면서 분노하며 돌아가고자 하는 것입니다. 마귀가 그의 마음에 섭섭함을 집어넣어 불평과 분노가 생겨난 것입니다.

비록 적대국이지만 그래도 한 나라의 군대장관인데, 자신을 만나주지도 않고 기도도 해주지 않는다고 섭섭하게 여긴 것입니다. 자신을 무시한다고 섭섭해한 것입니다.

그런데 한번 생각해 보십시오. 그래도 이스라엘의 왕 아합왕에 의하여 엘리사를 만나기는커녕 하나님의 사람의 말도 듣지 못하고 돌아가게 생겼는데도 불구하고, 하나님의 사람이 요단강에 들어가 일곱 번 몸을 씻으라는 하나님의 말씀을 전하여 주었는데도 불구하고, 감사하지는 못하고 불평을 합니다. 이것이 마귀의 짓입니다. 그러므로 분별의 영이 없으면 이것이 참인지 거짓인지를 분별하지 못하고 불평을 합니다.

둘째, 분별의 영이 없으면 탐욕을 품습니다.

나아만은 엘리사의 말을 듣고 평안히 돌아갑니다. 요단강을 조금 떠나 갈 때 하나님의 사람 엘리사의 사환(하인인)인 게하시가 탐욕을 품습니다. 그리고 그는 이렇게 마음속으로 말합니다. "내 주인 엘리사가 아람 사람 나아만을 치료하여 주고 치료비로 그가 가지고 온 것을 그의 손에서 받지 아니하였도다 여호와께서 살아 계심을 두고 맹세하노니 내가 그를 쫓아가서 무엇이든지 그에게서 받으리라." 하고는 나아만의 뒤를 쫓아갑니다.

게하시의 불행의 근본적 요인은 탐욕이었습니다. 나아만이 엘리사에게 예물 받기를 권하여도 받지 않고 거절하는 것을 보고, 게하시는 영적 분별력을 잃어버렸습니다. 예물을 갖고 싶은 생각에 사로잡혀서 불행을 자초하고 맙니다. 하지 말아야 할 것을 하고 만 것입니다. 분별력을 잃어버린 게하시는 왜 주인인 엘리사가 그 예물을 받지 않았는가를 생각하지 못하였습니다. 예물을 받는 것은 하나님의 뜻이 아니기 때문입니다. 또 예물을 받으면 하나님이 치료하신 것이 아니라 엘리사 자신이 치료한 것이 되므로 하나님의 영광을 가리는 것이 되기 때문에 받지 않은 것입니다.

그러므로 우리 그리스도인들은 영적 분별력을 가져 하나님의 뜻인가 아닌가를 먼저 생각해야 합니다. 손해가 되는 것 같아도 하나님의 뜻을 행하면 절대 손해 보지 않습니다. 오히려 더 큰 은혜가 임합니다. 기쁨이 있습니다. 축복이 임합니다. 더 큰 유익을 주십니다.

셋째, 영적 분별력(분별의 영)이 없으면 거짓을 따르고 행하게 됩니다.

엘리사의 하인인 게하시는 말을 타고 나아만을 쫓아갑니다. 나아만이 자기 뒤에 달려옴을 보고 수레에서 내려 맞이하여 이르되, "평안이냐" 하니 게하시가 아주 태연하게 얼굴색도 안 변하고 말하기를 "평안하나이다."라고 말합니다. 그리고 이렇게 나아만에게 거짓말을 합니다. "우리 주인께서 나를 보내시며 말씀하시기를 지금 선지자의 제자 중에 두 청년이 에브라임 산지에서부터 내게로 왔으니 청하건대 당신은 그들에게 은 한 달란트와 옷 두 벌을 주라 하시더이다." 양심을 팔아버리고 거짓말을 스스럼없이 한 것입니다. 거짓말은 마귀의 짓입니다. 마귀는 거짓의 아비입니다. 그래서 마귀는 변장술의 대가라고 합니다. 이단들이나 마귀에 사로잡힌 사람들의 말을 들어보면 다 맞는 이야기 같습니다. 옳은 잣대를 들이대며 하는 말들은 다 옳은 이야기 같습니다. 그런데 그들의 마음은 악합니다. 사심이 있고 파괴적입니다. 사랑이 없습니다. 끝이 좋지 않습니다. 가만히 들어보면 뭔가 2%가 부족합니다. 게하시를 보십시오. 거짓이 도를 넘었습니다.

나아만이 게하시의 말대로, 두 달란트를 받으라 하고 그를 강권하여 은 두 달란트를 두 전대에 넣어 매고 옷 두 벌을 아울러 두 사환에게 지우자 그들이 게하시 앞에서 지고 갑니다.

"언덕에 이르러서는 게하시가 그 물건을 두 사환의 손에서 받아 집에 감추고 그들을 보내 가게 한 후 들어가 그의 주인 앞에 서니 엘리사가 이르되 게하시야 네가 어디서 오느냐 하니 대답하되 당신의 종이 아무 데도 가지 아니하였나이다 하니라"(24~25절).

게하시는 엘리사에게도 거짓말을 합니다. 예물을 집에 감추고는 아무도 만나지 않았다고, 아무 데도 가지 않았다고 거짓말을 합니다. 분별의 영을 잃어버리면 하나님을 생각하지 않습니다. 하나님을 두려워하지 않습니다. 행해야 할 것과 행하지 말아야 할 것을 생각하지 않습니다.

넷째, 영적 분별력을 잃어버린 자의 결과입니다.

엘리사는 회개의 기회를 줍니다. 아니 회개할 것을 촉구합니다. 그럼에도 게하시는 마음이 마귀에게 사로잡혀서 완악합니다. 사악합니다. 그래서 엘리사가 이렇게 말합니다. "한 사람이 수레에서 내려 너를 맞이할 때에 내 마음이 함께 가지 아니하였느냐 지금이 어찌 은을 받으며 옷을 받으며 감람원이나 포도원이나 양이나 소나 남종이나 여종을 받을 때이냐?"라고 말합니다. 게하시가 나아만에게 예물을 받은 것을 다 알고 있는 것입니다. 그래서 호통을 칩니다. 그런데도 게하시는 회개하지 않습니다. 이에 게하시는 벌을 받아서 나아만이 걸렸던 병이 옮겨와 나병에 걸립니다. 벌을 받은 것입니다.

사랑하는 성도 여러분, 하나님의 사람들이여! 이제 우리는 영적 분별력을 가져야겠습니다. 그리하여 참과 거짓, 하나님의 뜻과 아닌 것을 분별하시기 바랍니다.
영적 분별을 가지려면 어떻게 해야 합니까?

첫째는 기도해야 합니다. 둘째는 말씀을 읽고 배워야 합니다. 말씀을 가까이해야 합니다. 셋째는 말씀과 함께하는 경건의 시간을 가져야 합니다. 큐티를 해야 합니다. 그리고 하나님의 사람들은 오직 의와 경건과 믿음과 사랑과 인내와 온유를 따라야 합니다. 이것은 예수 그리스도의 마음입니다. 복음과 십자가의 삶입니다.

"오직 너 하나님의 사람아 이것들을 피하고 의와 경건과 믿음과 사랑과 인내와 온유를 따르며"(딤전 6:11).

할렐루야.

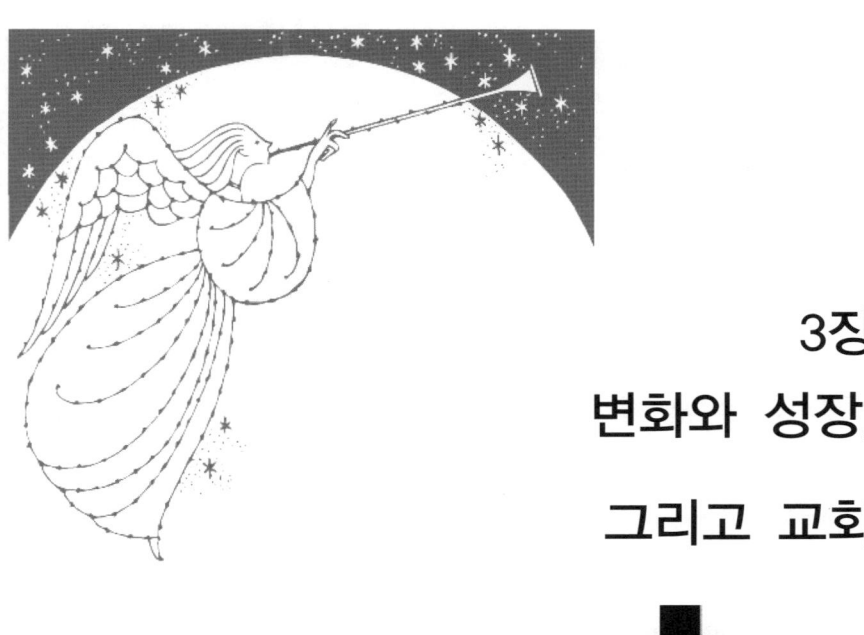

3장
변화와 성장,
그리고 교회

22. 변화와 성장 그리고 기다림 I
눅 2:25~27

"예루살렘에 시므온이라 하는 사람이 있으니 이 사람은 의롭고 경건하여 이스라엘의 위로를 기다리는 자라 성령이 그 위에 계시더라 그가 주의 그리스도를 보기 전에는 죽지 아니하리라 하는 성령의 지시를 받았더니 성령의 감동으로 성전에 들어가매 마침 부모가 율법의 관례대로 행하고자 하여 그 아기 예수를 데리고 오는지라"(눅 2:25~27).

김 민부 작사, 장일남 작곡에 '기다리는 마음'이라는 가곡이 있습니다.

일출봉에 해 뜨거든 날 불러주오
월출봉에 달 뜨거든 날 불러주오
기다려도 기다려도 님 오지 않고
빨래 소리 물레 소리에 눈물 흘렸네

이 노래는 사랑하는 임을 애타게 기다리는 사람의 마음을 묘사하고 있습니다. 해가 뜰 때마다, 달이 뜰 때마다 혹시나 임이 나타나서 자기를 부르지나 않을까 하는 기대와 환상 속에 빠질 정도로 애타게 임을 기다리지만 임은 기어이 오지 않고 아낙네들의 빨래하는 소리에, 물레방아 돌아가는 소리에 자신도 모르게 흘러내리는 눈물을 삼키며, 지는 해, 지는 달을 안타깝게 바라보며 또 하루를 보내야 했던 이의 기다리는 마음이 애절하게 표현되어 있습니다.

그런데 이처럼 사랑하는 임을 기다리는 사람의 애절한 심정을 가지고, 아니 이보다 더 간절한 심정으로 일생 동안 기다리며 살던 사람이 있었습니다. 그 사람은 바로 오늘 본문에 나오는 시므온이라는 사람으로서 2천 년 전에 이스라엘 땅 예루살렘에서 살던 사람이었습니다. 그런데 그가 기다렸던 사랑했던 임은 이성이 아니라 인류를 구원하실 메시아이신 예수 그리스도였습니다. 본문에서 시므온은 의롭고 경건한 사람으로서 이스라엘의 위로를 기다리는 사람이라고 했습니다. 이스라엘의 위로는 이스라엘의 구원을 말하는 것입니다. 즉 그는 이스라엘을 구원할 메시아이신 그리스도를 간절히 기다리고 있었다는 것입니다. 그는 그리스도를 보기까지는 죽지 않으리라는 성령의 약속하심을 받고 결국 탄생하신 메시아, 아기 예수를 만나 뵙게 됩니다.

이 시므온은 무엇 때문에 이처럼 일생 동안 의롭고 경건하게 지내며 그리스도를 기다렸을까요?

그것은 시므온이 살던 세상이 어둠의 세상이었기 때문입니다. 그 당시 세상은 개인적인 윤리, 사회적인 윤리가 다 파괴되고 죄로 말미암아 더러워진 어두운 세상이었습니다. 종과 여자들의 인권은 여지없이 무시되었고, 기형아와 비록 멀쩡한 아이라도 부모가 원하지 않는 아기는 죽이는 것이 용납되었습니다. 이교도의 우상숭배가 만연했으며 하나님의 백성으로서 경건하다고 스스로 자처하는 유대인들도 무거운 형식적 율법주의에 속박되어 있었고, 예언자들의 소리는 그친 지 오래되었으며, 정치적으로도 로마에 식민지 된 상태에서 유대 백성은 로마의 압박과 수탈 속에서 살아야 했습니다. 또 로마에 빌붙어 유대를 다스리던 헤롯 왕가는 정권을 유지하기 위해 무자비한 살상을 자행했으며 백성들로부터 과중한 세금을 거둬들여 온갖 사치와 향락 속에서 지냈습니다.

이렇게 어두운 세상 속에서 시므온은 그리스도가 오셔야만 이 어두운 세상이 밝아질 수 있다고 생각하고, 어두운 세상에 유일한 희망이 되실 그리스도를 간절히 기다렸던 것입니다. 하나님께서는 그의 간절한 기다림의 소원을 들어주셔서 그로 하여금 탄생한 그리스도를 만나 볼 수 있게 하셨습니다.

그리스도는 어두운 세상에 어둠을 밝히실 빛으로, 온 인류의 위대한 희망으로 오십니다. 세상의 어둠을 밝게 비추실 분은 오직 예수 그리스도 한 분뿐입니다.

오늘의 세상은 어떠합니까? 시므온이 살던 시대보다 훨씬 물질문명이 발달했지만 죄로 인한 세상의 어둠은 더 심각합니다. 우리는 예수님 시대보다 더 빠르게, 그리고 더 멀리 여행하고, 더 신속하게 의사를 전달하고, 더 높이 건물을 지으며, 더 많은 문화의 혜택과 물질의 풍요를 누리고 있습니다. 이 시대의 어둠은 초나 전기가 부족해서 오는 것이 아닙니다. 이 시대의 어둠은 정신적·영적 결핍에서 오는 것입니다. 삶의 여러 분야에 짙은 어둠이 전혀 걷히지 않고 있습니다. 피부색으로 인한 차별, 성으로 인한 차별, 출신지로 인한 차별이 여전하며, 무자비한 폭력과 지능적인 범죄가 계속 증가일로에 있습니다. 또 약물 중독, 마약에 의한 범죄, 각종 성범죄, 성적 난잡함으로 인한 에이즈 공포, 환경오염, 핵에 의한 멸망의 공포와 온갖 종류의 분쟁으로 인한 평화 파괴의 위협에 이 시대가 직면해 있습니다.

이 시대가 어떻게 될지, 우리 모두는 물질적 풍요 속에서도 끊임없이 불안해하고 있습니다. 건강의 불안, 경제에 대한 불안 등등, 마귀가 주는 불안이 이 시대를 잠식하였습니다. 불안하다 보니 모두가 잃을까 봐 바쁩니다. 더 많은 것을 모으기 위하여 바쁩니다. 왜 그리도 바쁜지 모르겠습니다. 그러다 보니 잡아야 할 것을 잡지 못하고 있습니다.

이러한 이 시대의 어둠 속에서 우리가 기다려야 할 것이 있습니다. 마치 2천 년 전에 시므온이 시대의 어둠과 절망 속에서 메시아, 예수 그리스도를 간절히 기다린 것같이 우리도 예수를 간절히 기다려야 합니다(지혜로운 다섯 처녀처럼 등과 기름을 준비하고 기다려야 합니다). 시므온의 기다림은 떠나간 임이 올지 안 올지 몰라서 불안과 탄식으로 범벅이 된 절망적인 기다림이 아니라, 성령께서 지시하시고 약속하신 대로 반드시 오시는 분에 대한, 오셔서 어둠을 비추시는 빛이 되시며, 어둠을 깨치시고 새벽을 여시는 분에 대한 기대와 감격에 가득 찬 희망의 기다림이었습니다.

그리스도만이 이 시대의 어둠과 절망 속에서 우리를 구하실 수 있습니다. 그리스도만이 이 시대의 소망입니다. 그런데 이 시대를 어둠에서 구하실 유일한 분이 그리스도이시기 때문에 이 시대가 간절히 그리스도를 기다려야 함에도 불구하고 그러한 간절한 기다림을 볼 수 없습니다. 진정한 변화와 성장의 불꽃은 예수 그리스도에 대한 소망의 인내에 있습니다. 기다림에 있습니다.

오늘 우리는 대강절을 보내고 있습니다. 대강절이란 인내의 시간이며, 기다림의 시간입니다. 대림절 혹은 대강절이란 한 해의 출발을 알리는 절기입니다. 성탄절을 맞이하기 전 4주 동안을 의미하며 인류를 위하여 오실 예수 그리스도를 기다리며 준비하는 기간입니다. 대림절은 단순히 성탄절을 준비하는 기간에서 더 나아가서 이 세상 끝날에 다시 오실 예수 그리스도를 기다리며 준비하는 기간입니다. 말씀을 묵상하고, 나를 성찰하며 조용히 돌아보면서 회개하고, 나를 넘어서 이웃과 함께하면서 의미 있는 성탄을 준비하면서 믿음을 가지고 주님을 기다리는 의미 있는 시간이 되시기를 바랍니다.

이렇게 대강절 기간에 그리스도의 오심, 즉 성탄을 간절히 기다려야 하는 이유가 어디에 있습니까?

그리스도의 탄생은 보통 사람들의 탄생, 즉 자연인의 탄생과 구별됩니다. 그리스도의 탄생은 인류의 구원자로 오시는 특별한 '오심', '강림'의 사건, 즉 '성육신의 사건'입니다. 그분은 저절로 나신 것이 아닙니다. 하나님의 뜻을 따라 특별한 목적을 가지고 이 세상에 오셨습니다. 그분이 오신 목적을 알려주는 칭호가 바로 그리스도입니다.

예수께서는 그리스도로서 오십니다. 그리스도는 '기름부음을 받았다'는 뜻을 갖고 있습니다. '기름부음을 받는 것'은 하나님께서 특별한 사명을 주시고 세운다는 것을 의미합니다. 예수께서는 그리스도로서, 즉 기름부음을 받은 분으로 하나님께로부터 특별한 사명을 받으셔서 우리에게 오시는 분이라는 것입니다.

예수께서 하나님께로부터 받은 사명은 바로 죄 가운데 있는 인간들의 구원입니다. 그리스도의 오심은 전적으로 인간의 구원에 있습니다. 예수 그리스도의 오심은 하나님께는 영광이 되며 이 땅 위에 있는 모든 민족에게는 평화가 됩니다. 그분은 오셔서 죄 가운데 있는 모든 인간들에게 자유를 주셨습니다. 그분은 죄의 어둠, 실패의 어둠, 좌절의 어둠 속에 있는 우리에게 빛으로 오셨습니다. 그분은 죄로 인해 죽을 수밖에 없는 우리에게 생명을 주시고 더욱 풍성하게 하시기 위해 오셨습니다. 그분은 혼돈과 무질서의 세상 속에서 불안과 공포에 떨고 있는 우리에게 평안을 주시기 위해서 오셨습니다. 그가 오신 것은 세상 모든 백성에게 미치는 큰 기쁨의 좋은 소식이었습니다. "무서워 말라. 보라, 내가 온 백성에게 미칠 큰 기쁨의 좋은 소식을 너희에게 전하노라. 오늘날 다윗의 동네에 구주가 나셨으니 곧 그리스도 주시니라."

크리스마스 시즌이 되면, 거리와 백화점에 등장하는 산타클로스는 그리스도의 희생과 봉사를 전해주는 상징이 아니라, 단지 어떤 이들의 돈벌이 수단으로 이용될 뿐입니다. 그래서 성탄절이 우리로 하여금 성탄의 주인공 그리스도와 그분의 사랑과 섬김, 나눔에 대해 관심을 갖게 하기보다는 어떤 선물을 받을까, 어떻게 성탄휴가를 즐겁게 보낼까에 관심을 갖게 합니다.

어제 우리 교회도 성탄트리를 만들었습니다. 이렇게 성탄이 되면 성탄 카드를 보내며, 성탄트리를 만들고, 성탄 예배를 드리며, 화려하게 성탄 축하 행사를 하며 반갑게 성탄 인사를 나눕니다.
그러나 그보다 더 중요한 것은 진정으로 우리 마음속 깊이 그리스도를 맞이하는 벅찬 감동이 있어야 합니다. 그런데 많은 그리스도인들조차 점점 성탄을 형식적으로 맞이하고 있으니 크게 염려스럽습니다. 용돈을 받고, 선물받을 것을 기다리는 기간이 되어서는 안 됩니다. 진정한 성탄 준비는 '그리스도를 간절히 기다리는 마음'입니다. '그리스도를 간절히 기다리는 마음'이 없으면 화려한 성탄 장식이나 행사는 아무 의미가 없습니다.
우리가 진정한 성탄을 준비할 때, 즉 주님을 간절히 사모하고 기다리며 성탄을 맞이할 때, 하나님은 우리에게 선물이라는 은혜를 거저 주시는 것입니다. 선물이 주가 아니라, 예수님이 주인공인 것입니다. 선물을 사모하고 기다리는 것이 아니라 주님을 기다려야 합니다.

주여, 속히 오시옵소서! 마라나타! 주여, 어서 오시옵소서! 하늘 문을 여시고 임하소서!

주여, 이 마라나타 신앙으로 우리 신앙에 변화와 성장을 주시옵소서!

흔히 '인간은 감정의 동물'이라고 하지만 현대인들의 감정은 아주 메마른 것 같습니다. 텔레비전의 쇼나 코미디를 보며, 농담을 즐기며, 많은 웃음을 웃지만 진정한 기쁨은 없는 것 같습니다. 불쌍한 사람들을 봐도, 슬픈 일을 당해도 우리의 눈에서는 쉽사리 눈물이 나오지 않습니다. 가슴이 찡해지지 않고, 눈에서는 눈물이 마른 지 오래되어 버렸습니다. 슬픈 것을 싫어하고 될 수 있는 대로 피하려고 합니다. 슬퍼할 줄을 모르고, 슬퍼할 줄 모르기 때문에 순수함을 맛보지도 못합니다. 진한 감동을 느끼거나 벅찬 감격에 젖어 보지도 못합니다. 물질을 통해 순간적인 만족만 얻으려고 합니다. 사랑도, 우리의 감정과 정서도 인스턴트화 되고, 물질화 되었습니다. 자신의 욕망이 속히 이루어지기만 바라고 차분하게 기다릴 줄을 모르게 되었습니다.

이제 우리는 간절한 기다림 속에서 이 대강절을 보내야 할 것입니다. 시므온처럼 간절하게 그리스도를 기다리는 변화와 성숙한 사람만이 그리스도와 감격적인 만남을 가질 수 있습니다. 성탄절을 보내면서도 그리스도를 만나는 벅찬 감격이 없는 것은 우리에게 간절히 그리스도를 기다리는 마음이 없기 때문입니다. 기다리는 마음이 없는 사람은 그리스도가 오신 사건이 정말 얼마나 감격스러운 일인지 실감하지 못합니다. 시므온은 평생 동안 사랑하는 임을 기다리는 것보다 더 간절하게 이스라엘을 구원하실 그리스도를 기다렸고, 결국 그리스도를 만나게 되었습니다. 그는 성전에서 아기 예수를 가슴에 안고 감격에 벅

차 하나님께 찬송했습니다. 주여 우리도 시므온처럼 변화된 그리스도인, 성숙한 그리스도인이 되게 하여 주소서!

"내 눈이 주의 구원을 보았사오니 이는 만민 앞에 예비하신 것이요 이방을 비추는 빛이요 주의 백성 이스라엘의 영광이니이다."

이 시므온처럼 우리 개인의 소망이시며, 인류의 희망이시고 구원이신 그리스도의 오심을 간절히 기다리는 마음으로 경건하게 기도하며, 대강절의 남은 기간을 보냄으로써 벅찬 감격 속에 성탄절을 맞이할 수 있는 변화되고 성숙한 우리 교회와 성도 여러분이시기를 바랍니다.

23. 변화와 성장, 그리고 기다림 II
갈 4:4

"때가 차매 하나님이 그 아들을 보내사 여자에게서 나게 하시고 율법 아래에 나게 하신 것은"(갈 4:4).

인생은 기다림입니다. 세상의 모든 것은 기다림으로부터 시작합니다. 부모가 10달 동안 아이의 탄생을 기다리고, 아이는 부모와의 만남과 세상과의 만남을 기다리고, 봄은 여름을 기다리고, 여름은 가을을, 가을은 겨울을 기다리는 것같이 인생은 기다림입니다. 아니, 세상의 모든 것은 기다림입니다. 봄이 오면 씨를 심는 농부도, 과수원의 과수원지기도 모두가 기다림이 있습니다.

그런데 과학 문명이 발달하면서 인간의 인내심은 점점 줄어들고 있습니다. 기다리지를 못합니다. 현대인은 교통신호가 바뀌고 나서 0.5초 이내에 차가 출발하지 않으면 뒤차의 운전사가 짜증을 내며 빵빵댑니다. 컴퓨터 앞에서 화면이 바뀌기를 기다리는데 3초 이상이 걸리면 짜증을 내기 시작합니다. 각종 매표소에서 큰돈을 내고 잔돈을 거슬러 받는 시간이 30초를 넘기게 되면 사람들은 짜증을 냅니다. 엘리베이터 앞에서 기다리는 시간이 3분을 넘기게 되면 역시 짜증을 냅니다. 택시를 기다리는 시간이 5분 이상 되면 기다리던 사람들 중 절반 이상은 포기하고 다른 방법을 택하게 됩니다. 그리고 저는 개인적으로 낚시를 제일 못합니다. 이유는 가만히 앉아서 추를 바라보면 기다리지를 못해서입니다. 현대인은 이처럼 '오래 참지' 못합니다.

"쌀에 물만 붓는다고 밥이 되는 것은 아닙니다"(기다림의 미학, 뜸). 뜸이 들어야 합니다. 그래야 맛있는 밥이 되는 것입니다. 이것이 기다림입니다. 기다리지 못한다면 우리는 결코 맛있는 밥을 먹을 수가 없습니다.

인내의 기다림은 강력한 힘입니다.

도끼와 톱과 망치가 서로 힘자랑을 하고 있었습니다. 이들은 아주 단단한 쇳덩이를 부수는 쪽에 '맏형'의 지위를 주기로 했습니다. 먼저 도끼가 나섰습니다. 도끼는 날을 세워 쇳덩이를 내리쳤습니다. 도끼의 날만 무디어질 뿐 쇳덩이는 전혀 손상을 입지 않았습니다. 이번에는 톱이 나섰습니다. 톱은 쇠의 표면에 날을 대고 열심히 반복 운동을 했습니다. 그러나 톱의 날이 모두 뭉그러지고 말았습니다.
"너희는 안 돼."
망치가 의기양양하게 나섰습니다. 망치는 있는 힘을 다해 쇳덩이에 부딪쳤습니다. 작고 약한 불꽃이 이 광경을 지켜보고 있었습니다.
"내가 한번 해볼까?"
모두 큰 소리로 웃었습니다.
"우리처럼 강한 자들이 못한 일을 작고 연약한 네가 어떻게…."
불꽃은 쇳덩이를 끌어안고 타오르기 시작했습니다. 쇳덩이에서 떨어질 줄을 모르고 끈질기게 달라붙었습니다. 한참 시간이 지나자 쇳물이 녹아내리기 시작했습니다. '낙수가 바위를 뚫는다.'는 말이 있습니다. 인내와 끈기는 역경의 쇳덩이를 녹이는 가장 강력한 힘입니다.

이스라엘 백성들은 자신들의 구원자가 오기만을 학수고대하며 기다렸습니다. 그러나 기다리는 예수님은 오시지 않았습니다. 그러나 믿음의 사람들은 포기하지 않고 기도하며 기다렸습니다. 그 결과 예수님은 때가 차매 오셨습니다.

1. 말씀의 예언대로 오셨습니다.

예수님 탄생 400년 전 이사야 선지자의 예언대로 오셨습니다. 하나님의 말씀의 예언대로 오셨습니다. 이사야서 7장 14절에 "그러므로 주께서 친히 징조를 너희에게 주실 것이라 보라 처녀가 잉태하여 아들을 낳을 것이요 그의 이름을 임마누엘이라 하리라."라고 말씀하고 있습니다.

마태복음 1장 18~25절에 하나님은 요셉에게 예수 탄생에 대하여 이렇게 말씀하십니다.

예수 그리스도의 나심(마 1:18~25)

"예수 그리스도의 나심은 이러하니라 그의 어머니 마리아가 요셉과 약혼하고 동거하기 전에 성령으로 잉태된 것이 나타났더니 그의 남편 요셉은 의로운 사람이라 그를 드러내지 아니하고 가만히 끊고자 하여 이 일을 생각할 때에 주의 사자가 현몽하여 이르되 다윗의 자손 요셉아 네 아내 마리아 데려오기를 무서워하지 말라 그에게 잉태된 자는 성령으로 된 것이라 아들을 낳으리니 이름을 예수라 하라 이는 그가 자기 백성을 그들의 죄에서 구원할 자이심이라 하니라 이 모든 일이 된 것은 주께서 선지자로 하신 말씀을 이루려 하심이니 이르시되 보라 처녀가 잉태하여 아들을 낳을 것이요 그의 이름은 임마누엘이라 하리라 하셨으니 이를 번역한즉 하나님이 우리와 함께 계시다 함이라 요셉이 잠에서 깨어 일어나 주의 사자의 분부대로 행하여 그의 아내를 데려왔으나 아들을 낳기까지 동침하지 아니하더니 낳으매 이름을 예수라 하니라"(마 1:18~25).

이렇게 예수님 탄생은 말씀의 예언대로 오신 것입니다.

2. 때가 차매 오셨습니다.

모든 것은 때가 있습니다. 기한이 있습니다. 심을 때와 열릴 때와 익을 때와 거둘 때가 있습니다. 그러기에 모든 것은 기다림이 필요합니다.

예수님은 때가 차매 오셨습니다. 기한과 계획의 때가 차매 오셨습니다. 당시 로마는 전 세계를 로마의 땅으로 만들기 위하여 이웃 나라를 공격하며 승승장구하였습니다. 또한 전 세계를 로마화시키기 위하여 로마군은 전쟁을 위한 도로를 닦았습니다. 그래서 사람들이 '모든 도로는 로마로 통한다.'라고 말할 정도로 많은 군사도로를 놓았습니다.

이렇게 전 세계를 향하여 도로가 놓였을 때 예수 그리스도는 오셨습니다. 때가 찬 것입니다. 때가 차매 오신 것입니다. 이 도로를 통하여 예수님의 십자가 사랑은 전해졌습니다. 전쟁을 위하여 닦은 도로는 복음을 전하는 도로가 된 것입니다. 기다림 속에 때가 차매 오셔서 인류를 구원하시기 위하여 십자가를 지시고 부활 승천하신 것입니다. 이 구원의 소식이 전 인류를 향하여 번져 나아가 오늘 우리도 믿게 된 것입니다. 이것이 변화와 성장의 기다림입니다. 이것이 '때가 차매'입니다.

그래서 갈라디아서 4장 5~7절은 이렇게 말씀하십니다.

"율법 아래에 있는 자들을 속량하시고 우리로 아들의 명분을 얻게 하려 하심이라 너희가 아들이므로 하나님이 그 아들의 영을 우리 마음 가운데 보내사 아빠 아버지라 부르게 하셨느니라 그러므로 네가 이후로는 종이 아니요 아들이니 아들이면 하나님으로 말미암아 유업을 받을 자니라."

죄로부터 속량함을 받고 양자의 영을 받고 하나님의 아들이 되었으며, 영원한 하나님 나라를 유업으로 받은 자들이 된 것입니다.

이것이 예수님이 오실 기한이 임한 사건입니다. 우리도 때가 되었습니다. 부흥의 때가 되었고, 우리 교회가 쓰임 받을 때가 되었습니다. 우리가 쓰임 받을 때입니다.

그러나 이때와 기한은 우리에게 달린 것이 아니라 하나님의 손에 있습니다. 하나님께 달려 있습니다. 그러기에 우리는 그때를 기다리며 최선을 다해야 합니다. 게으르지 말고 열정을 다해야 합니다. 다시 말하여 철저한 준비가 있어야 합니다. 하나님은 준비되었을 때 오셨고, 준비된 자를 사용하십니다. 그러므로 때가 차매 오신 것같이, 때가 차매 이루실 줄 믿습니다.

변화와 성장을 위한 믿음의 기다림이 필요합니다. 때와 기한이 필요하고, 준비됨이 필요합니다. '때가 차매'가 필요합니다. 이것은 전적인 하나님의 권한 안에 있습니다. 하나님이 이루실 것을 믿는 믿음이 있어야 합니다.

사랑하는 여러분, 기대감을 가지고, 고대하며, 기다림으로 올라가야 산 정상에 오를 수 있습니다. 힘들다고 중간에서 포기하면 결코 산 정상에 오를 수 없습니다. 우리가 신앙생활을 하다가 힘들다고 포기하면 안 됩니다.

3. 우리에게는 끝까지 믿음을 잃지 않는 성실함과 기다림의 도전이 필요합니다.

믿음에 도전을 받고, 믿음 생활에 박해를 받고, 믿음 생활에 어려움이 올 수도 있습니다. 그러나 시므온같이 포기하지 말고 끝까지 예수를 기다리는 기다림의 믿음이 있어야 합니다. 간절히 사모하며 끝까지 위로자를 기다린 시므온은 구원주이신 예수를 품에 안을 수 있었습니다.

간절한 기다림이 없이는 주님을 만날 수 없습니다. 고대하고 기대한 자만이 은혜를 체험할 수 있습니다. 우리도 어떤 경우에라도 포기하지 않고, 믿음의 절개를 지키는 굳은 믿음이 필요합니다. 끝까지 기다린 자만이 예수를 만날 수 있습니다. 끝까지 올라간 자만이 산 정상에 설 수 있습니다.

유영만의 「용기」라는 책 중에 보면 이런 글이 나옵니다.
'물은 100도에 이르지 않으면 결코 끓지 않습니다. 증기기관차는 수증기 게이지가 212도를 가리켜야 움직입니다. 99도, 211도에서는 절대로 변화가 일어나지 않습니다. 고작 1도 차이일 뿐인데도 말입니다. 용기는 집요함을 요구합니다. 마지막 1퍼센트의 인내가 인생의 성패를 좌우합니다.'
시험도 불과 1점 차이로 합격과 불합격이 갈립니다. 올림픽은 더해서 겨우 0.01초 차이로 메달의 순위가 바뀝니다. 다 끝났다 싶을 때 한 번 더 살펴보고, 더 이상 길이 없다 싶을 때 한 걸음 더 나아가야 '변화와 성장'이 옵니다. 마지막으로 한 번 더! 한 걸음만 더! 여기에 성공의 비결이 있습니다.

변화와 성장을 위하여 끝까지 포기하지 말고, '마지막으로 한 번 더! 한 걸음만 더!' 믿음을 잃지 말고 성실함과 기다림의 도전이 있기를 바랍니다. 때가 차매 오셨습니다. 때가 차매 주시고, 다시 오십니다. 우리는 지혜로운 다섯 처녀와 같이 등과 기름을 준비하고 기다리는 저와 여러분이 되시기를 축원합니다.

24. 변화와 성장, 그리고 감사 I
고전 15:10

"그러나 내가 나 된 것은 하나님의 은혜로 된 것이니 내게 주신 그의 은혜가 헛되지 아니하여 내가 모든 사도보다 더 많이 수고하였으나 내가 한 것이 아니요 오직 나와 함께하신 하나님의 은혜로라"(고전 15:10).

사도 바울은 자신의 삶을 뒤돌아보며 하나님의 은혜에 감사의 찬양을 합니다. 자신이 예수를 만나기 전의 모습과 만난 후 자신이 살아온 길을 회상합니다. 참으로 은혜의 삶이었고, 참으로 많은 우여곡절을 겪은 찬란한 삶이었습니다. 예수님을 핍박했고, 예수 믿는 사람들을 핍박했습니다.

그래서 예수님과의 첫 만남에서도 사울이었던 바울이 "당신은 누구십니까?"라고 물었을 때, 예수님은 이렇게 대답하십니다. "네가 핍박하는 예수니라." 사울이 얼마나 예수 메시아 예언을 거부하고, 핍박을 하였으면 예수님께서 이렇게 말씀을 하였겠습니까? 그런 그가 예수님을 만나고 회심 후 예수복음, 십자가 복음을 전하여 정말 말로 다할 수 없는 놀라운 기적과 표적을 맛보며, 진리의 말씀을 알고, 깨닫는 것이 세상의 그 어떤 것보다 귀하고 소중하고 좋았으면, 수없이 옥에 갇히고, 매를 맞으며, 욕을 먹어도 예수 십자가만을 전했겠습니까?

그는 오늘 본문에서도 이렇게 고백합니다.

첫째는 "내가 나 된 것은 하나님의 은혜로 된 것이다."라고 고백합니다. 이것이 과거의 회상입니다. 그는 진리를 왜곡하는 영지주의자들의 우두머리였습니다. 그런 그가 예수를 만나고 회심을 하였습니다. 그리고 예수를 위해서만 감사하며 살았습니다.

두 번째로는 이렇게 고백합니다. "내게 주신 그의 은혜가 헛되지 아니하여 내가 모든 사도보다 더 많이 수고하였습니다." 그 은혜가, 즉 나를 위하여 하늘 보좌 버리시고 이 땅에 오셔서 고난을 받으시고, 십자가를 지시고, 부활 승천하시고, 다시 오실 것을 약속하신 은혜가 너무너무 커서, 죄로 말미암아 지옥 형벌을 받을 수밖에 없던 자신에게 구원의 은총, 구원의 은혜를 베푸셨음에 너무너무 감사하여 헛된 시간, 헛된 인생 살지 않고 말씀에 매여 다른 사도보다 더 열심히, 더 많은 수고를 하고, 하나님을 기쁘게 하는 삶, 진리에 매인 삶을 살았음을 말하는 것입니다.

셋째는 이렇게 고백합니다. "내가 한 것이 아니요 오직 나와 함께하신 하나님의 은혜로라." 진정한 믿음의 완결을 보여줍니다. 이 모든 것이 나의 열심이 아니라 하나님의 은혜라는 것입니다. 자기의 희생이나 헌신은 아무것도 없고, 내가 한 것은 없으며, 오직 하나님의 은혜라고 찬양합니다. 그렇습니다. 우리가 해야 할 것은 감사입니다. 감사는 더 큰 감사를 낳습니다.

그러므로 우리가 먼저 해야 할 감사는 무엇입니까?

1. 하나님의 은혜에 감사해야 합니다.

나를 창세전에 택하시고, 자녀 삼으시고, 부르심에 대한 감사입니다. 나의 나 됨에 감사해야 합니다. 나를 하나님의 도구로 사용하심에 감사해야 합니다. 아무 능력도, 자격도 없는 나를 십자가 은혜로 사랑하시고, 구원하시고, 하나님 나라의 확장을 위하여 사용하여 주시니 감사해야 합니다.

세상의 모든 종교는 인간이 신을 찾아가지만 세계 유일하게 신이 우리에게 찾아오셔서, 아니 창세전에 택하시고, 자녀 삼으시고, 부르셔서 구원의 은총과 은혜와 감격 속에 살아가게 하심에 대한 감사입니다. 우리가 이 은혜를 잊어버리면 하나님께 죄를 범하는 것이 됩니다. 이 은혜를 잊어버리면 우리는 하나님을 향한 경외를 잃어버리고, 성도로서 거룩을 잃어버리게 되어 있습니다. 입술로는 하나님을 말하지만 하나님의 말씀과 동떨어진 삶을 살게 됩니다.

그러므로 우리는 늘 '코람데오'의 삶, 신전의식을 가지고 살아가야 합니다. 그래야 우리는 하나님의 은혜에 감사하는 삶을 살 수 있습니다. 지금 내가 나 된 것은 나와 함께하시는 하나님의 은혜입니다. 그럼에도 불구하고 불평과 불만을 가진다면 그것은 나와 함께하시는 하나님의 은혜를 몰라서 그렇습니다. 더 안 좋아질 수 있는 상황 가운데서도 하나님은 우리의 길을 지금까지 인도하셨습니다. 그리고 기회를 주십니다. 하나님은 우리에게 축복 주시기를 원하십니다. 은혜 베푸시기를 원하십니다.

"여호와는 네게 복을 주시고 너를 지키시기를 원하며 여호와는 그의 얼굴을 네게 비추사 은혜 베푸시기를 원하며 여호와는 그 얼굴을 네게로 향하여 드사 평강 주시기를 원하노라 할지니라 하라 그들은 이같이 내 이름으로 이스라엘 자손에게 축복할지니 내가 그들에게 복을 주리라"(민 6:24~27).

그러므로 우리가 복 받을 짓을 해야 복을 받습니다. 은혜에 감사하십시오. 하나님의 더 큰 은혜가 임할 것입니다.

2. 가족을 주심에 감사해야 합니다.

가정을 주심도, 가족을 이루어 주심도 하나님의 은혜입니다. 하나님이 하신 것입니다. 우리는 가족의 소중함을 알아야 합니다. 그래서 하나님은 부모를 공경하라고 하셨고, 네 자녀를 귀히 여기라고 하셨습니다. 이것은 가족을 주신 분도, 가정을 이루신 분도 하나님이시며, 가정의 소중함을 말하는 것입니다.

3. 오늘 우리의 만남에 감사해야 합니다.

좋은 교회, 좋은 목사님, 좋은 성도를 만나게 하신 하나님의 은혜에 감사합니다. 이 만남은 우연이 아닙니다. 하나님의 계획하심이었고, 하나님의 뜻이며, 하나님의 은혜입니다. 그래서 하나님은 말씀하시기를 협력하여 선을 이루라고 하셨습니다. 그런데 오늘날 이단들이 들어와 많은 사람들을 유혹하고, 이간질하고, 현혹하면서 사용하는 것이 비방과 불평과 불만과 불신입니다. 즉 열심히 하고, 좋은 교회에 좋은 목사, 좋은 성도들을 파괴하려고 사용하는 무기로 분리의 영을 집어넣는 것입니다. 분리의 영의 마귀의 영입니다. 이 분리의 영이 들어오면 성령의 불씨가 아니기 때문에 악한 일이 일어납니다. 하나님의 영은 선을 이루고, 평안을 이루고, 화평을 이루지만 이 분리의 영은 악한 일을 일으킵니다. 그래서 가정이 싸우고, 파탄이 나고, 이혼을 하고, 사업이 안 되고, 직장을 잃고 등등의 일이 일어납니다.

분리의 영은 의로움을 가장하여 들어옵니다. 그런데 여러분, 이 세상에 완전하고 완벽한 사람이 있습니까? 그렇게 선한 사람이 있습니까? 주님도 말씀하시기를, 선한 분은 하나님 아버지 한 분뿐이시라고 하셨습니다. 남의 허물을 말하고 들추려면 자신이 완전해야 합니다. 그래서 주님은 남의 눈의 티를 빼려 하지 말고 네 눈에 있는 들보를 먼저 빼라고 하셨습니다. 가정을 허무는 분리의 영을 잡아야 합니다. 몰아내야 합니다. 그래야 가정이 평안해지고, 사회가 평안해지며, 교회가 평안해집니다.

교회를 비방하고, 불평하고, 불만을 가지고, 불신하는 것은 분리의 영의 짓입니다. 이단의 짓입니다. 마귀의 짓입니다. 교회에 이런 것이 보이고, 듣게 되거든 하나님께 기도하십시오. 금식하며 기도하십시오. 이것이 믿음인의 자세입니다. 하나님께서, 애굽에서 비참하게 노예생활을 하는 이스라엘 백성들을 보시고, "내가 너희들의 아픔을 보았고, 고통의 소리를 들었노라. 내가 눈이 없어 보지 못함도 아니요, 귀가 없어 듣지 못함도 아니요, 손이 없어 건지지 못함도 아니니라."라고 하셨습니다.

사랑하는 여러분, 기도를 할 때입니다. 도리어 감사하십시오. 더 좋은 일을 이루실 때입니다. 하나님이 더 좋은 일을 주실 때입니다. 하나님이 더 좋은 일을 이루실 것입니다. 축복의 때입니다. 기도 응답의 때입니다. 변화의 때입니다. 변화와 성장을 원한다면 감사하십시오. 그러므로 도리어 감사하십시오.

우리는 그저 감사해야 합니다. 어떤 경우에라도 감사해야 합니다. 어제 사소한 일로 아내와 다퉜는데 아내가 제게 날카로운 말폭탄을 던졌습니다. 그래서 '아, 내가 목사의 자질이 못되는구나!' 하는 생각을 하였습니다. 물론 진리의 문제가 아닌 아주 사소한 것 가지고 싸웠습니다. 그런데 그 사소한 것이 아내보다 더 귀하고 소중하겠습니까? 그럼에도 싸웠습니다. 아내 주심에, 아내가 있음에 감사하지 못하고 말입니다. 이것에 난 목사로서 마귀에게 졌다는 생각을 하였습니다. 아내가 있음에 감사하고, 남편이 있음에 감사하여 보십시오. 그깟 사소한 것이 무슨 대수로운 일이겠습니까? 정성껏 등을 두드려 주고, 두 손으로 등을 긁어 줄 것입니다. 땀이 범벅이 되어 쉰 냄새가 나고, 작업복에 먼지투성이라도 반갑게 안아주고 맞이해 줄 것입니다. 그런데 감사를 잃어버리면 원망과 탄식만 나오는 것입니다. 우리의 만남에 감사합시다.

4. 앞으로 우리를 통해 이루실 하나님의 비전과 계획하심에 감사해야 합니다.

하나님은 우리를 통하여, 우리 교회를 통하여, 아니 나를 통하여 큰 일을 이루실 것입니다. 나를 사랑하는 자가 되어야 합니다. 그래서 바울은 이렇게 고백하는 것입니다. "내가 나 됨은 하나님의 은혜로 된 것"이라고 고백하는 것입니다. 찬양하고 감사하는 것입니다. 우리는 지금까지의 은혜를 잊어서는 안 됩니다.

어디 그뿐입니까? 하나님은 우리들에게 하나님의 영광을 위한 위대한 비전을 주시고, 그 비전을 이루어 가고자 하십니다. 하나님이 주신 그 비전을 향하여 나아가는 사람을 도와주십니다. 순종하는 자들에게 은혜를 베푸십니다.

얼마 전에 대부도 갯벌체험을 다녀왔습니다. 그곳에서 마지막으로 조개 캐기 체험을 하였습니다. 트랙터를 개조하여 만든 자동차를 타고 갯벌에 나갔습니다. 아직 바닷물이 다 빠지지 않아서 조금 기다렸다가 들어가서는 조개 캐는 법을 배우고, 조개를 캐기 시작하였습니다. 처음에는 서툴렀지만 금방 캐는 법을 터득하였습니다. 한참을 캐는데 제 아내가 얼마나 잘 캐는지 한 바구니가 차게 되어, 가지고 간 다른 봉지에 가득 담았습니다. 그리고 또 캐는데 옆을 보니 제 아내가 조개를 캐서 못 캔 아이들에게 나누어 주는 것입니다. 그러면서 하는 말이 열심히 하고, 캐려고 하는 사람들에게는 더 많이 준다는 것입니다. 그런데 조개를 캘 생각이 없고, 게나 잡으려고 하는 사람에게는 안 준다는 것입니다.

그렇습니다. 하나님은 사모하는 자를 만나주시고, 복 주시고, 은혜를 베푸십니다. 도와주시고 복 주십니다. 마치 삭개오같이 말입니다. 주님 만나길 간절히 사모하여 돌무화과나무에 올라간 삭개오에게 찾아오셔서 내려오라고 말씀하시고 은혜를 베푸시는 것같이 말입니다. 하나님은 우리를 통하여 하나님의 위대한 일을 이루시기를 원하십니다. 이것을 위한 하나님의 비전과 계획하심이 있습니다. 이것을 위하여 우리에게 꿈과 비전을 주셨습니다.

어떤 경우에라도 감사해야 합니다. 무슨 일이라도 감사해야 합니다. 나의 나 됨에 감사해야 합니다.

「뉴스에듀」의 김무식 기자의 글 중에 '어떠한 경우에도 감사하라'라는 제목의 글이 있습니다. 15가지의 생활에 대한 글입니다.

1. 원망하고 불평하지 말라.

2. 어떠한 경우에도 감사하라.
3. 언제나 때를 기다려야 한다.
4. 숨을 거두면 모든 것이 끝이다.
5. 잠잠하고 참고, 언제나 기다려라.
6. 무슨 일이든 내 뜻대로 하지 말라.
7. 불평을 하게 되면 악을 만들게 된다.
8. 매일 새벽 긍정적인 자세로 기도하라.
9. 나의 일생과 나의 계획을 신께 맡겨라.
10. 자아가 강하면 반드시 무너지게 되어 있다.
11. 자신이 가지고 있는 모든 것을 내려놓아라.
12. 망설이지 말고 머뭇거리지 말라. 진리를 향하여
13. 부정적이고 남을 탓하는 사람과는 어울리지 말라.
14. 내 것, 나의 영역, 나의 자존심, 나의 업적을 신께 맡겨라.
15. 엎드려 기도하고, 기도하며, 또 기도하라. 반드시 이루어진다.

생활 속에서 그 어떤 경우에라도 감사하는 우리가 되었으면 합니다. 변화와 성장을 원하시면 감사하십시오. 하나님은 감사하는 자에게 더 큰 감사를 허락해 주십니다. 하나님의 은혜에 감사하고, 나의 나 됨에 감사하고, 가족 주심에 감사하며, 우리의 만남에 감사하고, 하나님의 비전과 계획하심에 감사하며, 어떤 경우라도 감사하는 저와 여러분이 되시기를 축원합니다.

25. 변화와 성장, 그리고 감사 II
요 6:4~13

"마침 유대인의 명절인 유월절이 가까운지라 예수께서 눈을 들어 큰 무리가 자기에게로 오는 것을 보시고 빌립에게 이르시되 우리가 어디서 떡을 사서 이 사람들을 먹이겠느냐 하시니 이렇게 말씀하심은 친히 어떻게 하실지를 아시고 빌립을 시험하고자 하심이라 빌립이 대답하되 각 사람으로 조금씩 받게 할지라도 이백 데나리온의 떡이 부족하리이다 제자 중 하나 곧 시몬 베드로의 형제 안드레가 예수께 여짜오되 여기 한 아이가 있어 보리떡 다섯 개와 물고기 두 마리를 가지고 있나이다 그러나 그것이 이 많은 사람에게 얼마나 되겠사옵나이까 예수께서 이르시되 이 사람들로 앉게 하라 하시니 그곳에 잔디가 많은지라 사람들이 앉으니 수가 오천 명쯤 되더라 예수께서 떡을 가져 축사하신 후에 앉아 있는 자들에게 나눠 주시고 물고기도 그렇게 그들의 원대로 주시니라 그들이 배부른 후에 예수께서 제자들에게 이르시되 남은 조각을 거두고 버리는 것이 없게 하라 하시므로 이에 거두니 보리떡 다섯 개로 먹고 남은 조각이 열두 바구니에 찼더라"(요 6:4~13).

오늘의 본문은 무엇보다도 예수님의 심정과 우리를 향하신 꿈과 비전을 원하시고 있음을 발견할 수 있는 말씀입니다. 특히 이 오병이어의 기적을 행하실 때 예수님이 하늘을 향하여 하신 행동을 통하여, 우리는 감사는 변화와 성장의 필수 조건이라는 것을 알 수 있습니다.

어떤 사람이 돌부리에 걸려 넘어졌습니다. 다음날 그 돌부리에 걸려 또 넘어졌습니다. 그 다음날 조심한다고 했는데 또 걸려 넘어졌습니다. 그 다음날 신경을 곤두세웠는데 또 걸려 넘어졌습니다. 그 다음날 돌부리를 비켜간다고 했는데 또 넘어졌습니다. 그 다음날 또 넘어져서 길 한가운데 주저앉아 돌부리를 방치한 행정당국을 욕했습니다. 그 다음날 또 넘어져 이번에는 길 가운데 돌부리를 보고도 그냥 지나친다고 국민의식을 신랄하게 욕했습니다. 그 다음날 또 넘어져 박근혜 대통령은 뭐하냐고 대통령을 비난했습니다. 그 다음날 또 넘어져 "말세야, 말세!"라며 하나님을 원망했습니다. 불평과 원망 속에서 사는 사람들은 불신앙의 사람들입니다. 이것이 요즈음 정치고, 편협된 종교인들의 모습이고 사회입니다. 자신을 살리고 자신의 가치와 목적을 살피지 않는 사람들의 모습입니다. 이런 사람들에게는 과거의 감사도, 현재의 감사도, 미래의 감사도 없습니다.

김준호 군은 인하대학교 공과대학 건축과에 진학하여 공부하다가 군에 입대했습니다. 군복무 19개월이 되던 10월 어느 날, 부대에서 실수로 땅바닥에 떨어져 크게 다쳤습니다. 척추 중에서 가장 중요한 경추를 크게 다쳐 전신마비 환자가 되었습니다. 그러나 그는 절망적인 신체장애를 탓하지 않고 예수 그리스도를 영접하고, 받은바 은혜를 감사하며 생활했습니다.

"첫째는 내가 전신마비 환자가 되었기 때문에 주님을 영접하고 믿게 된 것이 무엇보다 감사합니다. 둘째는, 군대에서 다쳤기 때문에 치료비를 해결할 수 있게 된 것을 하나님께 감사합니다. 셋째는 원호병원에 입원하는 중에 지금의 아내를 만나게 된 것을 감사합니다. 아내는 그때 병원의 실습생이었습니다. 넷째는 남들이 하지 못하는 구필화가(입으로 그리는 화가)가 된 것이 감사합니다."

그는 지금 '인당'이라는 화명으로 붓을 입에 물고 글씨나 그림을 그리고 있습니다. 1981년도에 세종문화회관에서 전시회를 갖고, 하나님의 영광을 드러내었습니다. 그는 이렇게 말했습니다. "하나님께서 내게 베푸신 은혜를 생각할 때마다 감사하지 않을 수 없습니다." 늘 감사하는 사람이 신앙인입니다.

탈무드에 나오는 이야기입니다. '세상에서 가장 현명한 사람은 배우는 사람이며, 세상에서 가장 강한 사람은 자기를 이기는 사람이며, 세상에서 가장 행복한 사람은 범사에 감사하는 사람이다.'

요한복음 6장 5절~6절 말씀을 보면, 많은 사람들이 예수님께로 모여들었습니다. 사람들을 보시면서 예수님이 생각하신 것은 사람들에게 먹을 것을 주는 것이었습니다. 예수님에게 그 의무나 책임이 있는 것이 아닙니다. 사람들을 사랑했기 때문에 먹을 것을 주고 싶었습니다. 예수님은 우리에게 먹을 것을 주시기 원하시는 분입니다. 예수님은 사람들이 배불리 먹을 것을 원했습니다. 꿈꾸고 소망했습니다. 이것을 비전이라고 합니다. 놀라운 은혜의 시작은 비전이었습니다. 하지만 빌립은 계산적이었습니다. 너무나 현실적입니다. 하지만 그들에게는 예수님과 같은 아름다운 비전이 없었습니다. 예수님의 비전은 이들을 배불리 먹이는 것이었습니다. 예수님의 기도요 믿음이었습니다. 이것이 빌립과 안드레와 예수님의 차이점입니다.

빌립은 정확하게 계산을 했습니다. 계산해보았더니, 200 데나리온이 있어야 합니다. 여기가 끝입니다. 사람들에게 먹을 것을 주려는 마음이 없습니다. 비전이 없습니다. 그냥 합리적으로 계산한 것뿐입니다. 자신이 똑똑하다는 것입니다. 그러나 자신의 똑똑함이 사람들에게 아무런 도움이 되지를 않습니다. 이것은 똑똑한 것이 아닙니다.

　안드레는 보리빵 다섯 개와 물고기 두 마리를 가지고 있는 한 아이를 발견했습니다. 여기가 끝입니다. 사람들에게 먹을 것을 주려는 마음이 없습니다. 비전이 없습니다. 그냥 보리빵 다섯 개와 물고기 두 마리를 가지고 있는 한 아이를 발견한 것뿐입니다. 자신이 눈이 좋다는 것입니다. 그러나 사람들에게 아무런 도움이 되지를 않습니다. 그는 패배주의자였습니다. 그래서 그는 이렇게 말했습니다. "무슨 소용이 있겠습니까?"

　요한복음 6장 10~11절에 보면, 예수님께서는 "사람들을 앉게 하여라." 하고 말씀하셨습니다. 그곳은 넓은 풀밭이었습니다. 그래서 그들이 자리를 잡고 앉았는데 남자의 수가 5천 명쯤 되었습니다. 이에 예수님께서 빵을 들어서 감사를 드리신 다음에 앉은 사람들에게 나누어 주시고 물고기도 그와 같이 해서, 그들이 원하는 대로 주셨습니다.
　여기서 우리가 주목하여 보아야 할 것이 '예수님이 빵을 들고 감사를 드리신 다음에 앉은 사람들에게 나누어 주셨다.'는 것입니다.

　예수님은 사람들을 앉게 하셨습니다. 남자의 수가 5천 명쯤 되었습니다. 먹어야 하는 사람은 5천 명입니다. 현재 가진 것은 보리빵 다섯 개와 물고기 두 마리입니다. 예수님이 원하시는 것은 5천 명이 먹는 것입니다. 예수님의 비전은 5천 명이 먹는 것입니다. 그러나 현실은 보리빵 다섯 개와 물고기 두 마리입니다. 나의 비전은 건강함인데 현실은 아픕니다. 나의 비전은 풍성함인데 현실은 궁핍합니다. 나의 비전은 행복함인데 현실은 불행합니다. 비전과 현실 사이에서 예수님이 어떻게 하시나 주목해야 합니다. 비전과 현실 사이에서 예수님은 감사를 드렸습니다. 개역개정에서는 '축사, 축복(blessing)'이라고 기록되어 있습니다. 새번역에는 '감사'라고 기록되어 있습니다. NIV 영어성경에는 'thanks(감사)'라고 기록되어 있고, KJV 영어성경에도 'thanks(감사)'라고 기록되어 있습니다. 헬라어 원어 성경에는 '유카리스테오(ευχαριστεω)', 즉 '감사를 돌리다'라는 뜻입니다. 기쁨·즐거움을 뜻하는 '카라(χαρά)'에서 온 말입니다. 감사는 놀라운 영성을 가지고 있습니다. 놀라운 비전의 영성을 가지고 있습니다. 원망과 불평만 해댄다면 결코 비전은 현실로 이루어질 수 없습니다. 감사만이 변화와 성장을 이룰 수 있습니다. 지금 사회가, 그리고 우리가 얼마나 힘들고 어렵습니까? 우리에게 필요한 것은 감사밖에 없습니다. 어려움이 있다면 감사하십시오. 해결 방법은 감사뿐입니다.

예수님의 비전은 5천 명이 먹는 것입니다. 그러나 현실은 보리빵 다섯 개와 물고기 두 마리입니다. 이렇게 부족한 중에서 예수님이 하신 영적인 행위는 '감사'를 드린 것입니다. 감사를 드리신 다음에 앉은 사람들에게 나누어주셨는데, 놀라운 은혜가 있었습니다. 먹을 것을 5천 명이 원하는 대로 주셨습니다. 비전이 현실로 이루어졌습니다.

"그들이 배부른 후에 예수께서 제자들에게 이르시되 남은 조각을 거두고 버리는 것이 없게 하라 하시므로 이에 거두니 보리떡 다섯 개로 먹고 남은 조각이 열두 바구니에 찼더라"(요 6:12~13).

예수님은 남은 음식을 조금도 버리지 말라고 하셨습니다. 그래서 부스러기를 모았더니 열두 광주리에 가득 찼습니다. 12광주리는 12달, 1년 내내 주리지 않고 광주리를 채워주심을 말씀하십니다. 얼마나 놀라운 일입니까? 이 놀라운 영성은 감사의 영성에서 온 것입니다. 그러니 이것이 얼마나 어렵습니까? 나도 모르게 자꾸만 원망과 탄식을 하게 됩니다. 우리는 이때 자꾸 기도와 찬양과 말씀을 통해 원망과 탄식을 내 속에서 내몰아야 합니다. 그리고 주변에 원망하고 불평하는 사람들이 있으면 피하십시오. 기분이 나빠지고 전염됩니다. 정죄하지 마시고 자리를 피하십시오. 그리고 빨리 다른 곳에 가서 기도와 찬양으로 감사하십시오. 감사의 영성이 풍성한 은혜를 가져옵니다.

레나 마리아(Lena Maria)는 1968년에 스웨덴에서 태어났습니다. 두 팔이 없이 태어났습니다. 왼쪽 다리도 오른쪽 다리의 절반 길이로 태어났습니다. 병원에서는 그녀를 보호소에 맡길 것을 권유했습니다. 그러나 독실한 크리스천인 그녀의 부모는 레나를 하나님이 주신 아이로 확신했습니다. 그리고 정상아와 똑같이 신앙으로 키웠습니다. 그 결과 수영과 십자수, 요리와 피아노 연주, 운전과 성가대 지휘에 이르기까지 그녀는 오른발로 못하는 것이 없습니다. 스웨덴 대표로 세계장애인 수영선수권대회에 참석해서 금메달 4개를 따기도 했습니다. 또한 스톡홀름 음악대학에서 현대음악을 전공한 이후 본격적인 가스펠 싱어로서 세계적인 활동을 벌이고 있습니다. 1995년 정상인인 비올라 연주가 비욘 클링벨과 결혼하여 스웨덴에서 행복하게 살고 있습니다. 그녀의 고백입니다.
"나는 삶이 주는 모든 것에 감사하는 마음으로 노래를 부른다. 모든 사람이 고귀하다고 생각하기 때문이다. 하나님은 우리 개개인을 각각 특별한 목적과 남다른 이유를 따라 창조하셨다. 그래서 우리는 모두 다르다.
나는 두 팔이 없다. 대신 하나님은 아름다운 목소리를 주셨다. 때때로 우리는 부족하게 살기도 하고 아무것도 없이 살 때가 있다. 그러나 돈이 없는 것, 배운 게 없다는 것이 중요하진 않다. 우리 모두는 동등한 가치와 의미를 가지고 있으며, 그래서 우리는 모두 소중한 존재라고 생각한다."

행복하기 때문에 감사하는 것이 아닙니다. 감사하면 행복해집니다. 감사는 비전을 현실로 만드는 영성입니다. 변화와 성장의 축복의 길은 감사입니다. 감사의 영성은 우리에게 놀라운 일을 가져다주십니다. 하나님이 말씀하십니다.
"놀라운 일을 경험하고 싶으냐? 그러면 감사하라. 하늘 보좌를 움직이고 싶으냐? 그러면 감사하라. 변화와 성장을 원하느냐? 그러면 감사하라. 기적을 원하느냐? 그러면 감사하라."
할렐루야.

"울며 씨를 뿌리러 나가는 자는 반드시 기쁨으로 그 곡식 단을 가지고 돌아오리로다"(시 126:5).

귀한 씨앗이 하나 땅에 떨어져 결국에 많은 열매를 맺게 된다는 것을 기억하십시오.

26. 변화와 성장, 그리고 제2의 감사
시 7:17

"내가 여호와께 그의 의를 따라 감사함이여 지존하신 여호와의 이름을 찬양하리로다"(시 7:17).

변화와 성장을 원하십니까? 그렇다면 감사를 시작하십시오. 감사하는 마음, 감사하는 생각, 감사하는 말, 감사하는 행동은 세상을 변화시키고 나를 성장시킵니다.

물론 왜 감사해야 하는가를 알고 감사하는 것은 정말 좋은 에너지를 가져오지만, 그렇지 않더라도 감사하여 보십시오. 억지로라도 감사하십시오.

여러분에게 미운 사람이 있습니까? 도리어 사랑하는 마음, 감사하는 마음을 가져보십시오. 당신의 스트레스가 날아가고 그 사람이 측은해 보이든가, 아니면 불쌍한 생각이 들 것입니다. 감사는 상대와 사회를 변화시키지만 먼저는 나를 변화시키고 성장시킵니다. 오늘 당장 감사를 시작하여 보십시오. 그중 우리 그리스도인들은 제일 먼저 주님을 향한 감사로부터 시작해야 합니다. 나를 위하여 십자가를 지신 사랑의 주님을 생각하며 구원의 주님에 감사해야 합니다. 그 주님을 믿는 것을 감사해야 합니다. 우리는 주님의 십자가와 부활을 믿음으로 말미암아 구원을 받기 때문입니다. 주님을 믿음으로 구원을 받기 때문입니다. 그러므로 감사뿐입니다. 구원받았으매 감사뿐입니다.

오늘 시편 7편은 다윗이 사울에게 쫓겨 다닐 때 지은 것입니다. 사무엘상 19~26장이 그 배경을 이루고 시의 주제는 하나님의 공의를 간구한 기도입니다. 공의는 심판과 연결되지만 이 심판이 의인을 구원하는 것이기에 하나님 편에 있는 다윗에게는 절실한 것이었습니다. 더욱이 오늘 다윗의 감사는 도저히 감사할 수 없는 상황 가운데서의 감사입니다. 이것을 저는 제2의 감사라고 부르고자 합니다. 사울에게 쫓겨 다닐 때 적대자의 중상모략을 받고서 하나님께 호소한 비탄시로, 이때 다윗은 하나님께 자신이 무고하게 모함을 받는 가운데 감사를 드리며 결백성을 토로하는 것이 오늘 시편 7편입니다.

감사할 일을 감사하는 것은 누구에게나 아주 쉬운 일입니다. 그것은 너무나 평범하고 당연하여 때로는 그것을 잊어버리고 감사하지 않고 살아갑니다. 그러나 우리 주위를 살펴보십시오. 감사할 것이 참으로 많습니다. 예를 들면 공기입니다. 하나님이 우리 인간에게 주신 공기 또한 우리는 너무나 당연한 것으로만 생각하고 살아갑니다. 그러나 공기가 없으면 우리는 살 수 없습니다. 우리가 아파서 죽을 것 같으면 병원을 찾아가고, 약을 먹고, 그러다 치료를 받으면 "할렐루야"를 외치고 감사합니다. 그러나 공기가 없으면 죽는데도 우리는 할렐루야는 커녕 감사하지도 않습니다. 이런 것들이 우리 주위에는 너무나 많습니다. 이것을 가리켜 모순적 존재 또는 선택적 존재라고 합니다. 선택하여 감사하는 사람들을 말하는 것입니다. 즉 사람에게는 순기능적 정상적인 사람과 역기능적 모순적·선택적 존재들이 있습니다. 이 두 사람은 아주 큰 차이를 가지고 있습니다. 그것 중의 하나가 감사입니다.

"하나님을 알되 하나님을 영화롭게도 아니하며 감사하지도 아니하고 오히려 그 생각이 허망하여지며 미련한 마음이 어두워졌나니 스스로 지혜 있다 하나 어리석게 되어 썩어지지 아니하는 하나님의 영광을 썩어질 사람과 새와 짐승과 기어다니는 동물 모양의 우상으로 바꾸었느니라 그러므로 하나님께서 그들을 마음의 정욕대로 더러움에 내버려 두사 그들의 몸을 서로 욕되게 하게 하셨으니 이는 그들이 하나님의 진리를 거짓 것으로 바꾸어 피조물을 조물주보다 더 경배하고 섬김이라 주는 곧 영원히 찬송할 이시로다 아멘"(롬 1:21~25).

사랑하는 성도 여러분, 우리는 늘 우리의 모든 것을 주심에 감사해야 합니다. 우리가 맑은 공기를 마실 수 있음에 감사하고, 우리가 숨 쉴 수 있음에 감사하는 것입니다. 이것이 없으면 자살합니다. 고통이 너무나 커서, 삶에 회의를 느껴서 자살을 합니다. 우울증에 걸리고, 심한 스트레스에 시달립니다. 이것 또한 선택적 존재들이 하는 경우입니다. 그러나 더 좋은 것을 주실 하나님께 감사해 보십시오. 희망이 있고 소망이 생깁니다. 우리 주위에 감사할 것들이 많음에 우리는 선택적 감사를 하고 있습니다. 그러면 안 됩니다. 우리는 어떤 경우에도 감사해야 합니다.

감사할 것이 있어서 감사하는 것, 이것은 믿든, 안 믿든 누구나 할 수 있는 것입니다. 또한 선택적 감사는 올바른 감사가 아닙니다. 이것은 모순적 감사입니다. 정상적 순기능적 감사는 시시때때로, 그리고 평범하고 일반적인 감사를 넘어 모든 것을 감사하는 것입니다. 이 모든 것이라는 것은 도저히 감사할 수 없는 것까지도 감사하는 것을 말합니다.

진정한 감사를 찾아 감사하는 것은 물론이요, 감사할 것과 감사하는 사람과 감사하고픈 사람에게 감사하는 것은 너무나 당연한 것이기에 감사할 수 없는 것을 감사하는 것까지 포함하고 있습니다. 그럼에도 불구하고 감사입니다. 이것이 하나님께서 우리에게 보여주시고, 베풀어 주신 구원의 은혜, 구원의 은총입니다.

물론 도저히 감사할 수 없는 극한 상황이 있습니다. 대적자들이 있습니다. 그래서 주님은 말씀하시기를 마귀를 대적하라고 하셨습니다. 우리는 이것을 영적 싸움이라고 하였습니다. 그러나 그 가운데서도 항상 사랑의 감사함이 있습니다.

이것이 무엇입니까? 영적 전쟁에서 승리케 하시고, 원수와 압제자들을 멸하시고, 물리쳐주시는 하나님께 대한 감사함이 있습니다. 그저 우리는 감사할 것뿐입니다. 그런데 일반적 감사, 선택적 감사는 또 하나의 기회주의자, 약삭빠른 아부자를 만들어 냅니다. 물론 감사의 훈련을 위해서는 인위적인 감사가 필요합니다. 하지만 그것에 멈추어 버리면 모순적·선택적 감사를 합니다. 감사할 것만 감사하게 되어 있습니다. 그것도 자신의 기준에 맞추어서 말입니다. 그러다 보면 감사를 잃어버립니다.

그래서 하나님은 말씀하시길 "내 원수까지도 사랑하라!"고 하셨습니다. 이것에는 놓아줌이, 용서함이 있습니다. 이것이 사랑이고 이것이 감사입니다. 즉 도저히 사랑할 수 없는 것을 사랑하며, 도저히 용서할 수 없는 것을 용서하며, 도저히 감사할 수 없는 것을 감사하는 것입니다. 이것이 기독교적 감사입니다. 이 사랑을 입은 자들이 우리이기 때문입니다. 그러기에 감사입니다. 그러므로 제2의 감사는 도저히 사랑할 수 없는 자를 사랑하며 용서하고 감사하는 것입니다. 개인적 변화에서 사회적 변화, 세상적 변화를 넘어 영혼의 변화로 이어지는 것이

제2의 감사입니다. 이것이 기독교적 감사입니다. 할렐루야.

사랑과 감사 등은 긍정의 에너지입니다. 하지만 미움·다툼·시기·질투·분노·이간질 등등은 부정의 에너지입니다. 긍정의 에너지에는 놀라운 기적의 힘이 있습니다. 그러나 부정의 에너지에는 파괴의 힘이 있습니다. 긍정의 에너지는 길이 열리고, 기쁨이 있고, 행복이 있고, 일이 해결되고, 나음이 있고, 소망이 있고, 희망이 있고, 도저히 불가능한 일이 가능케 되는 기적의 역사들이 일어납니다. 성령 하나님이 능력이시기 때문입니다. 하지만 부정의 에너지는 분열과 멸망과 죽음이 있습니다. 마귀의 능력이기 때문입니다. 긍정의 능력, 긍정의 에너지를 넘치게 하십시오!

시편 50편은 예배에 대한 말씀입니다. 이 시는 아삽이 지은 시로서 제사의식인 예배에 대하여 말하면서 제사의식과 윤리의식의 문제를 다루고 있습니다. 그중 악인들에 대한 하나님의 경고가 나오는데 그들은 십계명을 글자 하나 빼지 않고 줄줄 외우고, 예배도 빠지지 않고 잘 드리지만 윤리적으로 타락한 자들을 향하여 엄중히 경고하십니다.
조금 더 말씀드리면 택함받은 백성들에게 형식적인 예배에 대하여 경고하시면서, 영적인 예배를 드릴 것을 말씀하시는 것입니다.

하나님은 형식적으로 믿는 자들을 심판하시는 분이십니다. 마음으로부터 하나님의 은혜에 감사하는 경외함이 없이 형식적으로만 하나님께 예배하는 것은 하나님 앞에 가증스런 행위입니다. 그래서 하나님은 시편 50편 22절에 이런 자들을 경고하시면서 이렇게 말씀하십니다.

"하나님을 잊어버린 너희여 이제 이를 생각하라 그렇지 아니하면 내가 너희를 찢으리니 건질 자 없으리라."

여기서 '찢으리니'라고 말씀하십니다. 이 말은 맹수가 먹이를 물어뜯듯이 갈기갈기 찢는 것을 말합니다. 악인에 대한 하나님의 경고가 얼마나 크신지를 보여주시는 말입니다. 그러나 감사로 예배하는 자, 즉 신령과 진정으로 예배드리는 자를 기뻐하시면 그 예배를 받으신다고 말씀하십니다. 그리고 그런 자가 하나님을 영화롭게 하며 그런 자가 참 믿음을 가진 자이며 구원의 축복을 받게 된다고 말씀하십니다. 예배로부터 시작되는 우리의 삶은 생활 전 영역에서 감사로 예배하는 자로 살아가는 것입니다. 이때 긍정의 에너지가 넘치게 됩니다. 할렐루야.

사랑하는 여러분, 우리는 도저히 감사할 수 없는 것까지도 감사하는 제2의 감사, 기독교적 감사까지 이루는 영성을 쌓고 길러야 합니다. 물론 힘들고 어렵습니다. 그러기에 은혜자의 삶이 우리에게 있는 것 아니겠습니까?

제2의 감사로 긍정의 에너지가 넘치게 되시길 바랍니다. 할렐루야!

27. 변화와 성장, 그리고 같은 성정
행 14:15

"이르되 여러분이여 어찌하여 이러한 일을 하느냐 우리도 여러분과 같은 성정을 가진 사람이라 여러분에게 복음을 전하는 것은 이런 헛된 일을 버리고 천지와 바다와 그 가운데 만물을 지으시고 살아 계신 하나님께로 돌아오게 함이라"(행 14:15).

조선시대 천재 관상가의 삶을 다룬 영화 「관상」이 지난 3일까지 관객 842만 명을 끌어 모으며 흥행하자 덩달아 '관상술'에 대한 대중의 호기심도 커지고 있습니다. 영화는 '사람의 운명은 얼굴 생김새에 따라 정해져 있다.'고 전제하고 흥미롭게 전개됩니다.

하지만 현대의 인상 전문가들은 이런 전통적인 관상론에 고개를 젓습니다. 생긴 대로 사는 것이 아니라, 오히려 사는 대로 얼굴이 만들어진다고 주장합니다. '나이 마흔이 넘으면 사람은 자기 얼굴에 책임져야 한다.'고 한 전 미국 대통령 에이브러햄 링컨의 말처럼, 삶의 흔적이 고스란히 얼굴에 새겨진다는 얘기입니다.

그렇다면 어떤 노력을 하면 좋은 인상을 만들 수 있을까요?
한국인의 얼굴을 연구해온 얼굴 인상학자와 성형외과 전문의 등이 말한 비법은 이러했습니다.

　얼굴 전문가들은 인상이 만들어지는 원리를 알면 길흉화복을 점치기는 어려워도 한 사람이 살아온 길과 심리 상태, 성향 등을 파악할 수 있다고 말한다. 사람이 웃고, 찡그리고, 울 때 얼굴 근육 46개가 주로 쓰이는데 이 움직임이 얼굴의 상을 바꾼다는 것이다.

국내 1호 인상학 박사인 주선희(54) 원광디지털대 얼굴경영학과 교수는 4일, "예컨대 인상학적으로 입이 작으면 내성적이며 치밀하다고 본다. 평소 호탕하게 떠들지 않고 주로 입을 다무는 사람은 입 주위의 근육 16개가 안쪽으로 강화돼 입이 작아진다."고 말했다. 그는 "반대로 입이 큰 사람은 성격이 좋고 느슨하다고 보는데, 평소 어금니를 앙다물지 않고 입이 약간 벌어져 있고 잘 웃으면서 얼굴 근육이 발달해 입이 커지는 것"이라고 분석했다. 특히 성장기 청소년은 평소 영양이나 심리 상태에 따라 얼굴 모양이 크게 변할 수 있다고 한다. 얼굴 전문가인 조용진(63) 한국얼굴연구소장은 "만 10~11세가 지나면 눈 아래쪽의 얼굴뼈가 주로 성장한다. 개인차는 있지만 영양 상태가 좋고 마음이 안정되면 턱과 코 등이 길어지기도 한다."고 말했다. 인상학적으로 얼굴이 길면 성숙한 느낌을 준다. 사실 좋은 인상에는 정답이 없다. 다만 전문가들은 사회적 성취를 이룬 사람의 인상에 몇 가지 유사점이 있다고 주장한다. 주 교수는 "성공한 사람은 보통 눈동자가 촉박하게 움직이지 않는다."면서 그윽한 눈을 특징으로 꼽았다. 그는 "눈앞의 상황만을 보지 않고 멀리 내다보며 큰 그림을 그리는 듯한 눈빛을 가지면 신뢰감이 생긴다."고 덧붙였다. 밝은 표정도 성공한 이들의 특징으로 꼽혔다. 진세훈(58) 진성형외과 원장은 "성공한 사람 중 우거지상은 못 봤다. 아무리 타고난 인상이 좋고 아름다워도 웃지 않으면 불 꺼진 형광등과 같다."고 밝혔다. 피부색이 건강한 사람이 성공한다는 분석도 있다. 주 교수는 "피부가 희거나 검거나 노란 것은 상관없다. 다만 윤기가 있어야 한다."고 강조했다. 이 밖에 특정 분야에서 일가를 이룬 장인은 오랫동안 집중력을 발휘한 까닭에 미간에 깊은 주름이 파인 특징도 있다. 전문가들은 인상을 바꾸려면 우선 자주 웃으라고 권했다. 진 원장은 성공한 정치인·연예인 중에는 거울을 보며 웃는 연습을 하는 사람이 많다고 전했다. 또 동경하는 사람의 얼굴을 모델로 표정 연습을 하거나 자신이 간절히 원하는 것을 상상한 뒤, 거울을 보고 그때의 표정을 기억해 연습하는 것도 좋은 방법이라고 추천했다. 주 교수는 "입꼬리와 양

눈썹 끝이 올라갈 정도로 많이 웃으면 볼과 코에 탄력이 붙는 등 좋은 인상으로 변한다."고 소개했다. 또 진 원장은 좋은 인상은 열등감을 극복하고 인생에 도움이 될 수 있다고 했다.

결국 우리는 하나님을 찬양하며 항상 기뻐해야 합니다. 그러면 성공합니다. 성공도 하나님의 손에 달렸습니다. 할렐루야.

우리는 지난 시간에 변화와 성장, 그리고 결단에 대하여 살펴보았습니다. 우리는 하나님만을 믿고 살아갈 것을 결단해야 합니다. 공부 조금 못해도 상관없습니다. 인생의 길과 진리와 생명 되시는 분은 예수님이기 때문입니다. 즉 우리 인생의 성공도 출세도 그분이 주시는 것입니다. 안 믿는 사람의 출세는 출세가 아닙니다. 성공이 아닙니다. 그것은 영혼의 멸망의 길입니다. 우리가 믿음을 갖고 믿음이 분명하면 우리는 해야 할 것과 가야 할 길을 알기 때문에 기쁨이 있고, 감사가 있고, 행복이 있습니다. 이것이 진정한 출세요, 진정한 성공입니다.

그러기에 예수 믿으면 잘됩니다. 그러므로 우리는 하나님만을 믿고 찬양할 것을 결단해야 합니다. 이 결단은 예배와 교제와 헌신과 전도와 양육까지도 포함되어 있습니다. 이 결단을 통하여 우리는 하나님 나라의 확장을 위하여 생명을 살리는 전도를 해야 합니다. 영혼을 구원하는 전도를 해야 합니다. 하나님 나라의 확장을 이루는 전도를 해야 합니다. 우리는 예배와 교제와 헌신과 전도와 훈련과 양육을 결단해야 합니다.

그리고 기도할 것을 결단해야 합니다. 예배와 교제와 헌신과 전도와 양육을 위하여 기도해야 합니다. 우리는 기도 없이는 안 됩니다. 기도

해야 합니다. 이 세상을 이기고 믿음으로 살기 위해서는 기도가 필요합니다. 믿음을 방해하는 마귀를 이기고 물리치기 위해서는 기도가 필요합니다. 특히 기도 없이는 절대 전도할 수 없습니다. 영혼을 사랑한다면 우리는 기도해야 합니다. 그러므로 우리는 기도의 사람들입니다. 하나님의 사람이라는 것은 기도의 사람들입니다. 우리는 작은 것까지도 하나님 아버지께 기도로 물어야 합니다. 그리고 행동해야 합니다. 그리고 되고 안 되고도 하나님이 하셔야 합니다. 믿음을 더욱 견고히 지키기 위해서는 기도가 필요합니다. 우리의 이 결단이 우리를 변화와 성장으로 견인할 것입니다. 이끌 것입니다.

그런데 오늘 하나님 말씀은 바울과 바나바가 루스드라에서 전도하는 모습을 말씀하시므로, 우리도 전도의 삶을 살 것을 말씀하십니다. 그러나 여기서 오늘 우리가 주목하여 볼 것은 15절의 "성정이 같은 사람"이라는 말씀입니다.

> "이르되 여러분이여 어찌하여 이러한 일을 하느냐 우리도 여러분과 같은 성정을 가진 사람이라 여러분에게 복음을 전하는 것은 이런 헛된 일을 버리고 천지와 바다와 그 가운데 만물을 지으시고 살아 계신 하나님께로 돌아오게 함이라"(15절).

루스드라에 발을 쓰지 못하는 한 사람이 있었습니다. 그 사람은 나면서 걷지 못하게 되어 걸어본 적이 없는 사람입니다. 늘 앉아서 지나가는 사람들을 물끄러미 지켜보았습니다. 그런데 그 사람이 바울을 만나게 되었습니다. 아니 바울이 그 사람을 찾아갔다고 말해야 옳을 것입니다. 이 사람은 바울이 전하는 하나님의 말씀을 잘 들었습니다. 바울은 나면서부터 앉은뱅이인 한 번도 걸어보지 못한 사람을 주목하여 보고, 구원받을 만한 믿음이 그에게 있는 것을 보게 되었습니다. '이 사람은 구원받을 만한 믿음이 있구나.' 하는 것을 알 수 있게 된 것입니다. 그러자 바울은 큰 소리로 말했습니다. "네 발로 바로 일어서라!" 그러자 그 사람이 일어나 걷는 것이었습니다.

무리가 바울이 한 일을 보고 루가오니아 방언으로 소리 질러 이르되, "신들이 사람의 형상으로 우리 가운데 내려오셨다." 하고, 바나바는 제우스라 하고 바울은 그중에 말하는 자이므로 헤르메스라 하였습니다. 또 시 외곽에 제우스 신당이 있었는데 그곳 제사장이 소와 화환들을 가지고 대문 앞에 와서 무리와 함께 제사하고자 하였습니다.

바나바와 바울이 이 소식을 듣고 옷을 찢고 무리 가운데 뛰어 들어가서 소리 지르며 막았습니다. 이 모든 것은 다 하나님이 하신 것이라고 설명하면서 자신들을 위하여 제사를 드리지 못하게 하였습니다.

이렇게 하나님의 말씀을 잘 듣기만 해도 복을 받습니다. 나면서부터 걷지 못한 앉은뱅이병을 치료받습니다. 다 하나님이 하신 것입니다. 치료자는 하나님이십니다. 그런데 이들의 말을 들은 바나바와 바울은 말하기를, "우리도 여러분과 똑같은 성정이 같은 사람"이라고 하였습니다. 이 말은 동일성을 말합니다. 즉 똑같은 사람이라는 것입니다. 이것을 화학적 용어에서는 성질이라고 합니다. 이 성질이 다르므로 모든 것이 다르게 되는 것입니다. 또 일반적인 용어에서는 성향이라고도 합니다. 이 성질이 다르므로 커피는 커피이고, 개는 개고, 소는 소고, 닭은 닭인 것입니다. 말과 소는 성향도 성질도 다릅니다. 같은 부분도 있지만 전혀 다른 성질을 가지고 있습니다.

오늘 본문에서 바울은 말하기를, '우리는 같은 성정'이라고 했습니다. 이 '성정(temperament)'이란 사람의 성질·심성, 타고난 성질이나 성품, 또 성경에서 '유사한 영향을 받은', 즉 '같은 영향을 받은'의 의미를 가리킵니다. 그렇습니다. 우리는 성경에서 같은 영향을 받은 사람들입니다. 즉 예수 십자가의 은혜로 구원을 받은 형제요, 자매들입니다. 그러기에 같은 열심을 내야 합니다. 그러므로 안 믿는 사람은 모습은 같지만 같은 성정을 가진 사람이라고는 할 수 없습니다.

똑같은 성정을 가진 사람이란 어떤 사람을 말할까요? 똑같은 하나님의 자녀라는 것입니다. 똑같은 죄인이고 죄에서 구원받은 똑같은 사람이라는 것입니다. 똑같은 내가 하는 일은 여러분도 할 수 있다는 것입니다. 똑같은 내가 하나님의 복음 전하는 자로 쓰임 받는 것같이 여러분도 복음 전도자가 되라는 것입니다. 또한 헛된 일들에서 돌이켜 살아 계신 하나님께로 돌아오라는 것입니다. 하나님께서 하늘과 땅과 바다와 그 안에 있는 모든 것을 지으신 분이라는 것입니다. 우주만물의 주관자요, 창조주라는 것입니다. 그러기에 이 하나님의 자녀로, 또 같은 영향을 받은 사람으로 같은 마음과 같은 열심을 내야 합니다. 주님을 섬김과 이웃을 섬기는 예배와 교제와 헌신과 전도, 그리고 훈련에 같은 마음과 같은 열심을 내야 합니다. 그중 우리는 하나님 나라의 확장과 받은 은혜를 나누기 위하여 영혼을 살리는 전도를 해야 합니다. 그래서 15절에 이렇게 말씀하십니다.

"여러분에게 복음을 전하는 것은 이런 헛된 일을 버리고 천지와 바다와 그 가운데 만물을 지으시고 살아 계신 하나님께로 돌아오게 함이라."

이렇게 우리가 같은 성정을 가진 사람으로서 천지 만물을 지으신 창조주 하나님의 은혜 가운데 살아가기 위해서는 어떻게 해야 합니까?

첫째는 하나님을 사랑해야 합니다.

성부와 성자와 성령 하나님을 사랑해야 합니다. 사랑한다는 것은 어떤 것입니까? 즉 사랑이란 무엇입니까? (Love is…) 받기만 하는 것이 아니라 주는 것이라고 말하였습니다. 나누는 것입니다. 섬기는 것입니다. 이것이 하나님이 주님을 통하여 보여주신 십자가 사랑입니다. 그러기에 기독교의 사랑은 무조건적인 사랑, '아가페' 사랑인 것입니다. 주님이 아무 조건 없이 우리를 사랑해 주셨기 때문입니다. 성경에는 사랑이라는 단어가 557번이나 언급되어 있습니다. 이 사랑을 입은 자들이기에 우리는 하나님을 사랑해야 합니다. 하나님을 사랑할 때, 우리는 같은 성경의 영향을 받고, 같은 열심을 낼 수 있습니다.

둘째는 성경을 사랑해야 합니다.

'창조주 하나님과 구세주 예수님을 믿는 우리는 하나님의 자녀'라고 하는 것은 우리의 정체성입니다. 그러므로 변화와 성장을 위해서는 우리의 정체성이 분명해야 합니다. 그리고 결단해야 합니다. 하나님만을 찬양하고 예수님만을 믿으며, 하나님의 자녀로서 하나님께 영광 돌리는 삶을 살겠다고 결단해야 합니다. 이때 변화와 성장의 역사가 일어납니다.

우리는 성경을 중심으로 고백하고, 성경을 근거로 말을 해야 합니다. 즉 우리가 우리 생각으로 또는 세상의 어떤 지식으로 증명하고 말하는 것이 아니라, 진리인 성경을 근거로 말을 해야 합니다. 이것이 믿음인의 삶이고 길입니다. 그래서 주님은 "내가 곧 길이요, 진리요, 생명"이라고 말씀하셨습니다. 그러므로 진리의 말씀은 곧 성자 예수님이십니다. 그 이유는 말씀이 육신이 되어 빛으로 오셨다고 말씀하고 있기 때문입니다. 예수님은 인류를 구원하시기 위하여, 다시 말하면 어둠 가운데 있는 인류를 비추시기 위하여 오신 분이십니다. 또 성경은 오실 예수와 오신 예수 대해서, 그리고 다시 오실 예수님에 대한 말씀이시기 때문입니다. 그리고 구원의 말씀이고, 생명의 말씀이며, 우리의 길이 되시는 예수님의 십자가 사랑의 말씀이기 때문입니다. 예수님만이 생명의 길이고, 구원의 길이고, 인생의 길입니다.

그러므로 우리는 성경을 사랑하고, 성경을 상고하며, 성경적 삶을 살아야 합니다. 다시 말해 성경이 하라는 것은 하고, 성경이 하지 말라는 것은 하지 말아야 합니다. 성경을 사랑해야 합니다. 성경을 사랑한다는 것은 책꽂이에 고이 꽂아두라는 것이 아니고, 많이 읽고 묵상하라는 것입니다. 믿고 확신하고 살아가는 것입니다. 그리고 내가 한 행동이 맞는지 맞지 않는지도 성경을 통하여 점검하고 회개하면서 살아야 합니다. 이것이 성경을 사랑하는 것입니다. 성경을 사랑하는 것은 하나님을 사랑하는 것입니다.

셋째는 교회를 사랑해야 합니다.

교회란 무엇입니까? 교회는 건물이 아니라 예수 그리스도를 구원자로 믿고 고백한 사람들의 믿음의 공동체입니다. 믿는 사람들의 모임이 교회입니다. 그래서 마태복음 16장 18절에 말씀하시길, "또 내가 네게 이르노니 너는 베드로라 내가 이 반석 위에 내 교회를 세우리니 음부의 권세가 이기지 못하리라."고 말씀하셨습니다. 또한 교회는 신령하고 거룩한 하나님의 몸입니다. 또한 교회의 머리는 예수 그리스도이십니다. 에베소 5장 23~25절에, "이는 남편이 아내의 머리 됨이 그리스도께서 교회의 머리 됨과 같음이니 그가 바로 몸의 구주시니라 그러므로 교회가 그리스도에게 하듯 아내들도 범사에 자기 남편에게 복종할지니라 남편들아 아내 사랑하기를 그리스도께서 교회를 사랑하시고 그 교회를 위하여 자신을 주심같이 하라." 그리고 27절에 "자기 앞에 영광스러운 교회로 세우사 티나 주름 잡힌 것이나 이런 것들이 없이 거룩하고 흠이 없게 하려 하심이라."고 하셨습니다.

또 골로새 1장 18절에서 말씀하시길 "그는 몸인 교회의 머리시라 그가 근본이시요 죽은 자들 가운데서 먼저 나신 이시니 이는 친히 만물의 으뜸이 되려 하심이요"라고 하셨으며, 24절에 "나는 이제 너희를 위하여 받는 괴로움을 기뻐하고 그리스도의 남은 고난을 그의 몸 된 교회를 위하여 내 육체에 채우노라."고 하셨습니다. 그의 몸 된 교회를 위하여 고난을 내 육체에 채우시겠다고 말씀하셨습니다.

그러므로 우리는 교회를 사랑해야 합니다. 교회를 사랑함은 하나님을 사랑하는 것입니다. 교회 사랑함은 예수님의 은혜에 들어오는 것입니다. 교회 사랑함은 복 받는 것입니다. 그래서 골로새 1장 25절에 이렇게 말씀하십니다. "내가 교회의 일꾼 된 것은 하나님이 너희를 위하여 내게 주신 직분을 따라 하나님의 말씀을 이루려 함이니라." 교회의 일꾼 됨은 축복입니다. 주님이 세우신 것입니다.

그런데 교회를 사랑한다 하면서, 예수를 믿는다 하면서 세상과 양다리 걸치고, 관상보고, 점보고, 굿하는 것이 옳은 일입니까? 여러분이 사랑하는 사람을 내버려두고, 이 남자 저 남자 만나고, 이 여자 저 여자 만나면 그것이 옳은 짓입니까?

하나님은 우상숭배를 싫어하십니다. 우상숭배를 해서는 안 됩니다. 하나님은 질투하는 하나님, 즉 나 외에는 다른 신을 섬기지 말라고 하셨습니다. 이런 사람은 복이 아니라 저주를 받고 채찍을 맞아야 합니다. 성경적으로는 사지를 찢고 돌로 쳐 죽였습니다. 우리나라에서도 이런 사람들은 동네 마을 어귀에 매달아 돌로 쳤습니다. 또 교회를 사랑한다고 하면서 이 교회, 저 교회 다니면 하나님이 기뻐하시지 않습니다. 하나님이 보내신 교회라면 그 교회를 사랑하며 사명 주시기까지 죽도록 충성해야 합니다. 우리가 이 교회, 저 교회에 가지 말아야 하는 것은 같은 영적 성정을 이루기 위함입니다. 같은 신학을 가지고 같은 마음으로, 같은 신앙을 지키기 위함입니다. 꼭 가야 하는 것이라면 교회의 허락을 받고 가야 합니다.

자기 멋대로 하는 것은 '내가복음'입니다. 어느 기도원이나 교회에서 집회나 부흥회를 한다고 하여 쫓아가지 마시길 바랍니다. 꼭 가야 한다면 허락을 받고 가시기 바랍니다. 그러면 목사님은 뒤에서 기도할 것입니다. 잘못된 진리에 빠지지 말도록 말입니다.

"너희 마음의 눈을 밝히사 그의 부르심의 소망이 무엇이며 성도 안에서 그 기업의 영광의 풍성함이 무엇이며 그의 힘의 위력으로 역사하심을 따라 믿는 우리에게 베푸신 능력의 지극히 크심이 어떠한 것을 너희로 알게 하시기를 구하노라 그의 능력이 그리스도 안에서 역사하사 죽은 자들 가운데서 다시 살리시고 하늘에서 자기의 오른편에 앉히사 모든 통치와 권세와 능력과 주권과 이 세상뿐 아니라 오는 세상에 일컫는 모든 이름 위에 뛰어나게 하시고 또 만물을 그의 발아래에 복종하게 하시고 그를 만물 위에 교회의 머리로 삼으셨느니라 교회는 그의 몸이니 만물 안에서 만물을 충만하게 하시는 이의 충만함이니라"(엡 1:18~23).

결론적으로 우리가 하나님을 사랑한다는 것은 성경을 사랑하는 것이고, 교회를 사랑하는 것입니다. 몸 된 교회에 충성하며 예배와 교제와 헌신과 전도와 양육의 삶을 사는 것입니다.

28. 변화와 성장, 그리고 교회
고전 9:24~27

"운동장에서 달음질하는 자들이 다 달릴지라도 오직 상을 받는 사람은 한 사람인 줄을 너희가 알지 못하느냐 너희도 상을 받도록 이와 같이 달음질하라 이기기를 다투는 자마다 모든 일에 절제하나니 그들은 썩을 승리자의 관을 얻고자 하되 우리는 썩지 아니할 것을 얻고자 하노라 그러므로 나는 달음질하기를 향방 없는 것같이 아니하고 싸우기를 허공을 치는 것같이 아니하며 내가 내 몸을 쳐 복종하게 함은 내가 남에게 전파한 후에 자신이 도리어 버림을 당할까 두려워함이로다"(고전 9:24~27).

하나님은 교회에 대하여 많은 말씀을 하셨습니다. 그중 오늘 본문은 사도의 권리에 대하여 말씀하고, 마지막 부분에 교회 안에서 사도의 확실한 목표방향, 사도직을 감당함에 있어서 귀중성과 바른 직무수행과 더불어 경고의 말씀을 하고 있습니다.

그 시대의 운동 경기에 비유하여 자신의 사도직을 설명하는 것입니다. 그러므로 우리가 지금 가는 이 길은 향방 없는 것이 아니고, 허공을 치는 것같이 쓸데없는 것이 아니라는 것을 말하고 있습니다. 하나님께 순종하고, 말씀에 순종하고, 교회 목회자에게 순종하는 그 순종의 신앙의 삶은 절대 헛된 것이 아닌 것입니다.

사실 기독교의 중심은 순종입니다. 그런데 우리는 아직도 내가 살아 있어서 순종하지를 못하는 것입니다. 순종은 일치를 가져옵니다. 그런데 우리는 아직도 내가 살아 있어서, 내 생각·내 뜻·내 마음대로 하고 싶은 마음이 앞서서 순종하지 못합니다. 이것을 '내가복음'이라고 하는 것입니다. 예수를 믿는 것 같지만 아직도 여전히 예수님의 자리에 내가 앉아서 호령하고 나를 고집하고 내가 인정받으려고 하는 것입니다. 내가 죽어야 교회가 살고, 내가 죽어야 예수가 산다는 말이 있습니다. 나는 죽고 예수 그리스도로 인하여 함께 살아나는 것입니다. 이것이 부활 신앙입니다. 이것이 변화입니다. 변화된 영혼은 자기를 내려놓습니다. 아무리 좋은 것이라고 하더라도 자기를 내려놓고 순종합니다. 이것이 믿음입니다. 하나님의 선하시고, 기뻐하시고, 온전하신 뜻이 무엇인가 분별하여 하나님께 순종합니다. 하나님 말씀에 순종합니다. 진리의 말씀에 순종하고, 교회에 순종하며 하나님이 세우신 목회자에게 순종해야 합니다.

금요일날 영월 와석면에 다녀왔습니다. 그곳에 전 강원도지사 이광재를 위하여 그의 측근들이 집을 하나 지었는데 이름이 '우개헌'입니다. 우개헌 사단법인 발기인으로 참석하여 회의를 마치고 돌아오는데, 같이 갔던 목사님이 이런 이야기를 합니다. 자신이 성서유니온에서 근무를 할 때 전국대회를 영월 동강에서 했는데 한 해는 장마가 져서 비가 엄청나게 왔다고 합니다. 큰비로 동네 다리가 물에 잠기는 일이 벌어졌는데, 그때 가장 합리적으로 이야기하는 사람이 전도사들이더랍니다. 그때 동강에서 래프팅을 하기로 하였는데, 이것을 합리적으로 설명을 하면서 "비가 와서 못 한다. 우리는 서울로 올라가겠다." 하고는 철수를 하였답니다. 그런데 그 다음날, 비가 그치고 해가 쨍쨍하게 나서 미련하게 믿음으로 남아 있는 사람들은 래프팅도 하고 3일 동안 프로그램을 재미있게 진행하고 돌아왔다고 합니다. 그런데 그때 서울로 올라간 사람들은 비가 북상을 하여 계속 서울로 올라갔답니다. 그래서 그들은 비를 계속 맞으면서 서울로 올라간 것입니다. 그러면서 하는 말이 "봐라, 우리가 판단을 잘했다. 이렇게 비가 오는데 그곳에 있었으면 어쩔 뻔했느냐?"라고 말을 했답니다.

그때 목사님은 이런 교훈을 얻었답니다.

'현실적이고 합리적인 사고와 믿음은 정반대다. 정말 미련하지만 믿음으로 하면 항상 좋은 결과가 있고, 믿음의 역사가 있다. 끝이 좋다. 그런데 우리 인간은 합리적인 생각을 더 따른다.'

그래서 사도 바울은 27절에서 이렇게 말합니다. "내가 내 몸을 쳐 복종하게 함은 내가 남에게 전파한 후에 자신이 도리어 버림을 당할까 두려워함이로다." 자신을 쳐 순종을 넘어 복종하기를 원했던 것입니다. 이렇게 함은 사도로서 남에게 전파한 후에 자신이 도리어 버림을 당할까 두렵다고 합니다. 이것은 참으로 딜레마입니다. 지금도 간혹 이런 일이 벌어집니다. 그러나 이것을 아셔야 합니다. 사도의 직은 성도들에게 판단받고 비판받는 직이 아니라는 것입니다. 하나님의 심판을 받는 직입니다. 그러나 사도들은 늘, 아니 우리 모두는 늘 이런 경외함이 있어야 합니다. 하나님을 경외하는 경외함이 있을 때 우리는 함부로 하지 않습니다. 옛것이 살아나지 않습니다. 아니 살아나다가도 자신을 쳐 복종케 함으로 죽입니다. 경외함이 없으면 '내가'만 있습니다. '자기'만 있습니다. 하나님 위에 자기의 뜻이 있습니다. 하나님의 뜻은 없습니다. 즉 하나님의 자리에 올라가는 것입니다. 자기의 뜻을 하나님의 뜻으로 착각합니다. 이것이 이단입니다. 자기가 하나님이 되는 것 말입니다. 그러므로 우리는 자기를 치는 것이 필요합니다.

그중 24절은 교회를 운동선수의 팀(team)으로서의 교회를 말씀하고 있습니다. 운동경기는 그리스(헬라)와 로마 세계에서도 오늘날만큼 성행했습니다. 오늘날 이종격투기가 유행을 하는데 사실 이 시대는 더 잔인한 진검 대회가 있었습니다. 즉 검투사들이 목숨을 걸고 경기를 하고 돈을 걸고 그 경기를 관람하였습니다. 예리한 관찰자 바울은 운동경기의 비유를 자주 사용했습니다. 허공을 치는 자(고전 9:26), 달음질하는 자(고전 9:24; 갈 2:2; 빌 2:16), 경기자(딤후 2:5) 등으로 바울은 말하고 있습니다. 교회를 운동 경기에 가장 잘 비유한 말씀인 "너희가 한마음으로 서서 한 뜻으로 복음의 신앙을 위하여 협력하는 것"(빌 1:27)에서, 협력이라는 단어는 '함께'와 '경쟁'의 합성어입니다.

바울은 빌립보 교인들이 팀으로 단합하여 일하기를 원했습니다. 즉 다양한 사람들이 모이지만 일치를 이루기를 원하는 하나님의 뜻을 전하는 것입니다. 목회자의 말에 순종하고 자기를 내려놓고 따를 때 일치를 이룰 수 있습니다. 또한 목사는 끊임없이 이것이 하나님의 뜻인가, 성경적인가를 연구하고 살피며 기도하고, 말씀에 비추어 보는 것이 필요합니다. 아무리 그것이 현실적이고 합리적이라고 해도 하나님의 뜻이 아니면 내려놓아야 하는 것이 믿음이고 교회이며 성경적입니다.

그래서 성경은 교회를 그리스도의 몸이라고 말하는 것입니다. 그리스도와 한 몸을 이룬 한 몸의 유기체인 것입니다. 유기체로서 은사와 달란트를 가지고 각자의 직임을 다하는 것입니다. 즉 축구경기로 말하면 감독과 코치, 그리고 선수와 같습니다. 감독과 코치는 선수들이 필드에서 잘 뛰어서 승리할 수 있도록 작전을 짜고, 경기를 진두지휘하고, 선수들의 상태를 파악하여 적절한 배치와 교체를 합니다. 이것이 목사의 역할입니다. 또 그것을 전술훈련과 체력훈련과 선수로서의 전반적인 훈련을 합니다. 경기의 승리를 목표로 하여 훈련을 시키고 훈련을 합니다. 이것이 제자훈련입니다. 그러므로 교회에서 가장 중요한 것이 제자훈련입니다. 우리 성도들이 이 세상에서 승리하며 살아갈 수 있도록 훈련하는 것이 목사의 역할입니다. 이것을 위하여 주님이 여러분을 맡기신 것입니다. 이것을 목양, 또는 목회라고 합니다. 그래서 사람들은 감독과 코치의 축구철학이나 역할 또는 권위를 인정하고 차범근호, 최강희호라고 말합니다. 이것을 인정하지 않고 감독의 지시를 따르지 않고 제멋대로 하다가 좋은 성과를 내지 못하는 결과를 종종 보게 됩니다. 천재 축구선수로 각광을 받았지만 재능만큼 능력 발휘를 못한 선수들도 여럿 있습니다. 그러므로 우리는 리더십의 권위를 인정하고 따라야 합니다.

우리에게는 총감독되시는 예수님이 계십니다. 그래서 교회를 그리스도의 몸이라고 하고 우리를 그의 지체라고 하는 것입니다. 그런데 제자훈련을 하는 교회들은 교회의 평신도 사역자들을 가리켜 동역자라고 하는데 어떤 사람들은 이 의미를 잘못 알고 있는 사람들이 있습니다.

여러분, 교회에서 어떤 사람을 동역자라고 합니까? 제자훈련을 받은 평신도 사역자를 가리킵니다. 이들을 가리켜 동역자라고 합니다. 동역자란 함께 힘을 합쳐서 한 경기를 만들어가는 사람, 함께 힘을 합쳐 하나님의 일을 이루어가고 세워가는 사람을 말합니다. 그러므로 제자훈련을 받은 사람을 일컬어서 동역자라고 합니다.

저는 여러분 모두와 이 일을 이루어가기를 원합니다. 그 이유는 목회자의 목회철학과 비전을 공유하고 힘을 합쳐 돕는 자들이기 때문입니다. 그런데 동역자라고 하면 '동일한'·'동등한' 사람으로 잘못 알고 교회를 자기 생각과 자기 마음대로 하려고 하려다가 교회만 어지럽히는 사람들이 있습니다.

동역자들이 서로 힘을 합쳐서 해야 할 것이 무엇입니까? 물론 하나님 나라의 확장입니다. 마치 지휘자가 성가대나 합창단이 노래를 잘하도록 훈련하고 실전에서 잘 부를 수 있도록 지휘하는 것같이, 우리는 선수가 악한 마귀와 싸우며 잘 뛰어서 승리할 수 있도록 해야 합니다. 지휘자의 지휘에 따라 아름다운 화음을 내야 합니다. 합창은 너무 튀어도 안 됩니다. 화음이 중요합니다. 너무 과하면 줄이고, 약하면 더 해야 합니다. 이것이 인생이고 이것이 신앙입니다.

교회에서 목회자와 동역자의 역할은 무엇입니까? 그것은 목회자가 마치 지휘자와 감독, 코치와 같이 신앙생활을 잘할 수 있도록 하나님의 말씀을 전하며, 먼저 훈련받은 동역자들이 목회자를 도와 마치 팀장처럼 예배·교제·헌신·전도·양육·사역의 생활을 잘할 수 있도록 훈련하고 돕는 일을 해야 하는 것입니다. 이것이 승리의 길이고, 생명의 길이고, 성령 충만·은혜 충만·말씀 충만한 길이며, 충만한 사람들의 재생산이 이루어지는 자연적인 표현이기 때문입니다. 그러므로 내가 성도로서 예배·교제·헌신·전도를 하며 또 제자훈련을 받고 제자로서 예배·교제·헌신·전도·양육·사역을 잘 감당하는 자로 승리하며 살아가는 것입니다. 결코 어렵지 않고 신바람 나는 일입니다. 잘 정착이 되면 교회는 마치 천국과도 같고, 여러분의 삶은 행복이 넘치게 됩니다.

축구경기를 보면 관중이 있고, 축구를 좋아해서 매일 새벽에 하는 조기축구가 있고, 클럽축구, 아마추어 축구단이 있습니다. 그다음 이들보다 조금 더 목숨 걸고 뛰고 조금 더 잘하는 프로축구가 있습니다. 그리고 국가대표 축구선수단이 있습니다. 여러분의 신앙은 지금 어디쯤 되십니까? 여러분은 프로가 되셔야 합니다. 신앙의 프로가 되셔야 합니다. 신앙의 프로들이 되시기를 주님의 이름으로 축원합니다.

29. 변화와 성장, 그리고 고난
왕하 6:24~33

"이후에 아람 왕 벤하닷이 그의 온 군대를 모아 올라와서 사마리아를 에워싸니 아람 사람이 사마리아를 에워싸므로 성중이 크게 주려서 나귀 머리 하나에 은 팔십 세겔이요 비둘기 똥 사분의 일 갑에 은 다섯 세겔이라 하니 이스라엘 왕이 성 위로 지나갈 때에 한 여인이 외쳐 이르되 나의 주 왕이여 도우소서 왕이 이르되 여호와께서 너를 돕지 아니하시면 내가 무엇으로 너를 도우랴 타작 마당으로 말미암아 하겠느냐 포도주 틀로 말미암아 하겠느냐 하니라 또 이르되 무슨 일이냐 하니 여인이 대답하되 이 여인이 내게 이르기를 네 아들을 내놓아라 우리가 오늘 먹고 내일은 내 아들을 먹자 하매 우리가 드디어 내 아들을 삶아 먹었더니 이튿날에 내가 그 여인에게 이르되 네 아들을 내놓아라 우리가 먹으리라 하나 그가 그의 아들을 숨겼나이다 하는지라 왕이 그 여인의 말을 듣고 자기 옷을 찢으니라 그가 성 위로 지나갈 때에 백성이 본즉 그의 속살에 굵은 베를 입었더라 왕이 이르되 사밧의 아들 엘리사의 머리가 오늘 그 몸에 붙어 있으면 하나님이 내게 벌 위에 벌을 내리실지로다 하니라 그때에 엘리사가 그의 집에 앉아 있고 장로들이 그와 함께 앉아 있는데 왕이 자기 처소에서 사람을 보냈더니 그 사자가 이르기 전에 엘리사가 장로들에게 이르되 너희는 이 살인한 자의 아들이 내 머리를 베려고 사람을 보내는 것을 보느냐 너희는 보다가 사자가 오거든 문을 닫고 문 안에 들이지 말라 그의 주인의 발소리가 그의 뒤에서 나지 아니하느냐 하고 무리와 말을 할 때에 그 사자가 그에게 이르니라 왕이 이르되 이 재앙이 여호와께로부터 나왔으니 어찌 더 여호와를 기다리리요"(왕하 6:24~33).

무더운 여름입니다. 이 무더운 여름날 처지기 쉬운 우리 신앙에 더욱 허리띠를 동여매시고 영적 전투에서 승리하시기 바랍니다. 우리가 이 무더운 여름이 싫다고, 여름을 거부하고 가을만 보낼 수 있겠습니까? 우리의 신앙도 마찬가지입니다. 고난이라는 것도 마찬가지입니다.

변화와 성장을 이루는 데 고난은 필수입니다. 고난의 터널을 통과해야만 변화와 성장을 이룰 수 있습니다. 이것을 훈련이라고 합니다. 이것을 과정이라고 합니다. 아무리 좋은 집안에 태어났다고 하더라도 부모의 가업과 재산을 관리하고 유지하고 대업을 이으려면 이 후계자 과정(수업)을 통과해야 합니다. 그것이 힘들다고 포기하면 아무것도 할 수 없습니다. 가진 것을 다 잃고 맙니다. 아니, 빼앗기고 맙니다.

우리 믿음이 바로 그렇습니다. 우리의 아바, 아버지인 하나님은 모든 것을 다 가지고 계시고, 능치 못한 것이 없으십니다. 그러나 우리가 준비되지 못하고, 그것을 어떻게 사용하고, 어떻게 쓰는지 알지 못하며 우리는 하나님의 그 크신 능력을, 권세를 사용하지 못하고, 마귀에게 도리어 하나님이 주신 은혜까지도 다 빼앗기고 맙니다. 주님도 이 고난을 통과하시고 십자가를 지시고 부활 승리하셨습니다. 이것이 십자가의 복음입니다. 이 고난의 십자가 없이 부활이 없고, 우리의 구원도 없습니다.

사랑하는 성도 여러분, 이 세상을 살아가는 데 고난이 없으면 얼마나 좋겠습니까? 하지만 고난이 없는 삶은 없습니다. 인생의 승리를 맛본 많은 사람들이 말하기를 고난이 있기에 살 만하다고 말을 합니다. 이 세상에 고난이 없는 곳은 없다는 것입니다. 어떤 사람이 백수로 지내다가 돈이 없어서 처참한 삶을 살다가 뒤늦게 직업을 갖기로 마음을 먹었습니다. 이 사람은 목사님에게 찾아와서는 직업을 가질 수 있도록 직장을 위하여 기도해 달라고 부탁을 하였습니다. 목사님은 이 사람에게 원하는 직장이 어떤 곳인지 상세히 묻고는 기도하였습니다. 그리고 일주일이 지나 이 사람이 다시 찾아와서는 목사님에게 직장을 구해 달라고 또 부탁을 하였습니다. 목사님은 기도하던 중 생각난 곳이 있어서 그 사람이 원하는 직장을 구해 주었습니다. 그런데 이 사람이 한 달도 근무하지 못하고 직장을 그만두고는 찾아와 힘들어서 못하겠으니 고민하지 않고, 힘들지 않은 직장을 구해 달라고 말하였습니다. 이 목사님은 생각하다가 밤에 이 사람을 데리고 무덤으로 갔습니다. 그리고 이렇게 말하였습니다. "이 세상에 고민이 없고 고난이 없고, 고통이 없는 곳은 이곳밖에 없습니다."

그렇습니다. 이 땅에 사는 동안은 문제가 늘 도사리고 있습니다. 왜 입니까? 마귀가 우는 사자같이 삼킬 자를 두루 찾고 있기 때문입니다. 그러기에 이 마귀인 악한 영은 사람들이 평안한 것을 보지 못합니다. 아니 평안하게 내버려두지 않습니다. 어떻게 하든지 넘어뜨리려고, 못살게 하고, 걱정과 근심을 심어 넣습니다. 또 믿음을 잃어버리게 하려고 합니다. 예배 생활과 전도, 기도 생활을 방해합니다. 그래서 삶을 힘들게 만들고, 하나님의 기적의 역사를 가로막고, 일을 그릇되게 합니다. 이것이 마귀의 역사입니다. '마귀'는 성경에서 약 36회나 사용되었는데, 악령 마귀(디아볼로스)·중상자·비방자·참소자·밀고자·이간자·거짓 고소자 등으로 말하고 있습니다(마 4:1, 5; 눅 4:2; 요 13:2; 행 10:38). 즉 평화를 깨뜨리는 자입니다.

그러나 주님은 평화의 왕으로 오셨습니다. 또한 평강의 왕이십니다. 마귀는 반대로 평화를 깨뜨리는 자입니다. 그러기에 복음이 필요합니다. 예수 십자가가 필요합니다. 기도가 필요합니다. 믿음이 필요합니다. 예수 복음으로 인한 변화와 성장이 필요합니다. 아니 우리에게는 필수입니다. 왜입니까? 주님은 그런 마귀 권세를 물리쳐주시고, 우리에게 물리칠 수 있는 능력을 주시기 때문입니다. 주님은 그런 마귀의 유혹과 공격에서 우리를 지키시고, 건져 주시기 때문입니다. 주님은 우리를 위하여 고난을 받으시고, 죄와 사망권세를 이기시고 승리하셨습니다. 이것이 십자가 복음입니다.

이스라엘의 전쟁사에 가장 강력한 위기가 닥쳐왔습니다. 이 위기 속에서 고난이 얼마나 큰지 모두들 이성을 잃어버리고 판단 능력도 잃어버렸습니다. 어떻게 해야 할지, 분별의 영을 잃어버리고 악의 유혹에 넘어가 악을 자행합니다.

이스라엘에 어떤 문제가 일어난 것입니까? 이스라엘은 아람과의 전투에서 싸우지 않고 승리를 거두었습니다. 아람 군대는 다시금 이스라엘에 쳐들어오지를 않았습니다. 그러나 아람왕은 달랐습니다. 제2의 군대를 조직한 것입니다. 악한 영은 이렇게 집요합니다. 그래서 많은 믿음의 사람들은 말하기를 은혜받는 것도 중요하지만 은혜를 지키는 것이 더 중요하다고 말합니다. 그러나 하나님이 고난을 용납하시고 고난을 주시는 데에는 뜻이 있습니다.

아람왕 벤하닷은 그의 온 군대를 모아 올라와서 사마리아 성을 에워쌌습니다. 아람왕 군대가 사마리아 성을 포위한 지 오래되자 성 안에 먹을 것이 떨어지기 시작하였습니다. 백성들은 굶주림으로 고통을 당하였습니다. 그리하여 성 안에는 먹을 수 있는 식품류와 동물들은 높은 가격에 거래가 되었습니다. 그때를 가리켜 성경은 이렇게 말씀하십니다. "성중에 크게 주려서 나귀 머리 하나에 은 팔십 세겔이요 비둘기 똥 사분의 일 갑에 은 다섯 세겔이라 하니"(25절). 먹을 수 있는 모든 것이 엄청나게 비싸게 거래가 되었다는 말입니다.

또 돈이 없고, 이것마저도 다 떨어져 살 수 없게 된 어느 날, 이스라엘 왕이 성 위를 지나갈 때에 한 여인이 머리에 빨간 띠를 두르고는 이렇게 외칩니다. "나의 주 왕이여, 도우소서.", "왕은 나를 도우라, 당신이 우리의 왕이거든 우리에게 빵을 달라!", "우리에게 빵이 아니면 죽음을 달라!", "무능한 왕은 물러가라!" 하고 외치는 것입니다. 이 당시는 이렇게 말하였다가는 죽음입니다. 그런데도 고난이 얼마나 큰지 간이 배 밖으로 나온 것입니다. "빵이 아니면 죽음을 달라, 무능한 왕은 물러가라!" 왕은 당황하여 27절에 이렇게 말합니다. "여호와께서 너를 돕지 아니하시면 내가 무엇으로 너를 도우랴 타작마당으로 말미암아 하겠느냐 포도주 틀로 말미암아 하겠느냐 하니라." 들어보면 너무나 맞는 말 같습니다. 틀리지 않습니다. 그런데 그의 행동을 가만히 보면 맞는 것이 하나도 없습니다.

무엇이 틀렸습니까? 여러분도 한번 생각하여 보십시오. 고난이 오고 문제가 생기면 어떻게 해야 합니까? 그렇습니다. 하나님께 모든 것을 맡기고 기도해야 합니다. 이것이 참 신앙은의 모습입니다. 그런데 이스라엘의 여호람왕은 기도하지 않았습니다. 그 이유는 이 여호람왕은 아합왕의 아들로 아버지와 같이 믿음이 없었기 때문입니다. 여호람왕의 어머니 이세벨은 성격이 강인하고, 악하고, 잔인하여 아합왕에게 많은 영향을 주었습니다. 특히 하나님이 가장 싫어하는 우상숭배를 하였습니다(왕상 21:25). 물론 여호람왕은 그의 부모의 이방신을 버렸음에도 불구하고 믿음이 없었습니다. 성경은 여호람왕에 대해, "저가 여호와 보시기에 악을 행하였다."고 말씀하십니다.

그러므로 이 고난은 죄 때문에 온 것입니다. 그리하여 하나님은 아람왕의 마음을 악하게 하사, 사마리아를 에워싸게 만들고 고난을 주었습니다. 그러나 믿음이 없는 이스라엘의 여호람왕은 깨닫지 못합니다. 왜 이런 문제가 생겼는지를 말입니다.

여호람왕은 이 여인에게 "무슨 일이냐?" 하고 묻습니다. 이에 여인이 대답하기를, "나와 같이 있는 이 여인이 내게 이르기를 네 아들을 내놓아라. 우리가 오늘 먹고 내일은 내 아들을 먹자 하매 우리가 이 여인과 함께 드디어 내 아들을 삶아 먹었더니, 이튿날에 내가 그 여인에게 이르되 네 아들을 내놓아라, 우리가 먹으리라 하나 그가 그의 아들을 숨겼나이다." 하는 것입니다. 먹을 것이 없어서 동네 여인들이, "오늘은 네 자식을 잡아먹고 내일은 내 자식을 잡아먹자." 하고 잡아먹은 것입니다. 그런데 정작 동네 여인은 이 여인의 자식은 잡아먹고 자신의 자식은 숨긴 것입니다. 이런 끔찍한 일이 성 안에서 자행된 것입니다.

정신이 번쩍 든 왕이 그 여인의 말을 듣고 자기 옷을 찢으며 웁니다. 그러나 왕이 성 위로 지나갈 때에 백성이 보니 그의 속살에 굵은 베를 입고 있었습니다. 어떻게든 이 여인과 백성들에게 보이려고 정치 쇼를 한 것입니다. 믿음이 없는 여호람왕은 아직도 왜 이런 문제가 일어났는지, 또 어떻게 해야 이 문제를 해결할 수 있는지를 알지 못합니다.

우리가 세상을 살아가는 데 문제가 없을 수는 없습니다. 누구나 다 문제가 있습니다. 그러나 아무리 큰 문제가 있다고 하더라도 그 문제를 해결할 수 있는 마스터키만 있다면 더 이상 문제는 문제일 수 없습니다. 우리에게 문제가 문제될 수 없는 것은 우리에게 이 마스터키(어떤 문제든 열 수 있는, 해결할 수 있는 능력, 답)가 있기 때문입니다. 우리에게는 하나님이 계십니다. 우리에게는 구원자 되시는 예수님이 계십니다. 우리에게는 성령님이 계십니다.

고난은 하나님이 우리의 믿음을 시험하고자 주시는 것도 있지만 대부분 우리의 죄 때문에 옵니다. 이 죄를 해결하기 위해서 우리는 회개하며 기도해야 합니다. 하나님의 백성이 하나님 중심으로 살지 못했음을 회개하고, 오직 여호와 하나님 중심으로 살 때에 하나님은 긍휼을 베푸시고 모든 재앙을 거두십니다.

이스라엘의 여호람왕은 아직도 깨닫지 못하고 도리어 선지자, 하나님의 사람 엘리사에게 이 죄를 떠넘기며, 선지자 엘리사 때문에 이런 문제가 일어났다고 비난합니다.

여러분, 분리의 영은 마귀의 영입니다. 마귀 짓입니다. 마귀는 불평과 불신과 불만을 심습니다. 교회를, 그리고 목사님을 불평하고 비방하고, 불신하고, 불만을 가지고 대적하는 것은 마귀의 짓입니다.

이단들이 이 술법을 씁니다. 여기에 넘어가는 자도 마귀에게 사로잡힌 것입니다. 믿음 없는 여호람왕을 보십시오. 얼마나 맞는 말 같습니까? 그러나 정치적 쇼입니다. 자신의 잘못을 누구 때문이라고 죄를 전가합니까? 영적 눈이 어두워지고, 귀가 닫힌 여호람왕은 회개하며 기도하지 않고 '누구 탓, 누구 때문'이라고 합니다. 이것이 불신앙자들의 모습이고 비진리를 좇는 자들의 모습입니다. 이것이 잘못된 성경관과 신앙을 가지고 있는 자들의 모습이며, 믿음이 없고, 믿음이 약한 자들의 모습입니다.

이런 자들은 맨날 누구 탓만 합니다. 솔직히 생각해 보십시오. 우리가 지금 못하는 것이 아내 때문이고, 남편 때문이며, 돈 때문입니까?

아닙니다. 사실은 믿음이 없어서 못하는 것입니다. 저도 지금 결단하지 못하는 것이 있는데 사실 믿음이 부족한 나의 문제입니다. 할렐루야.

그럼에도 불구하고 여호람왕은 열왕기하 6장 31~32절에서 저주를 하며 이렇게 말합니다.

"왕이 이르되 사밧의 아들 엘리사의 머리가 오늘 그 몸에 붙어 있으면 하나님이 내게 벌 위에 벌을 내리실지로다 하니라 그때에 엘리사가 그의 집에 앉아 있고 장로들이 그와 함께 앉아 있는데 왕이 자기 처소에서 사람을 보냈더니 그 사자가 이르기 전에 엘리사가 장로들에게 이르되 너희는 이 살인한 자의 아들이 내 머리를 베려고 사람을 보내는 것을 보느냐 너희는 보다가 사자가 오거든 문을 닫고 문 안에 들이지 말라 그의 주인의 발소리가 그의 뒤에서 나지 아니하느냐 하고."

엘리사는 지금 여호람왕의 마음을 다 알고 있습니다.

"무리와 말을 할 때에 그 사자가 그에게 이르니라 왕이 이르되 이 재앙이 여호와께로부터 나왔으니 어찌 더 여호와를 기다리리요"(33절).

엘리사가 무리와 말을 할 때에 그 이간질하고 분리의 영을 불어넣을 악한 영에 사로잡힌 마귀의 종, 사탄의 종인 사자가 그에게 이르러 하는 말입니다.

들어보면 정말 맞는 말 같지만 완전히 이것은 이단 사이비의 말입니다. 사람들을 속이고, 유혹하고, 현혹하여 넘어지게 하고, 가만히 그들의 사이비 집단으로 끌고 가는 말입니다.

오늘날도 교회에 들어와 교회를 비방하고, 목회자를 비방하며 진리의 말씀을 비진리로 가만히 바꾸는 자들이 있습니다. 그들의 말을 들어보면 정말 맞는 말 같습니다. 아니 더 진짜 같습니다. 그러나 여러분, 조금만 묵상하여 보십시오. 얼마나 가짜고 잘못된 것인지 알 수 있습니다. 교회를 비방하고 목회자를 비방하는 자들은 문에 들이지 말고 내쳐야 합니다. 경찰에 집회방해죄로 신고해야 합니다. 집회방해죄는 3년 이하의 징역과 3천만 원 이하의 벌금입니다. 헌법에서도 이렇게 보장하고 있습니다. 여호와 하나님은 절대 망하게 하지 않습니다. 우리를 물 가운데로 인도하실지라도 죽이려는 것이 아니라 깨끗케 하셔서 사용하시기 위함입니다. 우리는 여호와 하나님의 말씀을 기다려야 합니다. 우리를 살피고 회개 기도하며 기다려야 합니다. 여호와께서 주신 것이라면 나를 살피고, 죄를 깨닫고, 회개하게 하시기 위함입니다. 사랑하는 여러분, 처음과 나중도 하나님이십니다. 문을 닫고, 열자도 여호와 하나님이십니다.

"고난당한 것이 내게 유익이라 이로 말미암아 내가 주의 율례들을 배우게 되었나이다"(시 119:71).

고난은 자신을 돌아보게 합니다. 자신의 잘못과 죄를 발견하게 합니다. 자신을 깨닫게 하여 반성하여 회개하고 바른 길을 가게 합니다. 고난은 도리어 우리를 변화시키고 성장시킵니다. 여러분의 모든 것이 성경적으로 변화되고 성장되기를 바랍니다.

기도하지 않던 사람이 기도하는 사람으로, 전도하지 않던 사람이 전도하는 사람으로, 예배 잘 안 드리던 사람이 예배하는 사람으로, 교회생활 잘 안하던 사람이 주를 위하여 목숨을 걸며 교회 중심적 삶을 살아가는 사람으로, 하나님의 영광을 위하여 사는 사람으로 변하고 성장하기를 바랍니다. 교회도 믿는 자의 수가 점점 많아지고, 든든히 서가는 큰 교회로 변화하고 성장하기를 바랍니다.

하나님은 고난이 없는 삶을 약속하신 것이 아니라, 고난이 있되 그 고난 중에 함께하시겠다고 약속하셨습니다. 고난을 이길 수 있는 힘과 능력을 주시겠다고 하셨습니다. 두 다리가 구부러져서 정형 수술을 받아야 했던 어떤 어린 소년이 있습니다. 그 아이는 두 다리의 수술을 다 받은 후 다리뼈가 바로 형성될 수 있도록 하기 위해 밤낮 교정용 부목을 꽉 졸라매고 수개월을 지내야 했습니다. 많은 밤을 그는 고통으로 애처롭게 울면서 엄마한테 애원했습니다.

"엄마, 엄마, 더 이상 못 참겠어요. 잠깐 동안만 이 부목을 좀 풀어주세요. 제발요! 엄마, 아파서 더 이상 견딜 수 없어요."
"얘야, 난 그걸 풀어줄 수가 없단다."
엄마는 그렇게 대답하곤 했습니다.
"왜 안 돼요, 엄마? 제발 좀… 너무 아파요. 조금만 풀어주세요."
아이는 애걸에, 엄마는 눈에 눈물이 글썽해져서 이렇게 말했습니다.
"얘야, 난 그걸 풀어줄 수가 없구나. 그 대신 난 너를 안고 침대에 누워 너와 함께 울겠다."

하나님이 바로 그렇게 하십니다. 하나님께서는 그 절대권으로 부목을 풀어주시되, 고난과 고통에서 풀어주시되, 다리가 휘어져서 불구자가 되어 버리게 버려두실 수도 있으십니다. 그러나 그분은 우리 곁에서 그 손으로 우리를 붙잡으시고 우리와 함께 우십니다. 우리가 그분께 시선을 돌리면 "참으신 그분을 생각만 하면"(히 12:3), 참지 못할 만큼 어려운 시련은 없습니다.

30. 변화와 성장, 그리고 개혁
롬 1:16~17

"내가 복음을 부끄러워하지 아니하노니 이 복음은 모든 믿는 자에게 구원을 주시는 하나님의 능력이 됨이라 먼저는 유대인에게요 그리고 헬라인에게로다 복음에는 하나님의 의가 나타나서 믿음으로 믿음에 이르게 하나니 기록된 바 오직 의인은 믿음으로 말미암아 살리라 함과 같으니라"(롬 1:16~17).

변화는 바로 개혁을 말하기도 합니다. 그리고 성장은 신앙의 성장, 그리스도인의 성장을 의미합니다. 이 종교개혁주일에 우리는 더욱 변화와 성장, 그리고 개혁을 생각하는 시간을 가졌으면 합니다.

10월 마지막 주일인 오늘은 종교개혁주일로 정해 기념하고 있습니다. 1517년 10월 31일 독일의 비텐베르크(Wittenberg) 대학의 구약 및 히브리어 교수였던 34세의 젊은 신부 마르틴 루터는 비텐부르크(Wittenburg) 성당 문에, 로마 가톨릭의 부패와 모순에 대해 신학자의 입장에서 문제를 지적하는 95개 조항의 문제가 적힌 종이를 붙였습니다. 그동안 로마 가톨릭의 부패에 대해 참고 있었던 귀족과 평민들이 힘을 합해 종교개혁의 불길은 삽시간에 유럽 전역으로 퍼졌고, 이 종교개혁으로 프로테스탄트로 일컬어지는 개신교가 탄생하게 되었습니다.

유럽 각국에서 일어난 종교개혁은 나라마다 각기 다른 모습을 띠고 있었지만 공통된 신조로서, 오직 성경, 오직 믿음, 오직 은혜로 표현할 수 있습니다. 이것이 루터의 95개 조항의 요약이기도 했습니다.

1517년 10월 31일, 마르틴 루터가 비텐베르크 성문 앞에 95개조 선언문을 내걺으로써 종교개혁이 시작되었습니다.

원래 루터는 법관이 되기 위해서 공부하던 법학도였습니다. 그런데 한번은 친구와 길을 가는데 갑자기 날씨가 나빠지면서 소나기가 내리더니 벼락이 쳐서 친구가 그 벼락에 맞아 죽었습니다. 그 충격이 얼마나 컸겠습니까. 분명히 옆에 있었는데 "우르릉 꽝!" 하고 보니까 이미 저세상 사람입니다. 루터는 '인생이란 시들어 없어지는 꽃과 같은 존재구나. 젊음도 부도 권세도 다 부질없는 것이구나.' 하는 것을 깨닫게 되었습니다. 그래서 루터는 회심하여 법관이 되기를 포기하고 어거스틴 수도원에 들어가서 수도사가 됩니다. 수도원의 가르침은 믿음과 선행으로 구원을 받는다는 것이었기 때문에 루터는 부지런히 선행해서 구원에 이르려고 애썼습니다. 그런데 아무리 금식하며 고행하며 선행해도 구원의 확신을 가질 수가 없었습니다. '내가 주님 앞에 서게 될 때 어떤 존재로 서게 될까?' 루터는 자신이 죄인이라는 그 생각에서 벗어날 수가 없었습니다.

천주교의 관행은 죄를 지으면 신부 앞에 가서 고해성사를 해야 됩니다. 루터는 자기 죄가 생각날 때마다 신부에게 가서 고해성사를 했습니다. 그런데 하루에 몇 번씩 찾아오니까 고해성사를 받던 신부가 견딜 수가 없습니다. 그래서 루터에게 제발 죄 좀 모았다가 오라고 했습니다. 그렇게 철두철미하게 회개했건만 구원의 확신을 가질 수가 없었습니다. 루터는 공부를 마치고 비텐베르크 대학의 교수가 되었습니다. 학생들에게 시편과 갈라디아서와 로마서를 가르쳤습니다.

그러다가 로마를 방문할 수 있는 기회가 생겼습니다. 로마에는 계단 성당이라는 성당이 있습니다. 그곳에는 빌라도의 계단이 있었는데 그 계단은 예수님이 빌라도에게 재판받던 곳입니다. 그 계단을 예루살렘에서 가져다가 한가운데 놓고 성당을 지어서 계단 성당이라고 합니다. 요즘에도 천주교인들이 그 계단을 오르내리면서 기도하고 있다고 합니다. 그 빌라도의 계단을 무릎으로 기어오르면서 기도하면 모든 죄가 사해진다는 전설이 있었습니다.

루터는 큰 기대를 품고 무릎으로 그 계단을 올라가면서 기도했습니다. 그런데 무릎으로 계단을 오른다는 것이 쉬운 일이 아닙니다. 저도 전에 아파트 계단을 오르다가 발가락이 아파서 기어서 계단을 오른 적이 있었는데, 참기 어려울 정도로 심한 고통을 겪었던 기억이 납니다.
그런데 루터가 아픔을 참고 한 계단 한 계단 무릎으로 오르면서 참회했지만 마음속에 사죄받았다는 확신이 없었습니다. 그러자 회의가 밀려옵니다.
'이렇게 해서 내 죄가 사해질 수 있을까?'
그때 문득 가르치면서 묵상했던 평소의 말씀이 생각났습니다. 그 말씀이 바로 오늘 본문에 있는 로마서 1장 17절 말씀입니다.

"복음에는 하나님의 의가 나타나서 믿음으로 믿음에 이르게 하나니 기록된 바 오직 의인은 믿음으로 말미암아 살리라 함과 같으니라."

루터는 '믿음으로 구원받는 것이지, 내가 고행하고 내 힘으로 구원받는 것이 아니지 않나?' 하는 생각이 들었습니다. 그리고 돌아와서 부지런히 성경을 읽는 가운데 믿음으로 구원받는다는 분명한 확신을 얻게 되었습니다. 루터는 구원의 확신을 갖고 보니까, 그 당시 로마 교회가 하는 모든 관행들이 너무나도 성경에서 멀리 떨어져 있다는 것을 알았습니다.

그때나 지금이나 천주교는 구원은 믿음과 선행으로 받는다고 가르칩니다. 그러니까 예수님을 구주로 영접하고 믿는 믿음은 다 똑같을지라도 선행은 달랐습니다. 어떤 사람은 구원받기에 충분하고 남을 만큼의 선행이 있고, 반면 보통 사람들은 구원받기에는 조금 선행이 모자라는 경우도 있을 것입니다. 그러면 남은 성자들의 선행은 하늘 창고에 모아놓았다가 하나님이 교황을 통해서 어떤 사람에게 나눠주면 그 사람은 구원받을 수 있다고 가르쳤습니다.

마침 성베드로대성당을 짓기 위해서 많은 돈이 필요했기 때문에 구원받고 싶은 사람들에게 성자들의 남은 선행을 돈을 받고 팔았습니다. 그것이 바로 면죄부입니다. 면죄부를 사기만 하면 구원을 받는다고 가르쳤습니다. 그러니까 너도나도 면죄부를 사기 위해서 몰려들었고, 교황은 많은 돈을 벌게 되었습니다.

이것을 깨닫고 마르틴 루터는 분노했습니다. '이럴 수는 없다!' 그래서 천주교가 잘못하고 있는 것 95개 조항을 비텐베르크 성당문에 걸고 한번 토론을 해보자고 선언했습니다. 그것이 발단이 되어서 종교개혁이 일어났습니다. 이 95개조 선언문의 내용을 요약하게 되면 바로 '오직 성경, 오직 은혜, 오직 믿음'이 됩니다.

1. 오직 성경(sola scriptura)
- 딤후 3:16~17; 벧후 1:20~21

성경 66권은 약 1,500년간의 기간에 걸쳐 약 40여 명의 각기 다른 저자들이 기록한 책들을 모아 놓은 것임에도 불구하고, 놀라운 일관성을 지니고 있습니다. 66권 모두 예수 그리스도를 통한 죄인 구원과 관련되어 있고, 구약은 오실 메시아를, 신약은 이 땅에 오신 예수님과 다시 오실 예수님에 대한 기록입니다.

성경은 자신의 내면을 비추어 보는 거울로 삼아서 깨끗하지 못한 내면을 바라보고, 그것을 고치고자 하는 마음을 가지게 될 때, 하나님과 동행하는 삶을 살게 되는 것입니다. 오직 성경 말씀만이 우리를 바른 삶의 길로 인도해주십니다. 개혁은 오직 성경으로 살고 성경으로 돌아가는 운동입니다. 성경만이 최고의 권위를 가졌음을 인정하는 운동입니다. 즉 성경이 최고의 권위를 가집니다.

그런데 그 당시에는 전통이 성경과 동등하게 취급받았습니다. 교황이 어떤 말을 하면 그것이 성경 말씀과 같은 권위를 가졌습니다. 그러나 성경은 옛날의 말씀이고, 교황의 말은 오늘날 필요한 말이니까 자연스럽게 교황의 말이 성경 말씀 위에 올라가게 되는 것입니다. 그래서 성경의 권위가 땅에 떨어졌고 성당의 역사와 전통, 교황의 교시에 따라서 사람들이 신앙생활을 하게 되었습니다.

그래서 그 당시 사람들은 성경을 모르고 신앙생활을 하니까 면죄부를 사면 구원받는다는 말에 속은 것입니다. 지금은 말도 안 되지만 그 당시에는 법으로 평신도들은 성경을 읽지 못하게 했습니다. 그리고 성경이 라틴어로 되어 있었습니다. 라틴어를 모르는 사람은 성경을 읽을 수가 없고, 더구나 평신도는 성경을 읽고 해석할 권리가 없었습니다. 그리고 설교도 라틴어로만 했습니다. 그래서 보통 사람들은 그냥 설교를 들어도 무슨 말을 하는지 하나도 알아들을 수가 없었습니다.

그럼 어떻게 신앙생활을 했을까요? 교회 안 사방에 예수님의 공생애와 신구약의 사건들을 그림으로 그려 놓았습니다. 성경을 못 읽기 때문에 그냥 교회에 와서 그 그림들 바라보면서 대충 짐작하면서 신앙생활을 하게 되었습니다. 그러다 보니 진리에서 멀리 떨어져 있게 되었습니다.

2. 오직 믿음(sola fide)
- 갈 2:16; 엡 2:8~9)

로마서 1장 17절에 나오는 '오직 의인은 믿음으로 살리라'는 이 구절은 원래 구약성경 하박국 2장 4절에 나오는 말씀이고, 그 말씀은 더 거슬러 올라가면 창세기 15장 6절입니다. 믿음의 조상 아브라함, 선지자 하박국, 사도 바울이 얻은 진리는 구원은 선행이 아니라, 율법이 아니라, 종교적인 의식이 아니라, 예수님에 대한 믿음을 통해 구원 얻는다는 것을 알았습니다. 십자가와 부활을 믿음으로써 구원을 얻는 것입니다. 이 믿음으로 가지고 살아야 합니다.

예수님을 믿고 어떤 사람은 기쁨과 자유함 가운데 사는 사람이 있고 어떤 사람은 늘 불안한 사람이 있습니다. 은혜 안에서 사느냐, 율법 안에서 사느냐에 따라서 다른 것입니다. 율법 안에서 사는 사람은 '내가 하나님의 복을 받는 것은 내가 기도를 많이 하기 때문이지.', '선하게 살았기 때문이지.', '헌금을 많이 했기 때문이지.' 그렇게 생각하는 것입니다. 그리고 더 많은 복을 받기 위해서 애를 씁니다.

그러다 실패하게 되면, 범죄하게 되면, 이제는 하나님께서 나를 사랑하지 않을 것이라고 생각하고 불안해하는 것입니다. 이렇게 생각하는 사람은 은혜가 무엇인지 모르는 사람인 것입니다. 은혜는 받을 자격 없는 자에게 주어진 선물인 것입니다. 선물은 대가를 지불할 필요가 없는 것입니다. 감사함으로 받기만 하면 되는 것입니다.

우리가 죄인이고, 악한 존재지만 하나님이 사랑한다고 말씀하셨습니다. 그것을 받아들이는 것이 믿음입니다. 우리 대신 예수님이 십자가에 못 박혀 죽으셨다는 것을 받아들이는 것입니다. 이제 우리가 구원받는 것은 우리가 이룬 의 때문이 아니고, 예수님이 십자가에서 이룬 그 의를 우리가 받아들임으로써 구원받게 되는 것입니다.

이 사실을 깨닫고 예수님께서 십자가에서 이룬 그 의를 우리는 받아들이기만 하면 되는 것입니다. 그러므로 구원의 확신을 갖길 원하신다면 내 행동을 살펴보는 것은 아무 소용이 없습니다. 하나님의 뜻을 살펴보아야 합니다.

내가 어떤 일을 하느냐가 중요한 것이 아니고, 예수님이 무엇을 하셨느냐가 중요한 것입니다. 예수님이 날 위해 십자가에 못 박혀 죽어주심으로 내가 구원을 받았으니 위대한 분은 내가 아니라 주님이십니다.

그러므로 은혜로 구원받은, 믿음으로 구원받은 사람은 절대로 교만해질 수가 없습니다. 왜냐하면 내가 내세울 것은 하나도 없기 때문입니다. 구원을 선물로 받았으니 내가 자랑할 것이 없습니다. 우리의 모든 것은 은혜이고 우리의 모든 것은 믿음으로 종결됩니다. 주님을 믿는 믿음으로 행해야 합니다.

3. 오직 은혜(sola gratia)
- 엡 2:8~9; 딛 2:11; 롬 3:23~24

'은혜'라는 말은 기독교에서 가장 자주 사용되는 단어로서, 헬라어 '카리스'는, 나의 노력 없이 누군가가 주는 선물을 의미합니다. 그러므로 기독교에서 '구원'은 나의 공로와 관계없이 예수 믿을 때, 하나님이 주시는 은혜의 선물입니다. 그래서 구원에 관한 한, 사람은 하나님 앞에서 자랑할 것이 없습니다.

마르틴 루터는 수도원에 있으면서도 마음속에는 갖가지 정욕과 미움과 시기심·질투심이 끓어오르는 것을 체험했습니다. '인간은 악한 존재, 전적으로 타락한 존재'라는 것을 깨닫게 된 것입니다.
그럼 악하고 타락한 인간이 어떻게 구원받을 수 있겠습니까? 그것은 바로 하나님의 은혜입니다. 놀라운 것은 부족한 인간을, 악하고 타락한 인간을 하나님은 사랑하셨다는 것입니다. 그것이 바로 은혜입니다.

로마서 5장에 "우리가 아직 죄인 되었을 때 그리스도께서 우리를 위하여 죽으시므로 하나님께서 우리에게 대한 자기의 사랑을 확증하셨느니라."고 말씀하십니다. 그러므로 십자가는 우리를 향한 하나님의 사랑의 고백입니다. 하나님이 '내가 너희를 이토록 사랑한다.' 하실 때, 그때 우리는 어떤 존재였습니까? 죄인 되었을 때. 내가 죄인 되었을 때 하나님께서 나를 사랑하셨다는 데에서 출발해야 됩니다. '내가 조금 착하기 때문에 예수 믿게 되었다. 내가 다른 사람보다도 선하기 때문에 예수님께서 나를 구원하셨다.' 그렇게 생각하면 큰 오해입니다. 전적인 하나님의 은혜로 말미암은 것입니다. 이것을 깨닫고 누리는 것이 은혜입니다.

  변화와 성장은 오직 성경, 오직 믿음, 오직 은혜로 이루어집니다. 그러므로 세 가지 모토는 긴 시간의 흐름 속에서도, 여전히 개신교의 중요한 신조로 남아 있고, 앞으로도 영원할 것이며, 이 진리는 성경에 기초한 불변하는 진리임을 말해 주는 것입니다.

  종교 개혁가들이 우리에게 남긴 소중한 이 신앙적 유산을 잘 간직하고, 후대에 물려주는 성도들이 되시기를 간절히 소망합니다. 아멘.

변화와 성장, 그리고…

지은이 : 지용철
초판일 : 2021년 7월 15일

펴낸이 : 김혜경
펴낸곳 : 도서출판 나됨

주소 : 서울시 은평구 역촌동 68-33호 2층
전화 : 02) 373-5650, 010-2771-5650

등록번호 : 제8-237호
등록일자 : 1998. 2. 25

값 : 10,000원

저자와의 협약하에 인지를 생략합니다.
ISBN 978-89-94472-46-0   03230